KB242918

돈이 들어오는
무재고
위탁판매
쇼핑몰
개정증보판

초판 인쇄일 2026년 3월 23일
초판 발행일 2026년 3월 30일

지은이 전진수
발행인 박정모
등록번호 제9-295호
발행처 도서출판 혜지원
주소 (10881) 경기도 파주시 회동길 445-4(문발동 638) 302호
전화 031) 955-9221~5 팩스 031) 955-9220
홈페이지 www.hyejiwon.co.kr
블로그 blog.naver.com/hyejiwon9221

기획 · 진행 김태호
디자인 김보리, 조수안
영업마케팅 김준범, 서지영
ISBN 979-11-6764-098-7
정가 17,000원

돈이 들어오는
무재고 위탁판매 쇼핑몰
ONLINE MARKET
개정증보판
혜지원

판매 경험이 중요한 온라인 창업

온라인 창업을 하려는 예비 창업자 분들의 대부분은 자사몰 또는 오픈마켓으로 시작을 하려 합니다. 그러나 꼭 쇼핑몰을 만들지 않아도 상품을 판매할 수 있는 방법은 다양합니다. 우리가 익히 아는 쇼핑몰 플랫폼뿐만 아니라 네이버 블로그나 인스타그램, 카카오톡 등에서 고객들과의 직접 소통을 통해 판매할 수도 있고, 중고나라, 당근마켓 등 판매자인 동시에 소비자가 되기도 하는 플랫폼에서 판매할 수도 있습니다.

판매할 상품이 있고, 누군가에게 설득력 있게 소개할 수 있다면 누구나 판매자가 될 수 있습니다. 판매를 위한 진입장벽이 낮아진 것입니다. 하지만 이는 판매하고자 하는 아이템을 판매하는 사람들이 많아져서 경쟁이 치열해졌다는 것을 의미하기도 합니다. 그렇다면 지금 온라인 쇼핑몰 사업은 레드오션일까요, 블루오션일까요?

분명한 점은 쇼핑몰은 레드오션이라는 것입니다. 지금 우리는 코로나19와 디지털 혁명이라는 거대한 물결을 함께 타고 있습니다. 이제는 쇼핑 문화도 예전과 많이 달라졌습니다. 오프라인보다는 온라인으로 쇼핑하는 것이 일상이 되었으며, 소비자와 판매자를 잇는 다양한 플랫폼이 여기저기서 생기고 있습니다. 어디서도 찾을 수 없던 제품을 연구 개발하여 새롭게 출시하는 것이라면 모르겠지만, 기존에 있는 제품을 판매한다면 치열한 경쟁 속에 남들과 똑같은 방법으로 진입한 것입니다.

판매를 통한 제품 선별 능력과 전략 파악이 중요

온라인 세계에 처음으로 발을 딛는다면 우선 판매 경험을 쌓는 것을 추천드립니다. 판매 경험을 쌓고 시스템을 이해하면 더 큰 세상이 보입니다. 판매 경험을 통해 판매 가능 제품을 선별하는 능력을 키워야

하며, 경쟁 우위에 서기 위한 전략이 무엇인지를 알아내려고 노력해야 합니다. 가능하다면 제품업체들과 소통하려고도 해야 합니다. 단지 제품을 저렴하게 납품받기 위한 것이 아니라, 제품을 만드는 사람들의 생각과 방향을 알아야 온라인 세계를 감각적으로 이해할 수 있습니다. 그리고 무엇보다도, 나는 판매자가 될 수 있는가를 냉정하게 진단해야 합니다.

예비 창업자의 판매 경험을 쌓기 위한 길라잡이

이 책은 온라인 창업을 하기를 원하시는 분들께 판매 경험을 쌓게 해 드리고 싶어서 만들었습니다. 생소할 수도 있지만 접근하기가 쉬운 위탁판매 방식으로 재고 부담 없이 다양한 제품을 판매하고 테스트해 볼 수 있습니다. 나에게 맞는 카테고리는 어떤 것인지, 트렌드에 맞는 제품은 어떤 것인지를 이론이 아닌 실제로 팔아보며 알게 되기 때문에 위탁판매를 부업으로 삼는 데 있어서 많은 도움이 될 것입니다. 만약 시간이 없다면 하루에 1시간만 실천해 봐도 충분합니다.

세계적인 브랜드를 만들기 위한 첫 시작이 판매 경험 쌓기라고 생각합니다. 다양하고 많은 정보들이 쏟아지지만, 그렇기에 신뢰도가 없는 정보에 휘둘리지 않아야 합니다. 필요한 정보를 잘 선택하여 단계적으로 접근하며 방향성을 제대로 잡는 것이 중요합니다. 그 첫 스텝에 이 책이 길라잡이가 되었으면 합니다. 이 책을 선택해 주셔서 진심으로 감사드립니다.

전 진 수 올림

 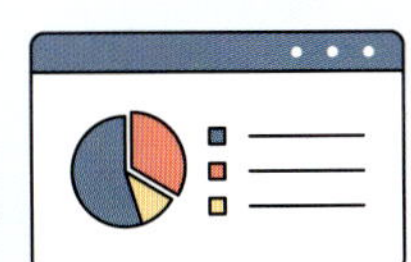

들어가기에 앞서

　쇼핑몰 사업, 어려워 보이나요? 아닙니다. 누구나 쉽게 시작할 수 있습니다. 지금부터 소개하는 무재고 위탁판매 시스템은 쇼핑몰 운영자가 가질 수밖에 없는 많은 고민을 줄여 주고 시간을 절약하게 해 줄 것입니다. 운영 시스템이 정말 쉽게 구비되어 있어 운영자는 아이템 선정에 꼭 필요한 리서치 능력을 향상시키는 것과 고객 관리를 위한 커뮤니케이션 능력을 키우는 것에만 집중하면 됩니다. 기존에는 쇼핑몰 운영 시스템을 만들기 위해 많은 돈과 노력이 필요했었습니다. 그러나 지금은 쇼핑몰 운영을 위한 시스템을 무료로 제공받을 수 있으며 아이템 또한 스피드고시스템을 활용하여 단시간에 수만 개의 제품을 세팅하여 팔 수 있게 되었습니다. 판매하려고 하는 소비자에게 맞는 제품을 스토어에 잘 진열하고 운영하는 부분에 집중한다면 쇼핑몰을 통해 원하는 수입을 만들 수 있습니다.

　위탁판매를 통해 제품 공급과 구매가 어떻게 일어나는지를 먼저 배우면 전반적 흐름과 자신이 갖추어야 할 것이 무엇인지 명확히 알 수 있습니다. 판매자, 소비자, 위탁배송 업체로 구분하여 간단한 표로 살펴보겠습니다. 전반적인 과정은 다음과 같습니다.

❶ 판매자가 위탁배송 제품 세팅 → ❷ 소비자가 제품 구매 → ❸ 판매자가 위탁배송 업체에 발주 →
❹ 위탁배송 업체에서 제품 발송, 운송장 번호 판매자에게 발송 → ❺ 판매자가 운송장 번호 입력, 배송 완료

• 판매자

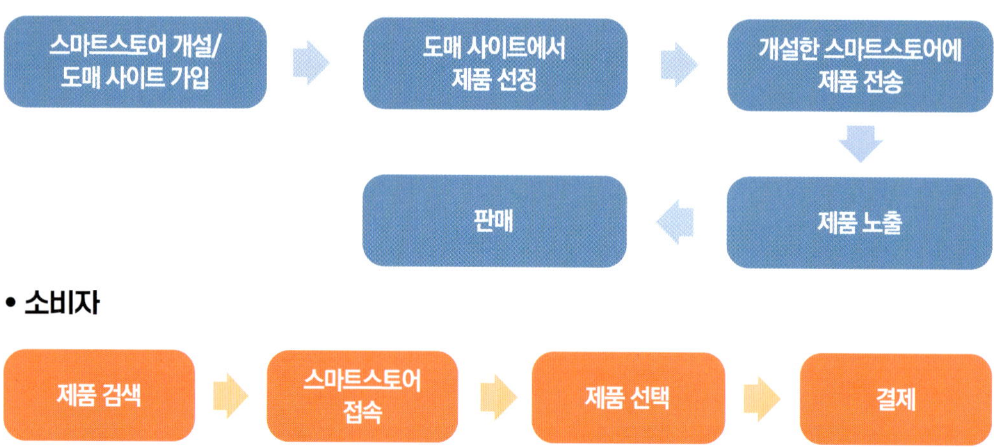

• 소비자

- **위탁배송 업체**

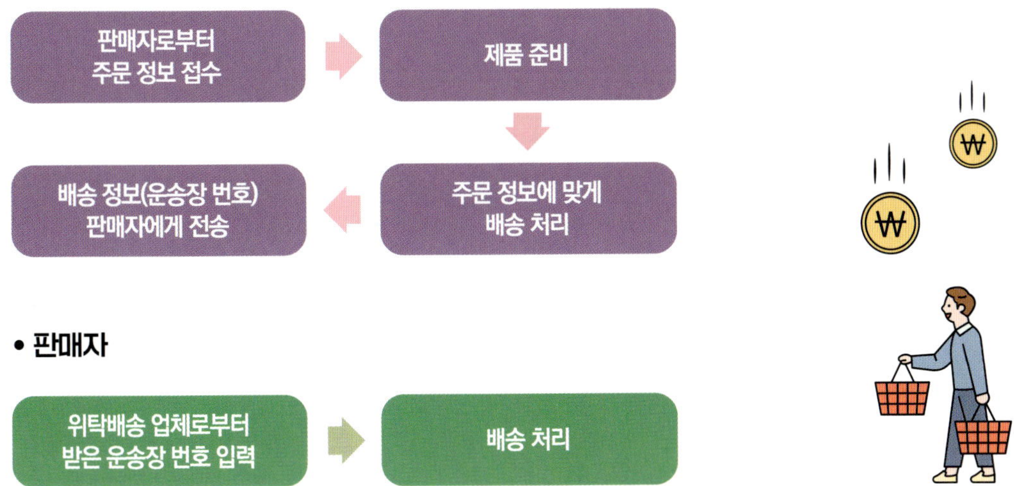

- **판매자**

위의 표를 보면 조금 복잡해 보일 수도 있습니다. 그런데 위의 단계가 자동 시스템으로 구현되어 있다면 어떨까요? 도매매에서는 수동 위탁배송의 불편함을 덜고자 조금 더 편리한 시스템을 만들어 놓았습니다. 그 이름이 바로 '스피드고전송' 프로그램입니다. 이 프로그램과 연동된 플랫폼은 현재 스마트스토어, 쿠팡, 11번가, 신세계닷컴, 롯데온, 카페24, 위메프 총 7개로, 각각의 플랫폼을 편리하게 운영할 수 있게 되었습니다. 판매자들이 더 많은 플랫폼으로 정보를 전송할 수 있도록 요구하고 있기 때문에 빠르게 많은 플랫폼으로 확장될 것으로 예상하고 있습니다.

[현재 스피드고전송기로 제품 전송이 가능한 플랫폼]

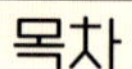

Part 02 무재고 위탁판매 사업 시작

Part 03 쇼핑몰 운영을 위한 디자인 실습

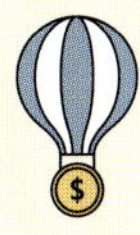

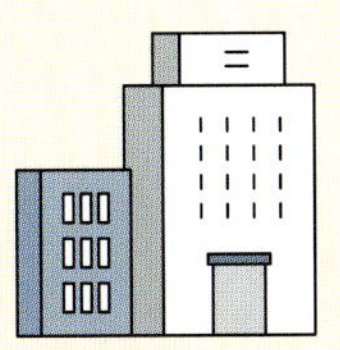

Part 01

쇼핑몰 사업 시작을 위한 준비

쇼핑몰 사업을 시작하려면 아이템, 소비자, 판매 플랫폼, 각종 서류, 사업 계획서 등 준비해야 하는 사항들이 여러 가지 있습니다. 시작 단계에 앞서 어떻게 준비하면 좋을지를 함께 생각하며, 기본적인 사업 계획서를 완성해 봅시다.

ONLINE MARKET
PAY

01 쇼핑몰 사업을 시작하기 위해 필요한 역량

쇼핑몰 사업은 공간과 시간의 제약을 받지 않고 원하는 방법으로 운영을 할 수 있다는 큰 장점이 있습니다. 그렇지만 운영자가 게을러지면 원하는 목표에 도달하기 위해서는 오랜 시간이 걸릴 것입니다.

많은 시간을 쓰지 않고 효과적으로 사업을 진행하기 위해서는 사업을 하기 전에 나는 어떤 역량이 강한 편인지, 어떤 것을 잘할 수 있는지 진단을 해 보는 것이 중요합니다.

쇼핑몰 진행을 위해 필요한 능력에는 쇼핑몰 MD, 마케팅, 디자인, 사진 촬영, C/S 등이 있습니다. 이 외에도 다양한 역량이 필요합니다. 그렇다면 모든 역량을 다 갖춘 다음 시작해야 할까요? 그렇지는 않습니다. 그중에 내가 가지고 있는 가장 큰 강점을 주로 이용하여 시작하면 됩니다. 다른 능력들은 사업을 하며 보강해 나가거나, 다른 인력의 도움을 받으면 됩니다. 어떤 경우에는 CEO 역량만 갖고 시작하는 경우도 있습니다. 대부분은 처음에 1인 창업자로 시작해서 각 분야의 구성원을 갖추어 사업을 확장합니다.

직책	업무 내용	필요한 역량
쇼핑몰 CEO	쇼핑몰 전체 콘셉트를 정립하고 경영 전반을 관리	#리더십 #경영 철학
쇼핑몰 MD	시장 조사를 통해 판매·기획 전략을 수립하고 판매를 촉진	#트렌드 감각 #데이터 분석 능력
마케터	쇼핑몰 홍보를 위해 SNS 등 적합한 홍보 채널을 공략하고 관리	#콘텐츠 감각 #기획력
웹 디자이너	콘셉트를 살리며 소비자의 시선을 끄는 상품 상세페이지 등 제작	#디자인 감각 #창의성

[쇼핑몰 사업을 위한 구성 인원]

저는 처음에 혼자 상품 소싱과 사진 촬영, 디자인해서 쇼핑몰에 등록하는 일을 밤낮없이 했습니다. 그러다 제가 제일 어렵다고 생각했던 디자인 일을 외주로 맡기고, 일이 많아지면서부터는 채용을 해서 진행하는 방식으로 사업을 확장했습니다. 이와 같이 처음에는 혼자, 이후에는 핵심 인력을 구성하여 운영을 하다가 사업이 잘 되면 포장, C/S 등의 인원 충원을 진행하며 사업을 확장합니다.

하지만 이번에 함께 구축할 무재고 위탁판매 시스템의 경우는 혼자서도 충분히 사업을 진행할 수 있습니다. 무재고 위탁판매 방식이란, 온라인 도매 사이트 또는 제조업체에서 제공받은 상품 정보와 이미지로 쇼핑몰에 상품을 진열하고 홍보한 후에, 주문이 들어오면 주문서를 온라인 도매 사이트 또는 제조업체에 보내고 제조업체 또는 온라인 도매 사이트를 이용해 배송 처리를 하는 방식을 말합니다.

처음부터 사입을 하며 판매하는 판매자도 많지만 최근 일반적인 쇼핑몰 창업 단계는 재고 부담 없는 위탁판매로 판매하며 쇼핑몰에 대한 감을 잡은 후에 사입판매, 제조판매로 가는 추세입니다. 모두가 위탁판매 먼저 시작하는 것은 아니지만 정확한 아이템이 정해지지 않았거나, 온라인 판매 방식을 이해하고 싶을 경우에는 재고 부담 없이 시도해 보는 것이 좋은 방법이라고 생각합니다.

[일반적인 쇼핑몰 창업 단계]

책에서 이야기하는 무재고 위탁판매 방식은 도매 사이트에서 상품 디자인 및 MD 추천 등 다양한 방법으로 내가 할 수 있는 일을 대신 해 놓았기 때문에 별도의 인원 구성을 하시 않아도 됩니다. 뒤에서 실전으로 제품을 등록해 보는데, 진행해 보면 정말 쉽게 쇼핑몰에서 판매할 상품을 보기 좋게 선정하고 구성할 수 있다는 것을 알 것입니다. 쇼핑몰 시작을 위해서 우리는 아이템을 보는 눈만 있으면 됩니다.

여기서 잠깐! 위 내용을 이해했다 하더라도 바로 너무 빠르게 진행하기보다는 일단 나에게 정말 창업 소질이 있는지 검증 절차를 거쳐 보는 것을 추천드립니다. 저도 강의 현장에서 자신감 있는 분들을 많이 만납니다. 그럼 어떤 근거에 의해 현재의 자신감이 나오는 거냐고 질문을 꼭 드립니다. 3가지를 말씀해 달라고 하는데 2개 이상 말씀하시는 분들은 많지 않았습니다. 물론 잘하실 수 있겠지만 그래도 최소한 창업 소질이 있는지 적성 검사를 통해 진단해 보는 과정을 거치며 잠깐의 생각하는 시간을 가져도 늦지 않다고 생각합니다.

워크넷 홈페이지(https://www.work.go.kr)에 접속한 후에 [직업·진로] 메뉴에서 [성인용 심리검사 실시] 항목을 클릭합니다.

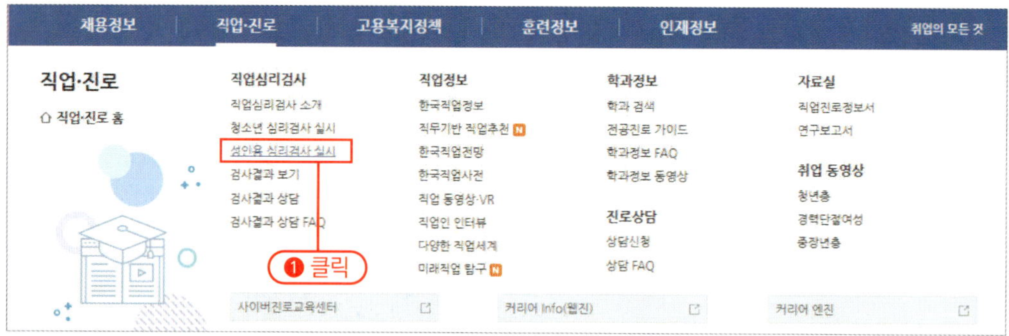

아래와 같이 심리 검사 항목이 나옵니다. 창업적성검사 항목의 [검사실시]를 클릭하여 적성검사를 시작합니다.

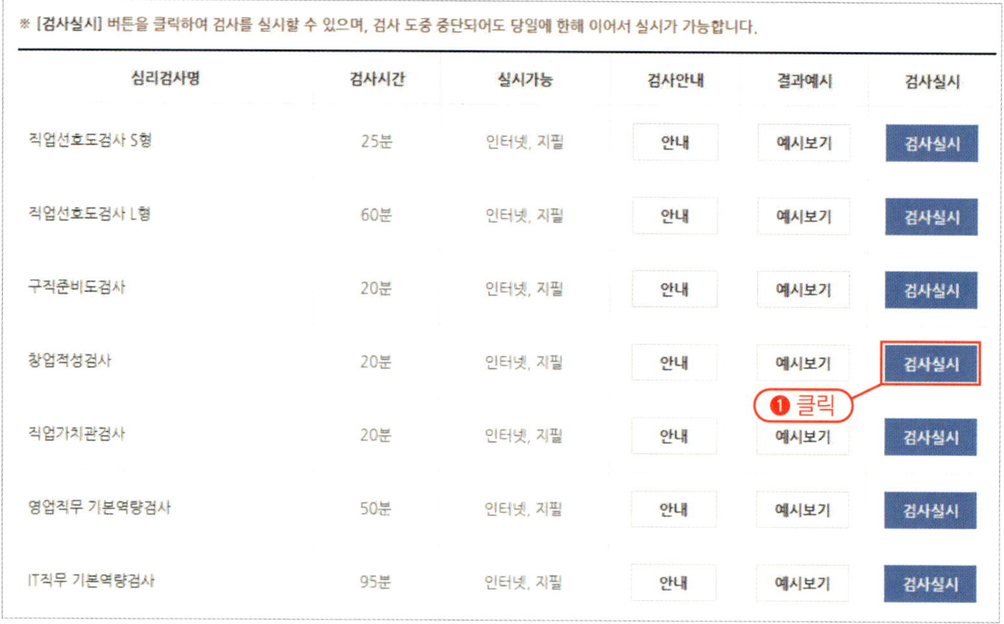

심리검사명	검사시간	실시가능	검사안내	결과예시	검사실시
직업선호도검사 S형	25분	인터넷, 지필	안내	예시보기	검사실시
직업선호도검사 L형	60분	인터넷, 지필	안내	예시보기	검사실시
구직준비도검사	20분	인터넷, 지필	안내	예시보기	검사실시
창업적성검사	20분	인터넷, 지필	안내	예시보기	검사실시
직업가치관검사	20분	인터넷, 지필	안내	예시보기	검사실시
영업직무 기본역량검사	50분	인터넷, 지필	안내	예시보기	검사실시
IT직무 기본역량검사	95분	인터넷, 지필	안내	예시보기	검사실시

창업적성검사를 받고 나면 최종 진단을 볼 수 있습니다. 창업 적합성에 대한 진단 결과가 아래처럼 나오고 해당 결과에 대한 결과 해석이 나옵니다.

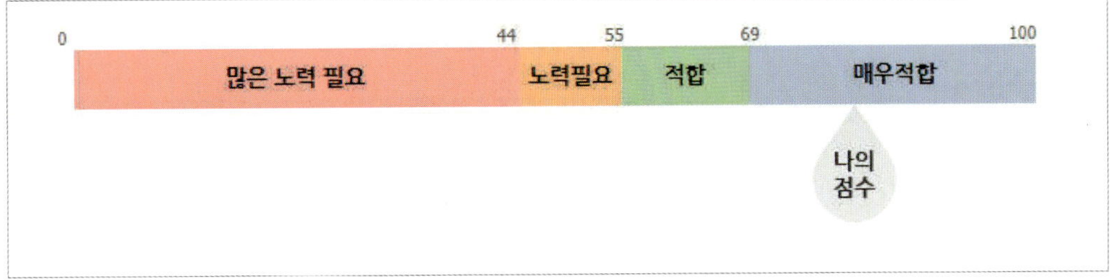

결과 해석 예시

귀하는 기업가로서 갖추어야 할 역량을 매우 높게 갖추고 있습니다. 따라서 귀하는 창업에 성공할 가능성이 매우 높은 편입니다.

그러나 이 결과가 창업을 하면 반드시 성공한다는 것을 의미하지는 않습니다. 창업의 성공은 자금이나 창업 아이템, 경기 등에 영향을 받으므로 여러 가지 변수를 신중하게 고려해야 합니다.

위 내용 외에도 세부적으로 많은 진단을 볼 수 있습니다. 창업 업종 진단 결과도 나오니 내가 지금 생각하고 있는 분야와 맞는지 한 번쯤 적성 검사를 해 보는 것을 권장합니다.

02 온라인 쇼핑 동향 이해하기

온라인 사업을 시작하며 온라인 쇼핑 동향을 이해하는 것은 정말 중요합니다. 온라인 쇼핑 동향 자료를 보기 위해서는 인터넷에서 통계청을 검색한 뒤 온라인 쇼핑 동향을 입력하면 약 두 달 전 기준의 최신 데이터를 확인할 수 있습니다.

2026년 2월 2일에 공개된 자료에 따르면, 2025년 12월 온라인쇼핑 거래액은 24조 2,904억 원으로 전년 동월 대비 6.2% 증가했습니다. 이는 약 1조 4,208억 원이 늘어난 수치로, 여전히 온라인 소비가 성장 흐름을 이어가고 있음을 보여줍니다. 특히 음식서비스는 9.1%, 음·식료품은 10.2% 증가하며 생활 밀착형 소비가 확대되었습니다. 자동차 및 자동차용품은 무려 66.4% 증가해 눈에 띄는 성장세를 기록했습니다.

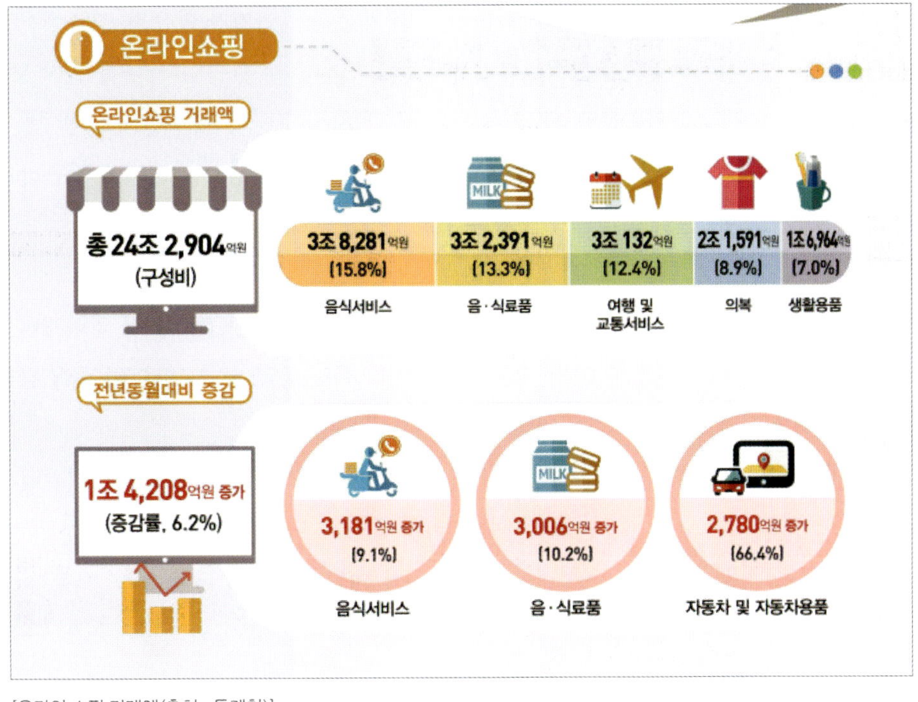

[온라인 쇼핑 거래액(출처 : 통계청)]

모바일 쇼핑 거래액은 18조 7,991억 원으로 전년 대비 6.2% 증가했으며, 전체 온라인 거래 중 모바일 비중은 77.4%로 지난해와 동일한 수준을 유지했습니다.

이는 온라인 소비의 중심이 이미 모바일 환경에 확실히 자리 잡았음을 보여주는 지표입니다. 특히 음식서비스(99.1%), 이쿠폰서비스(90.7%), 애완용품(83.3%)은 대부분 모바일을 통해 거래되며 모바일 중심 소비 구조가 더욱 뚜렷해지고 있습니다.

[모바일 쇼핑 거래액(출처 : 통계청)]

통계청 자료로 기본적인 쇼핑 동향을 확인하면 어떤 제품군이 인기가 많은지, 그중에서 내가 판매해도 괜찮을 것 같은 제품군이 있는지를 1차적으로 가려 낼 수 있습니다. 예를 들어 모바일에서는 아동 및 유아용품, 애완용품 등을 많이 거래하는데 자신이 반려견을 키우고 있다면, 반려견 관련 제품을 모바일로 검색하는 소비자에게 판매해도 좋겠다는 생각을 가지고 접근하는 것입니다.

동향을 파악한 후에는 실제 판매되는 스마트스토어를 통해 판매 동향, 고객층을 알아보며 판매하려고 하는 아이템과 타깃을 조금 더 구체화합니다. 이미 운영 중인 스마트스토어 중에 같은 아이템을 판매하고 있는 스토어에 접속하여 통계를 미리 볼 수 있습니다. 해당 스토어에 접속한 후에 스토어 카테고리 항목에서 [더 보기]를 클릭하면 [판매자 정보] 항목이 있습니다. [판매자 정보] 항목에서 해당 스토어를 방문하는 연령대를 미리 볼 수 있습니다.

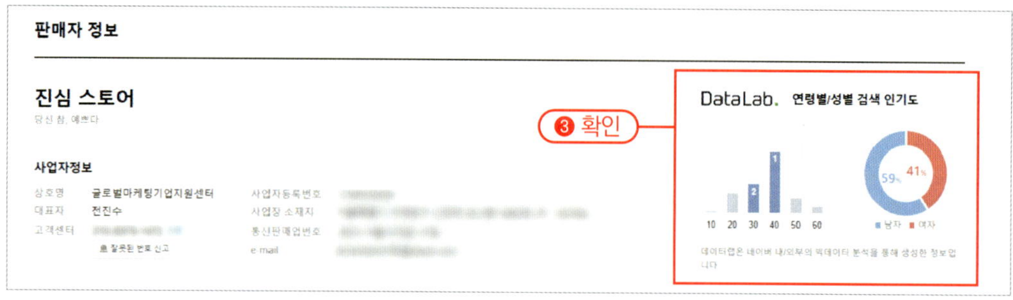

[스마트스토어 판매자 정보에 표시된 정보]

이와는 별도로 도매 사이트에 접속하여 카테고리별로 가장 많이 판매되고 있는 아이템은 어떤 것인지 파악합니다.

[도매매 사이트의 인기 상품 100]

이 외에도 오픈마켓 및 네이버 쇼핑, 오픈마켓 베스트 페이 등 다양한 곳에서 쇼핑 동향을 확인합니다.

[네이버 쇼핑]

[G마켓 베스트]

소비자의 세계 이해하기

통계 수치를 살펴보는 것과 별도로 온라인 검색 사이트를 열고 그동안 검색하고 방문했던 사이트들을 체크하면서 내가 어떤 방법으로 사이트에 가서 구매했는지를 분석해 보는 시간을 갖는 것이 중요합니다. 그것이 바로 나의 고객이 될 사람들이 하고 있는 검색 패턴이라고 볼 수 있기 때문입니다.

검색 창에 검색어를 쓰는 패턴은 크게 두 가지입니다. '키워드'로 검색과 '구어체'로 검색입니다.

❶ 키워드로 검색 : 피부케어
❷ 구어체로 검색 : 피부에 좋은

키워드로 검색할 때와 구어체로 검색할 때를 비교해 보면 자동 완성부터 다르다는 것을 볼 수 있습니다. 주로 모바일에서 구어체로 검색을 하며, 구어체로 검색하는 경우에는 지식IN 또는 블로그를 통해 정보를 얻게 됩니다.

한번 네이버 화면을 열고 피부케어 제품을 구매한다고 가정해 보겠습니다. '피부케어'를 키워드로 하여 검색을 해 봅니다. 그다음 '피부에'와 '피부에 좋은'을 입력해 봅니다. 키워드와 구어체로 검색을 하면 자동 완성 내용부터 다르다는 점을 알 수 있으며, 구어체라고 해도 '피부에'와 '피부에 좋은' 역시 둘에 대한 검색 과정에서 자동 완성되는 내용이 다르다는 것을 볼 수 있습니다. 검색을 다양하게 해 보며 고객들이 찾는 대표 키워드와 세부 키워드는 무엇인가를 찾아보는 시간이 필요한 이유입니다.

[피부케어 자동 완성 화면]

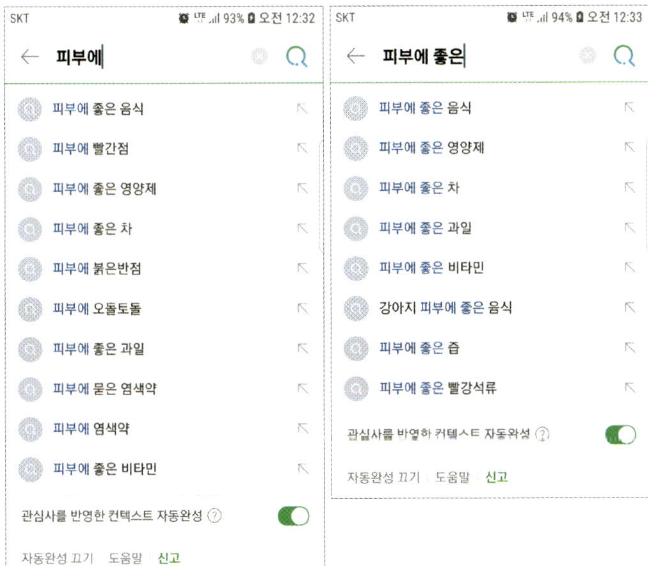

NOTE

자동 완성 키워드는 네이버 로직에서 이용자가 찾아보려고 하는 의도에 맞는 단어를 보여주는 기능입니다. 키워드의 앞과 뒤에 자연스럽게 따라올 수 있는 키워드 조합이 되는 경우에는 여러 개의 자동 완성 키워드가 나오기도 하며, 조합이 안 되는 키워드는 검색한 하나의 키워드만 나오게 됩니다.

다음으로는 키워드를 통해 검색된 화면을 봅시다. 파워 링크, 파워 콘텐츠, 쇼핑 영역, 블로그 글 등 다양한 링크가 있습니다. 여러분은 주로 어떤 부분을 클릭하는지 체크해 보세요.

검색된 결과를 보면 섬네일 이미지와 제목이 눈에 띕니다. 섬네일 이미지와 제목은 클릭을 유도하는 아주 중요한 요소입니다. 고객이 첫 번째로 만나는 곳은 섬네일 이미지 또는 제목인데, 이 요소를 보고 클릭이 일어나야 구매로까지 이어질 수 있기 때문입니다. 검색 결과들의 섬네일 이미지와 제목, 상품 가격 등을 자세히 보며 내가 어떤 것에 끌리는지, 무엇을 클릭하는지 확인해 봅니다. 다음 장에서 데이터 분석을 하며 지금 갖고 있는 생각을 검증하는 절차를 갖습니다. 지금은 소비자를 이해하는 단계로, 그동안 내가 소비할 때 어떤 방법으로 소비를 했는지를 확인해 보는 단계입니다.

[피부케어를 검색했을 때 나오는 블로그 글]

[피부케어를 검색했을 때 나오는 쇼핑 리스트]

클릭을 해서 들어가 봅시다. 대표 페이지가 나오는 경우도 있고, 제품이 있는 페이지로 바로 이동되는 경우도 있습니다. 이를 랜딩 페이지라고 하는데 역시 중요합니다.

[섬네일]

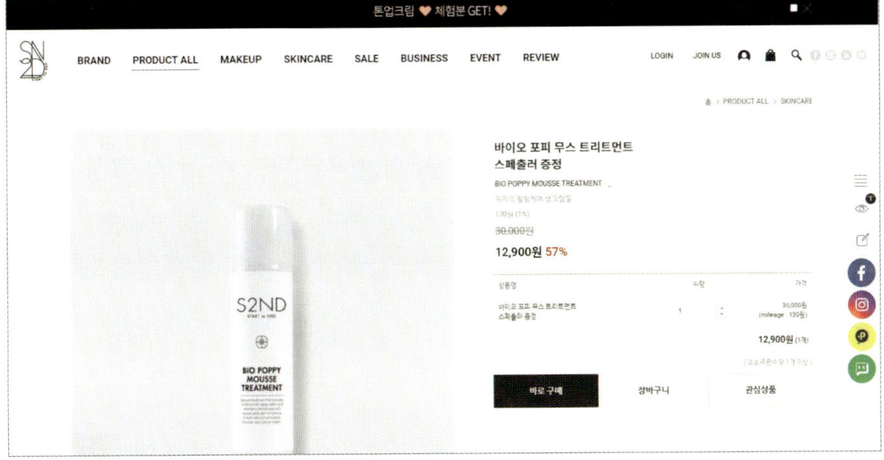

[랜딩 페이지]

랜딩 페이지는 위와 같이 광고를 클릭하거나 상품을 클릭했을 때 최초로 보게 되는 페이지입니다. 랜딩 페이지의 경우 광고에서 이야기한 내용을 바로 볼 수 있게 구성해야 합니다. 불필요한 내용 없이 방문자가 원하는 것을 최대한 빠르게 달성할 수 있게 만들어야 하는 것이 핵심입니다.

여러분이 광고를 클릭했을 때, 만약 클릭한 상품이 보이지 않으면 페이지에 머물러 있지 않고 바로 페이지를 닫는 경우가 많을 것입니다. 평균적으로 보면 하나의 사이트에 머무는 시간은 3~5초도 안 되는 경우가 많습니다. 찾고자 하는 자료가 바로 보이지 않으면 이탈하는 것입니다.

그렇기 때문에 제품을 등록할 때는 소비자에게 잘 어필하기 위해 섬네일, 제목, 상세 설명 등 소비자의 눈에 보이는 요소들을 전부 신경 써야 합니다. 특히 고관여 상품은 더 많은 부분을 신경 써야 됩니다. 고관여 상품은 제품 구매에 있어서 자신이나 타인에게 미치는 영향이 큰 상품을 말합니다. 예를 들어 누군가에게 선물할 제품을 구매하려고 한다면 가볍게 사기보다는 좀 더 많은 시간과 생각을 들여 구매할 것입니다. 또는 몸이 아파서 건강 보조 식품이나 건강 관련 제품을 찾는다면 많은 비용을 지불하고도 해당 제품이 필요한 경우 구매를 할 것입니다. 고관여 상품의 경우 가격이 비싼 제품이 많습니다. 가격이 비싼 제품은 섬네일, 제목, 상세 설명 등을 통해 고객이 신뢰감을 받을 수 있도록 더욱 신경 써야 합니다.

고관여 상품 외에도 개인적인 만족감에 의해 구매하는 경우도 많이 있습니다. 제가 판매했던 상품 중에 빨래 바구니 상품이 있습니다. 판매를 할 때는 이 패브릭 빨래 바구니는 빨래 바구니의 용도로만 활용될 것만을 상상했었습니다. 그러나 막상 제품을 판매해 보니 소품을 담거나, 야외에 나갈 때 바구니로 사용하는 등 구매자들이 다양하게 사용하는 것을 알고 깜짝 놀랐었습니다.

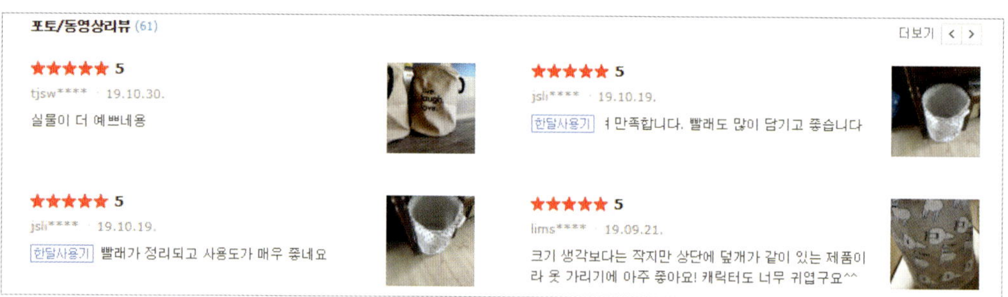

[고객의 구매평에서 얻는 지식]

어떤 경우에는 제품을 구매해 행복하다 또는 힐링이 되는 것 같다처럼 심리적인 부분도 작용합니다. 이는 결국 소비란 각자가 추구하고자 하는 목표가 다를 수도 있다는 것입니다. 상세페이지 및 섬네일 등을 만들 때는 이처럼 소비자의 여러 상황을 고려하여 다양한 사례, 사용 용도와 방법 등을 상세히 만들면 판매량을 올릴 수 있습니다.

나의 생각 검증하기

내가 생각한 아이템이 잘 판매될 수도 있지만, 잘 안될 수도 있다는 가정하에 검증 단계를 거쳐 보기를 권장합니다. 다른 사람들의 데이터와 온라인을 통해서 수집된 데이터를 기반으로 나의 생각, 나의 아이템을 한 번 더 정리하는 시간은 꼭 필요합니다.

쇼핑몰을 운영하는 분들을 보면 내가 잘하는 것 또는 좋아하는 것이라고 생각해서 시작한 경우도 있고 주변에 누군가가 제품을 제공해 줄 테니 판매해 보라고 권유해서 시작한 경우도 있습니다. 어떤 경우든 우선 검색 사이트 또는 데이터를 분석할 수 있는 사이트를 통해서 현재의 검색량과 실제 구매량은 얼마나 되는지 체크를 한 번 정도는 꼭 해야 됩니다.

이 과정은 고객을 설득한다기보다는 나를 설득하는 과정이라고 보면 됩니다. 나는 설득되는지, 제품의 가격은 마음에 드는지 등 우선 고객의 입장이 되어서 나에게 질문해 보는 것입니다. 검색량 파악을 할 때는 네이버의 데이터랩이나 구글의 검색어 트렌드를 이용하면 좋습니다. 네이버 데이터랩에서 검색어 트렌드에 궁금한 키워드를 입력하면 해당 키워드에 대한 정보를 볼 수 있습니다.

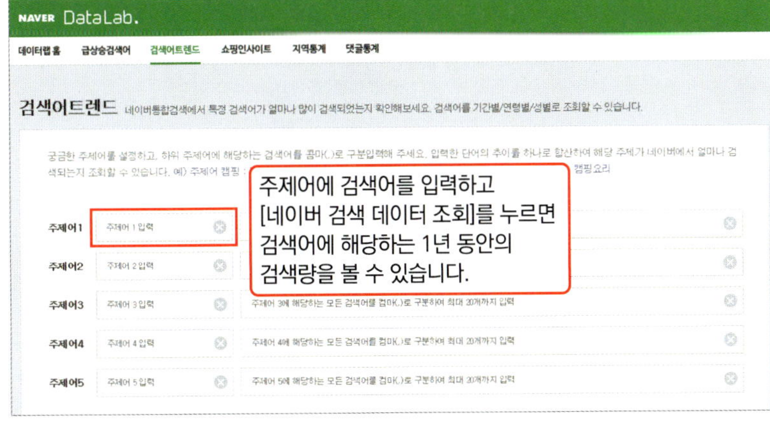

[네이버 검색어 트렌드
https://datalab.naver.com/keyword/trendSearch.naver]

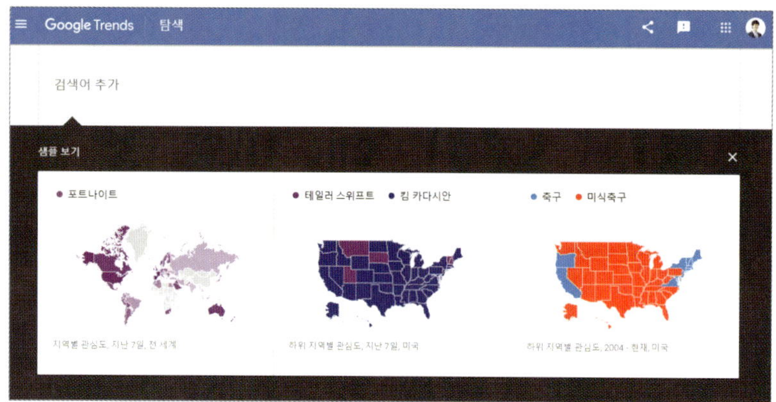

[구글 트렌드 https://trends.google.co.kr]

검색어로 머그컵과 티셔츠를 입력하여 검색해 보면, 머그컵은 검색량이 가을부터 증가하기 시작하여 겨울에 최고로 높게 올라가는 것을 볼 수 있습니다. 반면 티셔츠는 4~6월에 최고로 높게 올라가는 것을 볼 수 있습니다. 이처럼 계절과 연관성이 있는 상품을 취급할 때는 진입하는 시기에 따라 매출에도 큰 영향이 있습니다.

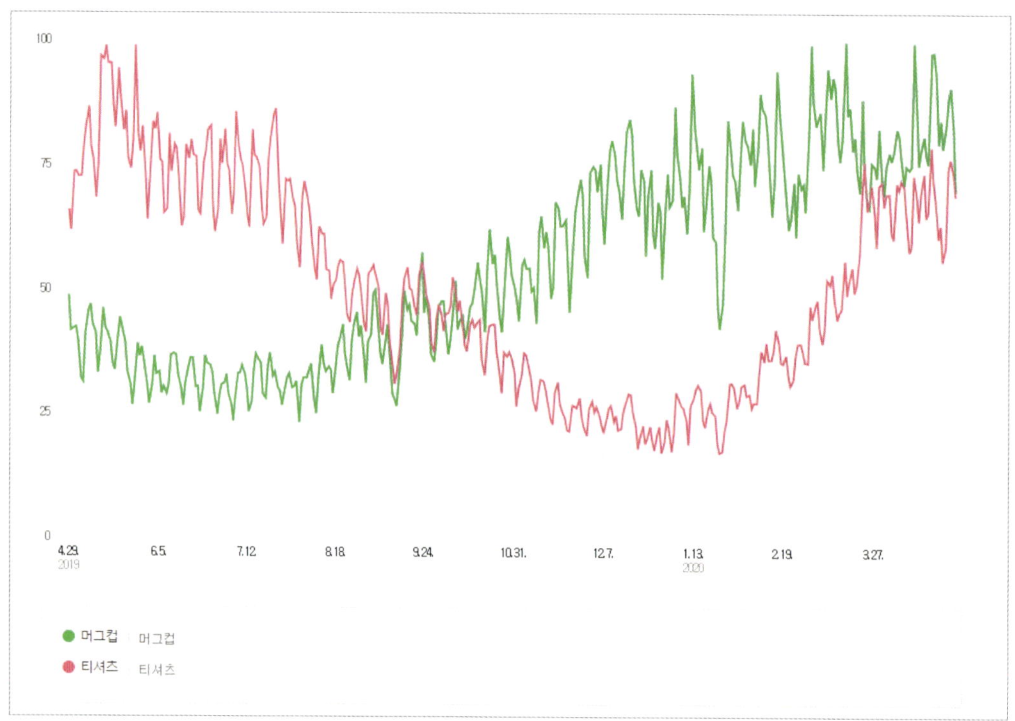

[머그컵과 티셔츠를 검색한 결과]

 돈이 들어오는 무재고 위탁판매 쇼핑몰

네이버의 쇼핑인사이트를 통해서는 검색어에 대한 통계를 볼 수 있습니다. 또한 접속한 기기 및 성별, 연령별 검색 트렌드도 세부적으로 볼 수 있습니다.

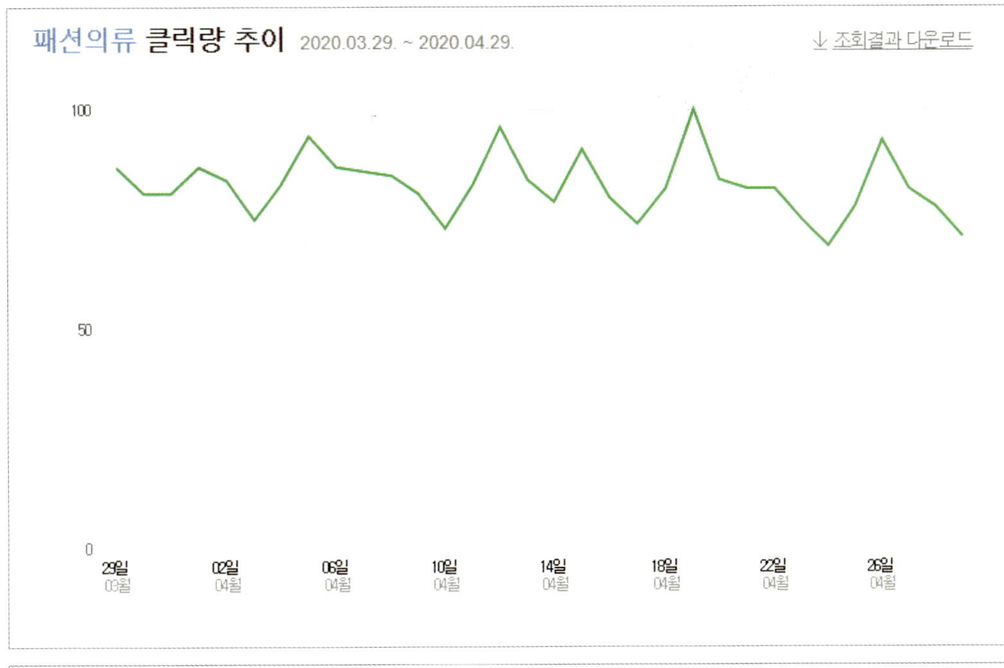

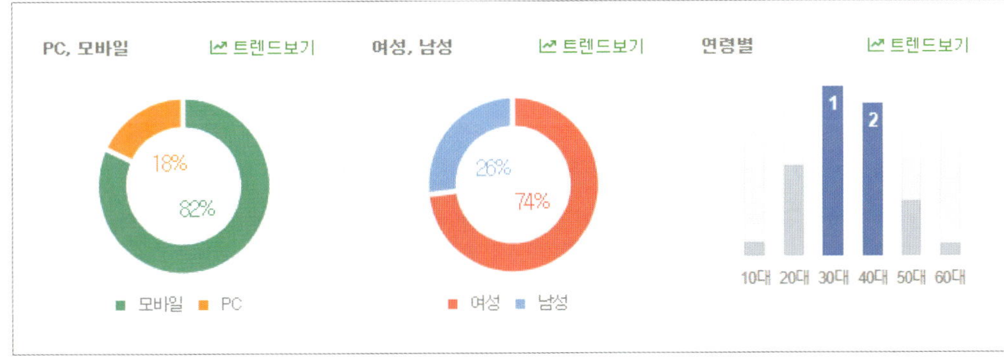

이번에는 네이버 쇼핑에서 관심 있는 제품을 검색해 봅니다. 맨투맨을 검색한 결과 3,810,493 건이 판매되는 것을 볼 수 있습니다.

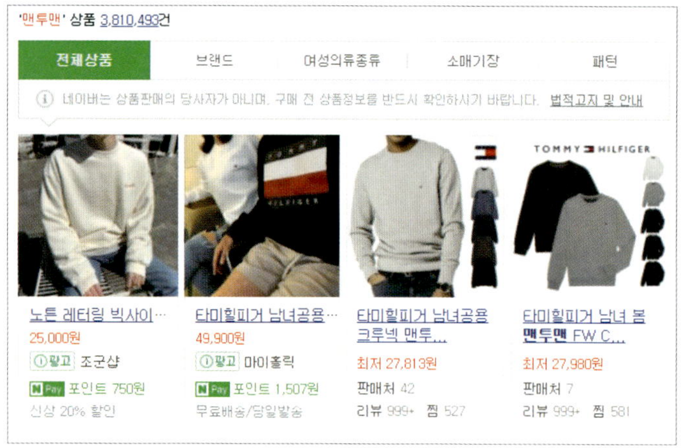

저 수가 모두 나의 경쟁 상품이라니, 너무 많죠? 이를 통해 무엇을 알 수 있을까요? 바로 세부 키워드의 중요성입니다. 검색량 대비 판매되고 있는 상품이 많으면 판매하려고 하는 제품을 세부적으로 분석하여 타깃에 맞는 세부 키워드를 작성하여 판매를 해야 합니다.

예를 들어 맨투맨 중에서도 옆트임 맨투맨을 판매한다고 가정해 봅시다. 검색어에 옆트임 맨투맨을 검색해 보면 검색량이 10,915건이 나오는 것을 볼 수 있습니다. 옆트임 맨투맨도 결국 맨투맨이니까 키워드를 맨투맨으로 잡으면 3,810,493건이 1차 경쟁 대상이 되지만, 옆트임 맨투맨이라는 세부 키워드를 잡으면 경쟁 대상이 확연히 줄어드는 것입니다.

그래서 판매하려고 하는 상품의 대표 키워드와 세부 키워드에 대한 정리를 하고 시작하는 것이 좋습니다. 관련 상품을 검색하며 키워드별 제품 판매 수량을 정리하고 판매하려고 하는 상품의 키워드 전략을 세워야 합니다.

대표 키워드는 검색량은 많지만 구매 전환율은 적습니다. 너무 많은 제품이 검색되기 때문에 타깃이 명확하지 않아서 접속하더라도 구매하지 않고 이탈할 확률이 높습니다.

키워드를 구체적으로 분석하기 위해서는 다양한 키워드 분석 도구를 이용합니다. 인터넷 주소에 아이템스카우트(https://www.itemscout.io) 주소를 입력하고 이동하면 아래와 같은 화면이 나옵니다. 키워드란에 특정 키워드를 입력하면 한 달 검색 수 및 연관 키워드 검색량을 볼 수 있습니다. 저는 '키작남'이라는 키워드를 입력해 봤습니다. 이를 통해 키작남 쇼핑몰 검색량이 많다는 것을 알 수 있습니다.

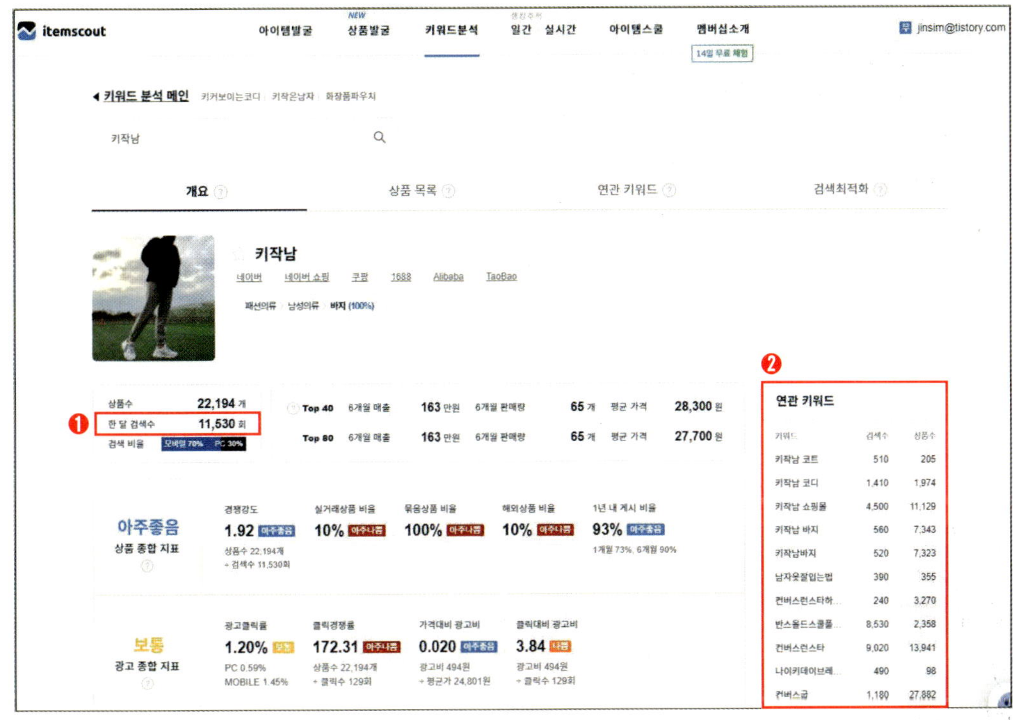

❶ 검색수 : 한 달 동안 키작남을 검색한 수를 표시합니다.

❷ 연관 키워드 : 키작남과 관련성 있는 키워드를 표시합니다. 연관 키워드를 통해 새로운 아이템을 발굴하거나, 세부 타깃에 대한 목표를 세우기도 합니다.

세부 키워드는 구체적인 아이템을 구매해야겠다고 생각하는 확실한 목표가 있는 고객이 검색하기 때문에 검색량은 대표 키워드에 비해 석지만 구매 전환율은 높은 편입니다. 저도 키가 작은 편이기 때문에 옷을 구매할 때는 남성 의류 쇼핑몰 키작남에 접속하여 구매하는 편입니다. 저는

콤플렉스를 해결해 준다면 가격이 조금 비싸도 구매하는 편입니다. 키작남의 경우에는 저 같은 사람들을 타깃으로 설정하고, 그에 맞게 세부 아이템을 구성한 것이죠. 더 세부적으로 구분하여 명확한 타깃에 맞는 상품부터 판매하기 시작하면 조금 더 빠른 시간 안에 매출을 만들 수 있습니다.

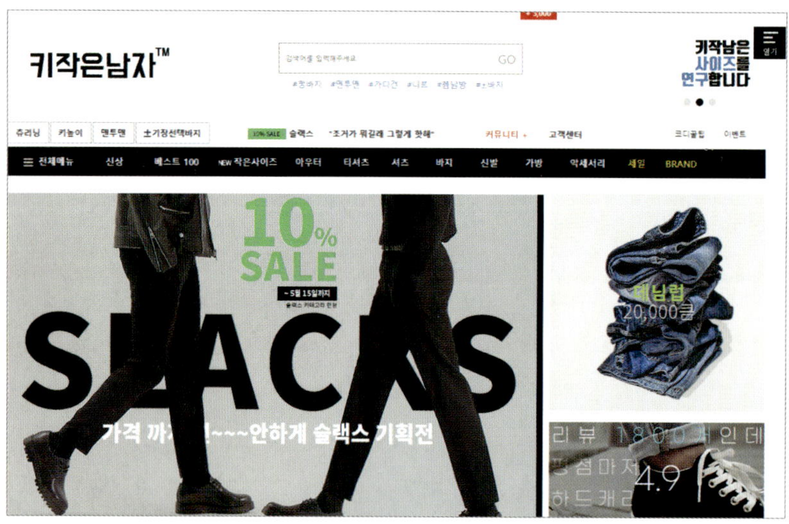

[타깃이 명확한 키작남 사이트 http://www.smallman.co.kr]

이번에는 분석 사이트 중에 판다랭크를 통해 블루투스 이어폰을 실제로 검색하고 찾아보는 연습을 해 보겠습니다. 판다랭크에 접속하여 검색 창에 블루투스 이어폰을 입력합니다.

검색 결과에서 [엑셀 다운로드]를 클릭하면 엑셀로 정리된 파일을 볼 수 있습니다. 엑셀 데이터를 추가적으로 가공하여 분석하고 싶은 상품을 정리합니다.

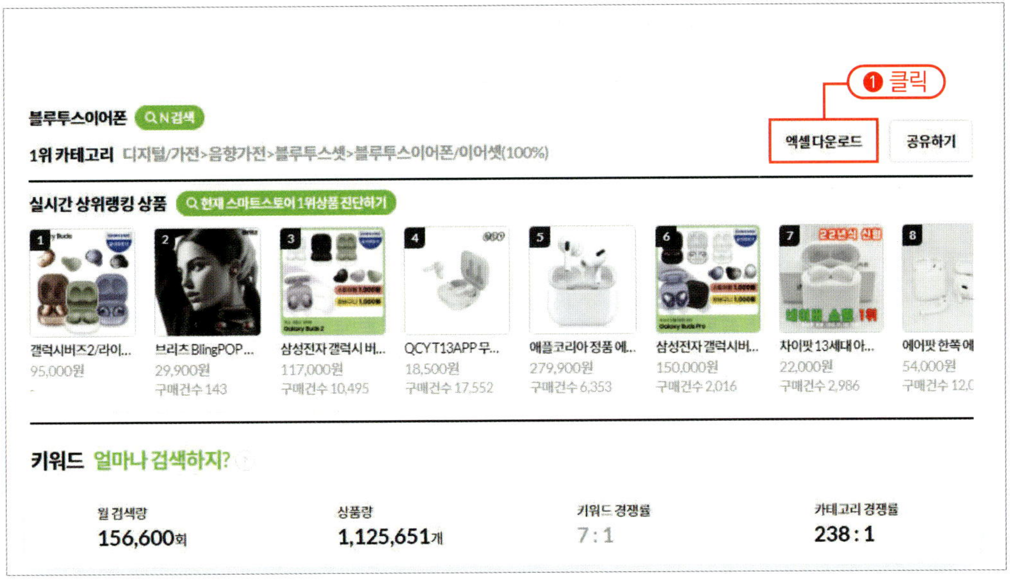

다운로드받은 엑셀 파일을 열어 보면 키워드 정보, 광고 입찰가, 연관 키워드, 연관 검색어, 키워드 상위 상품 등이 정리된 것을 볼 수 있습니다. 그중에서 연관 키워드와 연관 검색어가 중요합니다. 소비자들이 어떤 검색어로 제품을 찾고 있는지를 분석해 볼 수 있기 때문입니다.

만약 블루투스 이어폰을 판매한다고 가정해 보겠습니다. 여러분이라면 어떤 키워드들을 선정하면 좋겠다고 생각하시나요? 누군가는 제품 키워드에 블루투스 이어폰이라고만 입력할 수도 있습니다. 그럼 가성비 무선 이어폰이라고 입력하는 소비자에게는 우리 제품이 노출되지 않습니다. 하지만 누군가는 이 이어폰의 가격을 파악하고 '가성비 무선 이어폰'이라는 키워느를 추가할 수도 있습니다. 가성비 무선 이어폰이라는 키워드를 추가한다면 상대적으로 낮은 경쟁률 덕분에 오히려 세부적인 타깃에 더욱 다가갈 수 있습니다.

검색량의 수를 확인해 보면, 이어폰은 20,700건이고 가성비 무선 이어폰은 2,180건입니다. 사람들이 '가성비 무선 이어폰'보다 '이어폰'을 10배 이상 더 많이 검색하는 것을 볼 수 있습니다. 검색량이 많은 대표 키워드의 경우 물론 검색하는 사람은 많으나 경쟁이 치열하여 상위에 노출되기가 어렵습니다. 반면 '가성비 무선 이어폰'은 검색량이 적더라도 세부 키워드로 검색하는 구매자

	A	B	C	D	E	F
1	키워드	검색량(PC)	검색량(Mobile)	상품량	경쟁률	쇼핑전환
2	블루투스이어폰	12,000	144,600	1,125,651	7.18	1.66
3	이어폰	20,700	56,800	3,766,602	48.6	1.16
4	가성비무선이어폰	2,180	9,370	31,365	2.71	2.19
5	무선이어폰추천	2,280	9,680	1,105,281	92.41	1.82
6	버티컬마우스	13,800	23,300	86,011	2.31	0.62
7	무선이어폰	4,300	98,100	1,105,281	10.79	1.53
8	ACTTO	1,900	2,840	235,868	49.76	0.07
9	게이밍이어폰	10,800	17,100	118,700	4.25	0.58
10	블루투스키보드	19,700	57,300	523,453	6.79	0.15
11	컴퓨터용품	400	1,670	3,272,196	1,580.77	1.25
12	버즈프로	10,000	51,100	144,663	2.36	0.08
13	인이어이어폰	2,410	5,830	102,230	12.4	1.25
14	플립북	2,220	6,630	8,304	0.93	0.81
15	무선키보드	19,500	43,600	818,619	12.97	0.69
16	노이즈캔슬링이어폰	2,280	9,640	48,908	4.1	1.26
17	골전도블루투스이어폰	4,050	27,300	72,045	2.29	2.25
18	아이폰이어폰	4,180	23,700	137,508	4.93	2.59
19	저렴한이어폰	10	40	3,766,602	75,332.03	2.83
20	가성비블루투스이어폰	1,350	4,240	32,500	5.81	1.72
21	마우스손목받침대	2,780	4,540	106,055	14.48	1.32
22	이어폰브랜드	220	900	10,226	9.13	2.85
23	마우스패드	28,200	47,600	1,245,504	16.43	0.62

키워드 정보 | 광고 입찰가 | 연관 키워드 | 연관 검색어 | 키워드 상위 상품

[분석된 내용이 엑셀로 정리된 모습]

를 타깃으로 키워드를 설정한 것이기 때문에 상위에 노출될 확률을 높일 수 있어서 판매량을 올릴 수 있습니다.

가성비 무선 이어폰 키워드가 새롭게 발견한 키워드라고 하면 해당 키워드를 사용한 제품들이 잘 판매되고 있는지 네이버 쇼핑란에 검색하여 확인해 봅니다. 검색 결과, 아래와 같이 많은 제품이 잘 판매되고 있으며, 제목에는 가성비 무선 이어폰 키워드가 함께 있는 것을 볼 수 있습니다.

해당 제품들의 정보와 후기를 보고 경쟁을 해도 될 것 같다는 생각이 들면 가성비 무선 이어폰 키워드를 함께 적용할 수 있는 제품을 찾아서 판매하는 것을 목표로 해 봅니다. 이렇게 찾아본 제품을 도매매 사이트에서 검색해 봅니다. 도매매 사이트 활용에 대해서는 뒤에서 살펴볼 예정이어서 여기에서는 제품 검색만 진행해 보겠습니다.

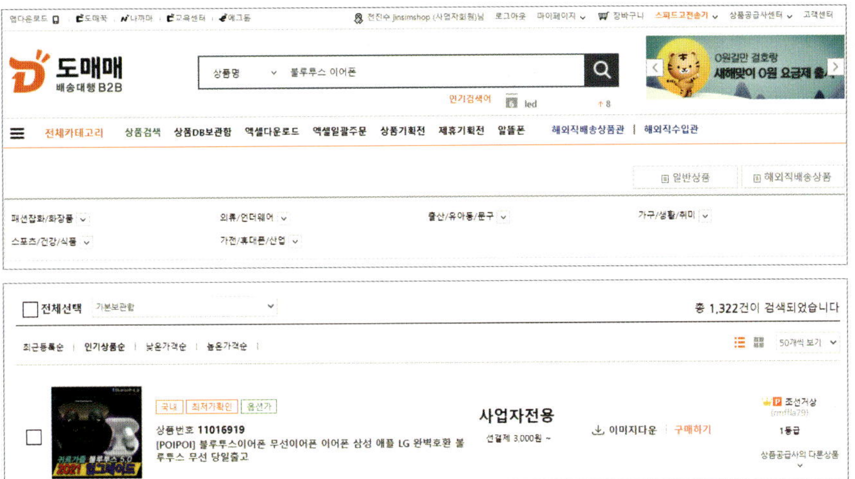

블루투스 이어폰 검색 결과, 1,358개의 제품이 검색된 것을 볼 수 있습니다. 해당 제품 중에 마음에 드는 제품을 스마트스토어에 전송하여 판매하면 됩니다. 원하는 키워드를 좀 더 구체적으로 엑셀에 정리하여 해당 키워드에 맞는 제품을 찾는 연습을 합니다.

원하는 키워드 : 가성비 무선 이어폰, 게이밍 이어폰, 노이즈 캔슬링 이어폰

	A	B	C	D	E	F
1	키워드	검색량(PC)	검색량(Mobile	상품량	경쟁률	쇼핑전환
2	블루투스이어폰	12,000	144,600	1,125,651	7.18	1.66
3	이어폰	20,700	56,800	3,766,602	48.8	1.18
4	가성비무선이어폰	2,180	9,370	31,365	2.71	2.19
5	무선이어폰추천	2,280	9,680	1,105,281	92.41	1.82
6	버티컬마우스	13,800	23,300	86,011	2.31	0.62
7	무선이어폰	4,300	98,100	1,105,281	10.79	1.53
8	ACTTO	1,900	2,840	235,868	49.76	0.07
9	게이밍이어폰	10,800	17,100	118,700	4.25	0.58
10	블루투스키보드	19,700	57,300	523,453	6.79	0.15
11	컴퓨터용품	400	1,670	3,272,196	1,580.77	1.25
12	버즈프로	10,000	51,100	144,663	2.36	0.08
13	인이어이어폰	2,410	5,830	102,230	12.4	1.25
14	플립북	2,220	6,630	8,304	0.93	0.81
15	무선키보드	19,500	43,600	818,619	12.97	0.69
16	노이즈캔슬링이어폰	2,280	9,640	48,908	4.1	1.26
17	골전도블루투스이어폰	4,050	27,300	72,045	2.29	2.25
18	아이폰이어폰	4,180	23,700	137,508	4.93	2.59
19	저렴한이어폰	10	40	3,766,602	75,332.03	2.83
20	가성비블루투스이어폰	1,350	4,240	32,500	5.81	1.72
21	마우스손목받침대	2,780	4,540	106,055	14.48	1.32
22	이어폰브랜드	220	900	10,226	9.13	2.85
23	마우스패드	28,200	47,600	1,245,504	16.43	0.62

키워드 정보 | 광고 입찰가 | 연관 키워드 | 연관 검색어 | 키워드 상위 상품

이번에는 [키워드 상위 상품] 탭을 클릭합니다. 키워드를 노출한 스토어 중 높은 판매를 보이는 스토어에 방문하여 어떤 제품을 판매하는지 벤치마킹합니다. 노이즈캔슬 키워드가 보이는 상품의 링크를 클릭해 봅니다.

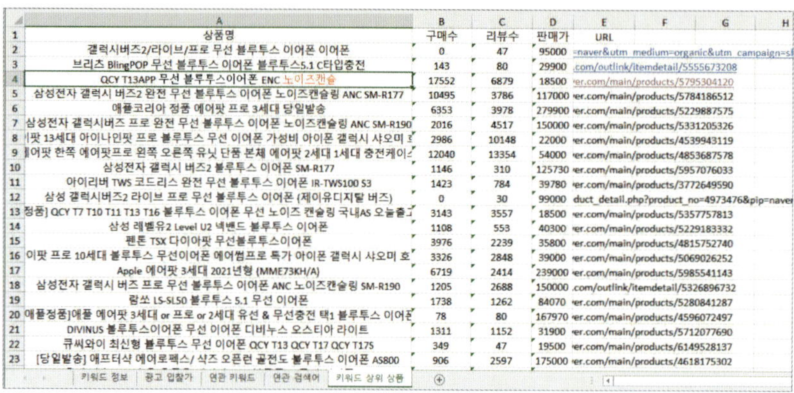

	A 상품명	B 구매수	C 리뷰수	D 판매가	E URL
1	상품명	구매수	리뷰수	판매가	URL
2	갤럭시버즈2/라이브/프로 무선 블루투스 이어폰 이어폰	0	47	95000	=naver&utm_medium=organic&utm_campaign=s
3	브리츠 BlingPOP 무선 블루투스 이어폰 블루투스5.1 C타입충전	143	80	29900	.com/outlink/itemdetail/5555673208
4	QCY T13APP 무선 블루투스이어폰 ENC 노이즈캔슬	17552	6879	18500	er.com/main/products/5795304120
5	삼성전자 갤럭시 버즈2 완전 무선 블루투스 이어폰 노이즈캔슬링 ANC SM-R177	10495	3786	117000	er.com/main/products/5784186512
6	애플코리아 정품 에어팟 프로 3세대 당일발송	6353	3978	279900	er.com/main/products/5229887575
7	삼성전자 갤럭시버즈 프로 완전 무선 블루투스 이어폰 노이즈캔슬링 ANC SM-R190	2016	4517	150000	er.com/main/products/5331205326
8	이팟 13세대 아이나인팟 프로 블루투스 무선 이어폰 가성비 아이폰 갤럭시 샤오미 호	2986	10148	22000	er.com/main/products/4539943119
9	에어팟 한쪽 에어팟프로 왼쪽 오른쪽 유닛 단품 본체 에어팟 2세대 1세대 충전케이스	12040	13354	54000	er.com/main/products/4853687578
10	삼성전자 갤럭시 버즈2 블루투스 이어폰 SM-R177	1146	310	125730	er.com/main/products/5957076033
11	아이리버 TWS 코드리스 완전 무선 블루투스 이어폰 IR-TWS100 S3	1423	784	39780	er.com/main/products/3772649590
12	삼성 갤럭시버즈2 라이브 프로 무선 블루투스 이어폰 (제이유디지탈 버즈)	0	30	99000	duct_detail.php?product_no=4973476&pip=naver
13	정품] QCY T7 T10 T11 T13 T16 블루투스 이어폰 무선 노이즈 캔슬링 국내AS 오늘출고	3143	3557	18500	er.com/main/products/5357757813
14	삼성 레벨유2 Level U2 넥밴드 블루투스 이어폰	1108	553	40300	er.com/main/products/5229183332
15	펜톤 TSX 다이아팟 무선블루투스이어폰	3976	2239	35800	er.com/main/products/4815752740
16	이팟 프로 10세대 블루투스 무선이어폰 에어썸프로 특가 아이폰 갤럭시 샤오미 호	3326	2848	39000	er.com/main/products/5069026252
17	Apple 에어팟 3세대 2021년형 (MME73KH/A)	6719	2414	239000	er.com/main/products/5985541143
18	삼성전자 갤럭시 버즈 프로 무선 블루투스 이어폰 ANC 노이즈캔슬링 SM-R190	1205	2688	150000	.com/outlink/itemdetail/5326896732
19	람쏘 LS-SL50 블루투스 5.1 무선 이어폰	1738	1262	84070	er.com/main/products/5280841287
20	애플정품]애플 에어팟 3세대 or 프로 or 2세대 유선 & 무선충전 택1 블루투스 이어폰	78	80	167970	er.com/main/products/4596072497
21	DIVINUS 블루투스이어폰 무선 이어폰 디비누스 오스티아 라이트	1311	1152	31900	er.com/main/products/5712077690
22	큐씨와이 최신형 블루투스 무선 이어폰 QCY T13 QCY T17 QCY T17S	349	47	19500	er.com/main/products/6149528137
23	[당일발송] 애프터샥 에어로펙스/ 샥즈 오픈런 골전도 블루투스 이어폰 AS800	906	2597	175000	er.com/main/products/4618175302

키워드 정보 | 광고 입찰가 | 연관 키워드 | 연관 검색어 | 키워드 상위 상품

아래와 같이 링크에 해당하는 스토어가 나오는 것을 볼 수 있습니다. 해당 제품의 후기 및 가격, 상세페이지를 분석하며 어떤 부분에 경쟁력이 있는지, 어떤 키워드를 쓰고 있는지 등의 자료를 정리합니다.

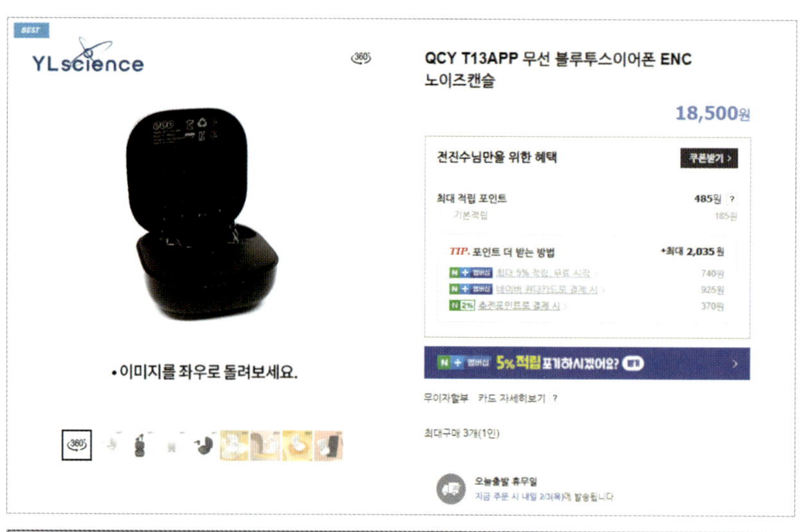

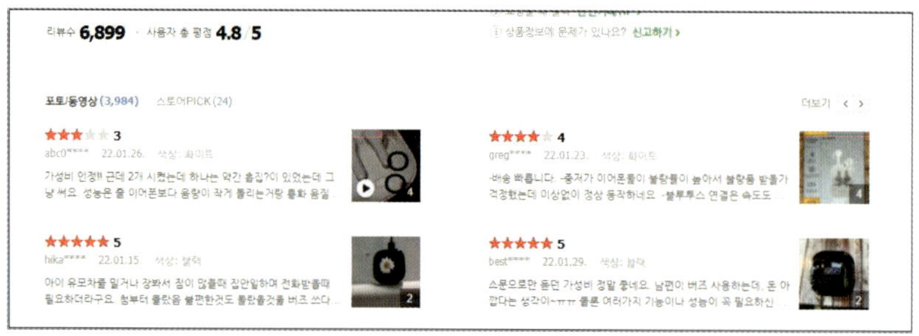

앞에서 언급한 키워드 분석 사이트 외에도 다양한 사이트가 있습니다. 몇 가지를 사용해 본 후에 사용자와 맞는 사이트를 선택하여 사용하며 나의 생각이 맞는지 검증을 해 보기를 추천드립니다.

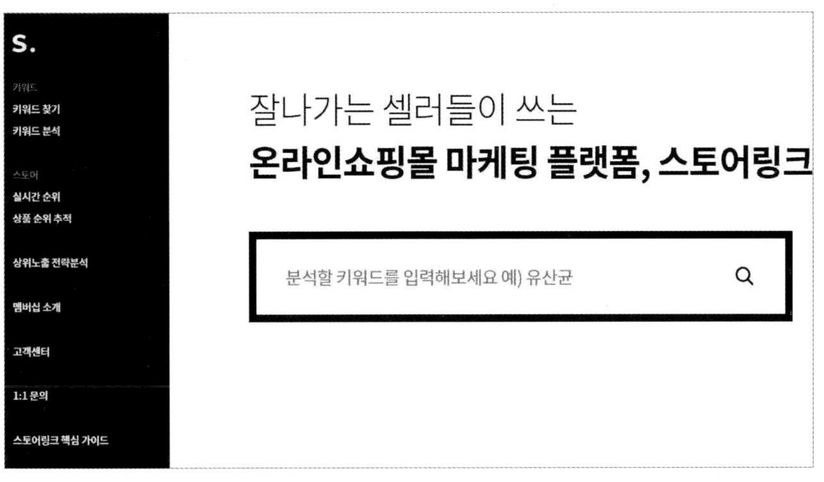

[스토어링크 https://storelink.io]

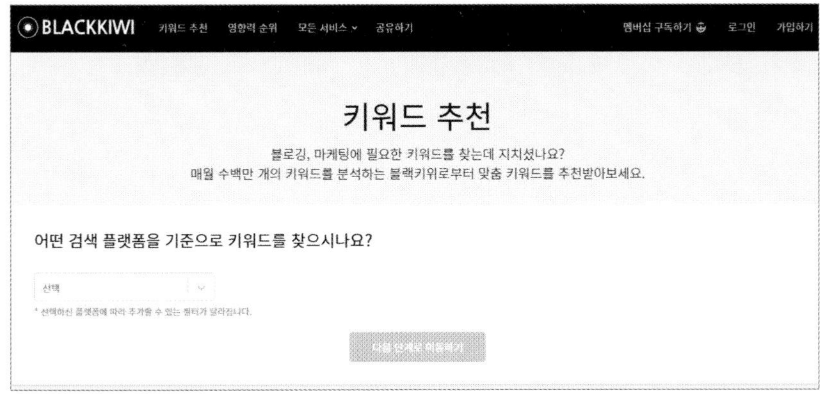

[블랙키위 https://blackkiwi.net]

쇼핑몰 이름 정하기

쇼핑몰을 시작하려면 사업자등록증과 통신 판매업 신고를 해야 합니다. 사업자등록증에는 회사 이름(쇼핑몰 이름)이 들어가야 하고 통신 판매업 신고 과정에서는 인터넷 주소(도메인)가 필요합니다. 그러니 시작 단계에서 회사 이름도 정해야겠죠. 회사 이름을 뜻하는 브랜드를 잘 정해야 하는 것은 당연한 일입니다. 하지만 구체적인 과정 없이 아무렇게나 떠오르는 이름으로 정하거나 본인이 좋아하는 이름으로 하는 경우가 많이 있습니다. 이러한 잘못된 접근은 지양해야 합니다.

이름을 결정할 때의 원칙은 다음과 같습니다.

❶ 사이트의 이미지와 느낌, 제공할 상품에 맞게 만듭니다.
❷ 읽기 쉽고 발음이 편리한 것을 만듭니다.
❸ 한 번 듣고 기억할 수 있는 것을 만듭니다. 적절한 아이콘을 이용하면 더욱 좋습니다.
❹ 한글을 영어로, 영어를 한글로 표기할 시 스펠링 또는 발음에 문제가 없도록 합니다.
❺ 모음과 모음 또는 자음과 자음이 연속으로 오지 않도록 합니다.
❻ 타깃 고객의 성별, 연령대에 초점을 맞춥니다.
❼ 상표를 등록하여 지적 재산권을 보호받을 수 있는 것으로 만듭니다.

회사 이름과 도메인을 정하는 과정에서는 다른 사람이 상표 등록을 했는지 찾아보며 정해야 합니다. 잘못하면 사업자를 내고 사업을 하다가 같은 상표를 쓰고 있다고 경쟁사에서 내용 증명을 보내거나 법적인 문제를 제기하는 경우가 생길 수 있습니다.

상표 등록 여부는 특허 정보넷 키프리스 홈페이지에 접속하여 [상표] 항목에서 확인이 가능합니다.

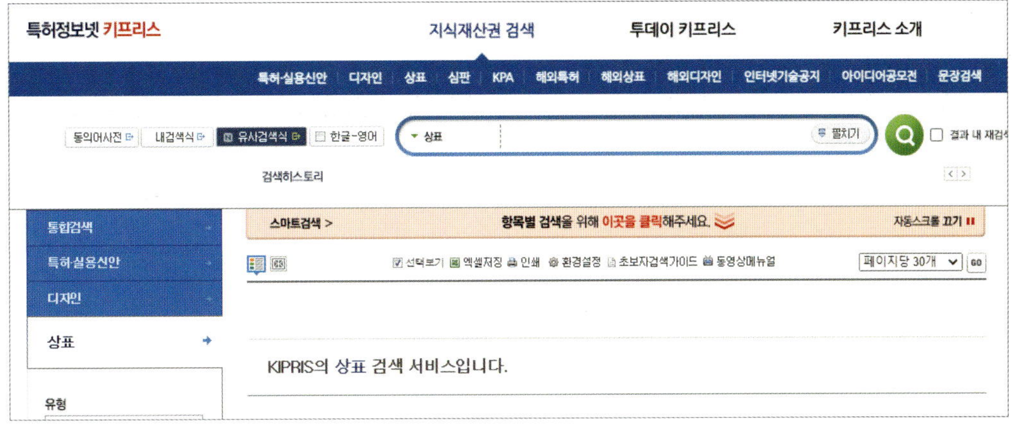

[키프리스 http://www.kipris.or.kr]

확인한 결과, 같은 상표를 쓰고 있는 사람이 없다면 도메인 등록을 시작합니다. 도메인은 쇼핑몰의 성격 및 아이템의 특징을 잘 표현해 줄 수 있는 이름이면 좋습니다. 그리고 방문자들이 쉽게 기억할 수 있는 이름이어야 합니다.

도메인은 인터넷 사용자들이 다른 컴퓨터와 통신을 하기 위해 사용하는 영문자로 표현된 주소 체계입니다. 최근에는 한글로 표현된 도메인 주소도 가능합니다. 일반적으로 홈페이지 주소, URL(Uniform Resource Locater)이라고 하는 것은 전부 도메인입니다. http://www.jinsimstore.com 등의 주소가 도메인인 것입니다.

도메인 등록 사이트에 접속하여 원하는 도메인을 검색한 후에 등록을 진행할 수 있습니다. 대표적으로 카페24(https://hosting.cafe24.com)에 접속하여 [도메인 등록] 메뉴를 클릭합니다. 도메인 검색 항목에 원하는 도메인을 입력한 다음 [도메인 검색]을 누릅니다. 등록 가능 여부를 확인한 후에 등록을 할 수 있습니다.

[도메인]

도메인 선정 방법

- 기억하기 쉽고 부르기 좋기 위해서는 우선 짧아야 합니다. 쉬우면 쉬울수록 좋습니다.
- 쇼핑몰명과 도메인은 일치시키는 것이 좋습니다.
- 문자(A~Z), 숫자(0~9), 하이픈(-)의 조합으로만 만들 수 있습니다.
- 영문자의 대소문자 구분은 없습니다.
- 길이는 최소 2자에서 최대 63자까지 가능합니다.

06 사업자등록증 및 통신 판매업 신고

온라인 쇼핑몰 사업을 시작할 때는 2가지 방법이 있습니다. 먼저 사업자 등록을 하고 진행하는 방법과 처음에는 사업자등록증 없이 진행을 해 보다가 나중에 사업자 등록을 하는 방법입니다. 스마트스토어의 경우는 개인 판매자로 시작할 수 있기 때문에 사업자등록증 및 통신 판매업을 신고하지 않아도 진행할 수 있습니다. 그렇지만 세금 문제가 있으며 마케팅 진행 시에 제한적으로 진행할 수밖에 없기 때문에 사업자등록증을 발급받고 진행하기를 권장합니다.

① 사업자 등록

온라인 쇼핑몰을 운영하기 위해서는 사업자 등록을 신청해야 합니다. 다만 스마트스토어는 개인 판매자로 판매를 할 수 있기 때문에 사업자 등록이 필수는 아닙니다. 사업자등록증은 사업을 시작한 날로부터 20일 이내에 구비 서류를 갖추어 사업장 소재지를 담당하는 세무서의 납세 서비스 센터에 신청하거나 홈택스(HomeTax)에서 온라인으로 신청할 수 있습니다. 온라인으로 신청할 때는 공인 인증서를 이용하여 로그인한 후에 신청을 할 수 있습니다.

공인인증서를 이용해서 홈택스 사이트에 로그인한 뒤, [신청/제출]을 클릭하여 국세청에서 주관하는 민원사무를 인터넷으로 신청 또는 제출할 수 있는 기능을 제공하는 신청/제출 페이지로 이동하여 신청합니다.

② 통신 판매업 신고

인터넷 쇼핑몰을 운영하는 업체는 의무적으로 관할 시, 군, 구청 지역 경제과에서 통신 판매업(영업 허가증)을 신고해야 합니다. 통신 판매업 신고는 정부24(https://www.gov.kr/)를 통해 신청이 가능합니다. 온라인 쇼핑몰 판매자의 경우 통신 판매업을 신청해야 하지만 스마트스토어에서 개인 판매자로 신청하여 판매할 때는 통신 판매업 신고를 하지 않아도 됩니다.

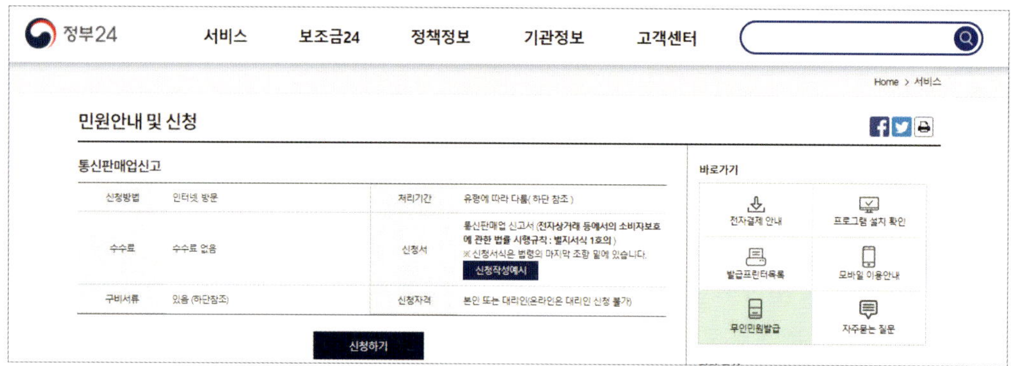

한 걸음 더! 운영 Tip

통신 판매업 신고를 할 때 추가로 제출해야 하는 서류가 있습니다. 바로 구매안전서비스 이용 확인증입니다. 구매안전서비스 이용 확인증은 은행 또는 오픈마켓에 가입하여 발급받을 수 있습니다. 농협을 예로 든다면 앞에서 발급받은 사업자등록증을 갖고 농협에 방문하여 사업자통장과 OTP를 발급받은 후에 농협 홈페이지에서 발급 신청이 가능합니다. 오픈마켓을 통해 발급받는다면 스마트스토어에 가입한 후에 스마트스토어 판매자 센터의 판매자 정보 페이지에서 발급받을 수 있습니다.

구매안전서비스 이용 확인증

1. 상호 :
2. 소재지 :
3. 대표자의성명 :
4. 사업자등록번호 :

위의 사업자가 『전자상거래 등에서의 소비자보호에 관한 법률』 제13조 제2항 제10호에 따른 결제대금예치 또는 같은 법 제24조 제1항 각호에 따른 소비자피해보상보험계약등을 체결하였음을 다음과 같이 증명합니다.

1. 서비스 제공자 : 농업협동조합중앙회
2. 서비스 이용기간 :
3. 서비스 제공조건 :
4. 서비스 등록번호 :
5. 서비스 이용 확인 연락처 :

[농협 구매안전서비스 이용 확인증]

구매안전서비스 이용 확인증

1. 상　　　호 :
2. 소 재 지 :
3. 대표자의 성명 :
4. 사업자 등록번호 :

위의 사업자가 『전자상거래 등에서의 소비자보호에 관한 법률』 제13조 제2항 제10호에 따른 결제대금예치 또는 법 제24조 제1항 각호에 따른 소비자피해보상 보험계약 등을 체결하였음을 다음과 같이 증명합니다.

1. 서비스 제공자 : 네이버파이낸셜 주식회사
2. 서비스 이용기간 : 2019년 11월 01일(서비스 이용신청일)
3. 서비스 제공조건 : 스마트스토어센터 판매이용약관 및 전자금융거래 이용약관에 따름
4. 서비스 등록번호 : 제 A17-191101-1323 호
5. 서비스 이용확인 연락처 : 1588 - 3819 / https://sell.smartstore.naver.com
6. 호스트 서버 소재지 : 경기도 성남시 분당구 아탑동 343번지 2호 KT-IDC 5층

네이버파이낸셜 주식회사

[스마트스토어 구매안전서비스 이용 확인증]

쇼핑몰 사업 계획서 만들기

07

이제는 앞에서 살펴본 내용을 기반으로 사업 계획서를 완성해 봅시다. 사업 계획서는 전체적인 사업의 진행 방향과 목표를 미리 정해 두기 위해 작성합니다. 다양한 관점으로 고민하며 작성된 사업 계획서는 쇼핑몰을 체계적으로 구축할 수 있는 길잡이가 됩니다. 쇼핑몰을 운영하면서 발생하는 실수를 줄일 수 있으며 더 좋은 방향으로 나아갈 수 있는 기준이 됩니다. 또한 외부 업체에 협력을 구할 때나 기관 등에 서류를 제출할 때도 중요합니다. 어떤 일이든 성공 뒤에는 열정과 땀방울이 있습니다. 사업 계획서를 작성하면서 성공한 미래를 그려 보세요.

① 사업 요약

핵심 : 판매하려는 아이템을 선정하고 쇼핑몰의 분위기와 전체적인 구성을 그려 봅니다.

• 어떤 쇼핑몰을 시작할 것인가?

예) 여성 의류 판매 쇼핑몰을 해 보자.

* 어떤 콘셉트로 할 것인가?

예) 귀여운 콘셉트로 갈 것인가, 섹시한 콘셉트로 갈 것인가?

* 상품 구성은 어떻게 할 것인가?

예) 의류와 함께 신발, 액세서리 등도 판매할 것인가?

② 시장 분석

핵심 : 판매하려는 아이템의 타깃을 명확하게 설정합니다.

• 선정한 아이템이 시장에서 잘 팔리는가?

→ 선정한 아이템이 온라인에서 잘 판매되고 있는지를 조사합니다. 네이버 쇼핑, 구글 쇼핑, 오픈 마켓 베스트 상품 분석 및 판다랭크와 같은 트렌드 분석 사이트를 활용하여 전반적인 트렌드를 조사합니다.

• 앞으로의 시장 전망이 좋은가?

예) 오프라인 의류 숍이 있으나, 시간적인 면을 고려해 편히 구매할 수 있는 인터넷 의류 쇼핑에 대한 선호도가 높아짐

• 선정한 아이템을 판매할 목표 시장은 어디인가?

예) 인터넷을 사용하는 20~30대 직장인

③ 예산 계획

핵심 : 온라인 쇼핑몰 운영을 위해 들어가는 비용을 산출하고 예산을 설정합니다.

• 얼마의 비용을 투자할 것인가?

→ 얼마의 투자로 얼마의 이익을 거둘 것인지 예산 계획서를 미리 세워 정확한 창업 목표를 수립합니다.

• 비용이 들어가는 것에는 어떠한 것들이 있는가?

예) 쇼핑몰 디자인, 각종 신고, PG사 이용, 택배사 이용, 박스 구매 등

• 운영에 필요한 서비스 계약에 따른 비용과 상품 사입, 재고 등 상품에 관한 비용과 광고 집행에 따른 비용 등은 얼마나 되는가?

• 월별 예상 매출은 얼마인가?

→ 월별 매출 규모를 예상하여 손익이 얼마나 될 것인가를 정리합니다.

④ 인력 구성

핵심 : 온라인 쇼핑몰 운영을 위한 인원 구성을 합니다.

• 몇 명의 인원이 일해야 하는가?

→ 꼭 해야 하는 일들을 확인하고 인력을 배치하여 쇼핑몰을 몇 명으로 운영해야 하는지 파악합니다.

예) MD, 마케터, 디자이너, 촬영, 고객 관리, 배송 관리, 재무 등

⑤ 상품은 어디서 공급받고, 어떻게 촬영할 것인가?

핵심 : 확정된 아이템을 어디에서, 얼마만큼 구매할 것인지를 계획합니다.

• 어디에서 사입할 것인가?

예) 동대문이나 남대문 시장에서 사입할 것인가? 인터넷 도매로 사입할 것인가?

• 아이템은 몇 개씩 구매할 것인가?

예) 대량으로 구매해 놓을 것인가? 소량으로 구매 후 주문이 오면 추가로 구매할 것인가?

• 상품 촬영은 어떻게 할 것인가?

예) 스튜디오를 빌려 실내 촬영할 것인가, 야외 촬영할 것인가?

• 상품 코디는 어떻게 할 것인가?

예) 코디 후 상품을 구매할 것인가, 구매 후 상품을 코디할 것인가?

 **어떻게 홍보할 것인가?**

핵심 : 쇼핑몰에 적합하고 비용 대비 효율이 높은 광고를 선정하여 계획합니다.

• 쇼핑몰을 홍보하기 위해 무엇을 할 것인가?

예) 키워드 광고, 홈페이지 등록, 마켓 입점, 지식인 등 쇼핑몰을 널리 알릴 수 있는 홍보 방법을
골라 보자.

• 매출을 올릴 수 있는 방법은 무엇일까?

예) 다양한 이벤트, 고객 감동 기획전 등 고객의 관심을 이끌어 낼 수 있는 마케팅 계획을 세우자.

[사업 계획서 작성 예시]

회사명	진심스토어
대표	전진수
사업장	서울시 가산동
연락처	02-000-0000
쇼핑몰 url	http://www.jinsim.co.kr / http://smartstore.naver.com/jinsimstore100
사업 개요	바쁜 현대인들에게 필요한 나만의 힐링 공간은 집이다. 스마트한 기기로 채워진 공간이 아니라 친환경 디자인의 원목 자재와 시간이 지나도 재사용할 수 있는 재료들로 만들어진 인테리어 소품들로 채워진 집. 자연과 더불어 편안하고 안락한 공간은 미니멀 라이프를 추구하는 30, 40대 전후의 여성들에게 감성 충전이 될 것이다. 작지만 실용적인 소품들, 오래 두고 보아도 유행에 민감하지 않는 레트로 감성 인테리어. 결혼과 출산, 육아로 지친 여성들에게 소확행이 될 수 있을 것이다.
목표 고객	30대 후반~40대 초반 감성 인테리어를 원하는 고객
상품 공급	온라인 도매 사이트, 자체 제작 상품의 비율을 늘려갈 계획
자금 계획	초기 운영 자금 : 무재고 판매 방식으로 최소 비용(0~100만 원) 쇼핑몰 디자인 비용 등 : 직접 제작(의뢰하는 경우 30~50만 원) 마케팅 비용은 3개월에 걸쳐 단계적 투자
마케팅 계획	네이버, 다음 키워드 광고 SNS 광고
일정	1개월 이내에 사이트 구축 2개월 이내에 상품 리스팅 3개월 이내에 검색 사이트 등록 완료 및 SNS 세팅

구상하고 있는 내용을 정리할 때 추천하고 싶은 프로그램이 있습니다. 바로 마인드 맵입니다. 마인드 맵 프로그램을 활용하면 시각화를 빠르게 할 수 있습니다.

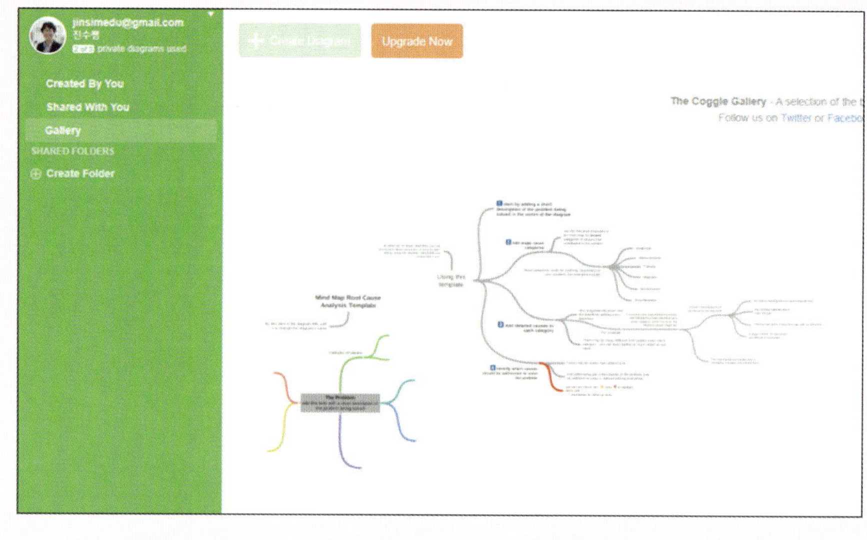

 돈이 들어오는 무재고 위탁판매 쇼핑몰

[나만의 사업 계획서 만들기]

회사명	
대표	
사업장	
연락처	
쇼핑몰 url	
사업 개요	
목표 고객	
상품 공급	
자금 계획	
마케팅 계획	
일정	

1. 쇼핑몰에서 자주 사용하는 용어

- **표 고객** : 판매자가 판매하는 아이템의 주 소비 계층을 의미합니다.
- **웹마스터** : 웹 서버 구축 및 홈페이지 운영 전반에 걸쳐 실무적인 책임을 지는 관리자를 말합니다.
- **결제 시스템** : 쇼핑몰에서 상품 구매 후에 대금을 지불하는 시스템으로 카드, 무통장 입금, 계좌이체, 핸드폰 결제 등이 있습니다.
- **PG(Payment Gateway)** : 인터넷상에서 금융 기관과의 거래를 대행해 주는 서비스로 신용 카드, 계좌이체, 핸드폰 요금 결제 등 다양한 결제 서비스를 제공해 주는 지불 전문 회사입니다.
- **SSL(Secure Sockets Layer)** : 인터넷 상거래 시 필요한 개인정보를 보호하기 위한, 개인정보 유지 프로토콜입니다. 즉, 최종 사용자와 가맹점 간의 지불 정보 보안에 관한 프로토콜입니다.

2. 제품을 사입할 때 사용하는 사입 용어

사입은 장사에 필요한 물건을 구입하는 것을 말합니다. 쇼핑몰을 키우다 보면 사입을 통해 물건을 매입하게 될 때도 있을 것입니다. 사입에만 사용하는 용어들을 알아보겠습니다.

고미	사이즈당 묶음	와끼	제품의 옆 부분
나오시	불량 상품 지칭	완사입	구매부터 반품까지 모두 책임을 지면서 사입하는 것을 의미
깔	상품의 색상	오바록, 인타록	면 티셔츠나 청바지 옆구리 안쪽을 보면 절개한 부분의 원단이 풀리지 않게 하기 위해 봉제 실을 엮어서 박음질하는 것
다이마루	면제품	이미	모조품(짝퉁)이라는 의미
단가라	가로로 스트라이프가 들어간 무늬	장끼	세금계산서가 아닌 그날 사입한 영수증
대봉	비닐 중 제일 큰 사이즈의 비닐	직기	정장이나 청바지의 원단을 의미
땡땡이	점이 새겨져 있는 것	큐큐, 나나인찌	와이셔츠나 청바지의 단추 구멍을 만드는 작업
매입장끼	반품을 해서 그 매장에 묶이게 된 돈의 액수를 기재한 영수증	탕	원단의 염색(색상)에서 사용하는 말
물먹었다	잘 안 팔린다는 의미	파스	상품을 만드는 기간이나 재료의 소진 기간
미숑	상품이 일시 품절되었을 때 상품의 값을 먼저 지불하고 상품은 나중에 받는 것 (=우선 구매권)	후레아	가장자리의 주름 장식
민수	국내 판매용 제품	사입삼촌	도매처에 사입을 한 상품들을 배송해 주는 사람
샤넬라인	스커트의 길이가 무릎 밑까지 오고 허리 라인은 허리 밑으로 내려간 스타일	시야게	제품의 봉제가 끝나 출고하기 전에 실밥 따기, 아이롱, 이상 여부 확인 등을 하는 것
시재	매장에서 가지고 있는 잔돈		

사업계획서 완성을 축하드립니다.

온라인 쇼핑몰 창업이라는 새로운 도전의 첫 페이지를 이미 멋지게 열어가고 계십니다. 사업계획서를 완성했다는 것은 단순히 서류 한 장을 채운 것이 아니라, 내가 왜 이 일을 하는지, 어디를 향해 가는지를 스스로에게 확인한 소중한 시간이었을 것입니다. 그 열정과 진지함이 앞으로의 여정에서 가장 강력한 무기가 될 것입니다.

앞으로 도매 사이트 가입부터 스마트스토어 운영, 디자인, 마케팅까지 배워야 할 것들이 많아 보일 수 있습니다. 하지만 걱정하지 마세요. 처음에는 누구나 낯설고 어렵게 느껴지는 것이 당연합니다. 하나씩 차근차근 익혀가다 보면 어느 순간 모든 것이 자연스럽게 연결되는 순간이 찾아옵니다. 그 순간이 바로 여러분만의 쇼핑몰이 살아 숨 쉬기 시작하는 때입니다.

무재고 위탁판매는 작은 자본으로도 충분히 시작할 수 있는, 도전자에게 정말 공평한 사업 모델입니다. 화려한 시작보다 꾸준한 실행이 결국 원하는 꿈에 닿는 가장 빠른 길입니다. 오늘 사업계획서를 완성한 여러분은 이미 수많은 사람들이 생각만 하고 멈춘 그 자리를 훌쩍 넘어섰습니다. 앞으로의 모든 공부와 준비 과정이 여러분의 꿈을 현실로 만드는 소중한 발판이 될 것입니다. 힘차게 나아가세요. 응원합니다!

Part 02

무재고 위탁판매 사업 시작

본격적으로 무재고 위탁판매 방식으로 쇼핑몰 사업을 시작해 보겠습니다. 핵심은 도매매 사이트와 스마트스토어를 연동하고 스피드고전송기를 활용하여 도매매 제품을 스마트스토어로 전송하는 방법입니다. 시스템적인 부분에 대한 이해도가 높아지면 그다음부터는 아이템 선정에 집중하면 됩니다. 우선은 시스템에 대한 이해를 이번 파트에서 소개하겠습니다. 많은 분들이 궁금해하셨던 위탁판매 방식과 스피드고전송기에 대한 내용을 기준으로 알려 드리겠습니다.

ONLINE MARKET
PAY

01 무재고 위탁판매 사업이란?

이전에 쇼핑몰을 운영하기 위해서는 판매하려고 하는 상품을 사입하여 판매해야 했습니다. 그에 반해 무재고 위탁판매 방식은 아이템을 사입하지 않고 도매 사이트에 등록되어 있는 상품의 이미지 및 정보를 다운로드받아 운영하고 있는 쇼핑몰, 스마트스토어, 오픈마켓, SNS 채널 등에 편리하게 업로드하여 판매가 가능한 방식입니다. 미리 사입을 하지 않기 때문에 재고 부담 및 초기 투자 비용이 들지 않습니다. 전체 흐름도는 ① 판매자가 위탁배송 제품 세팅 → ② 소비자가 제품 구매 → ③ 판매자가 위탁배송 업체에 발주 → ④ 위탁배송 업체에서 제품 발송, 운송장 번호 판매자에게 발송 → ⑤ 판매자가 운송장 번호 입력, 배송 완료로 이루어집니다.

위탁판매를 하기 위해서는 일단 도매 사이트를 잘 알아야 합니다. 도매 사이트에서 제공하는 상품 이미지를 내가 운영하고자 하는 플랫폼에 등록하여 판매하는 방식이 위탁판매의 핵심이기 때문입니다. 편리한 위탁판매 시스템을 갖추고 있는 대표 사이트로는 도매매가 있습니다. 도매매 외에도 도매토피아, 오너클랜, 온채널, 셀링콕 등 다양한 사이트가 있습니다. 그중 도매매는 판매 관리가 편리하게 되어 있는 사이트여서 셀러들에게 인기가 많습니다.

[도매매 https://domemedb.domeggook.com]

국내 상품부터 해외 상품까지 다양한 상품을 직접 확인할 수 있으며, 스피드고전송기를 활용하여 상품을 손쉽게 자신의 판매 플랫폼에 세팅할 수 있습니다.

[도매매 해외 수입관 - 해외에 있는 상품을 구매 신청하여 수입할 수도 있습니다]

도매매 외에도 많은 상품들을 위탁판매할 수 있는 도매 사이트에 접속하여 판매하려고 하는 상품이 있는지 살펴보고 여러 도매 사이트의 상품을 병행하여 판매해도 됩니다. 하지만 초기 창업자는 여러 사이트에 대한 이해도가 없기 때문에 실수를 할 수 있습니다. 판매 경험을 조금 쌓은 후에 확장하는 것을 추천합니다.

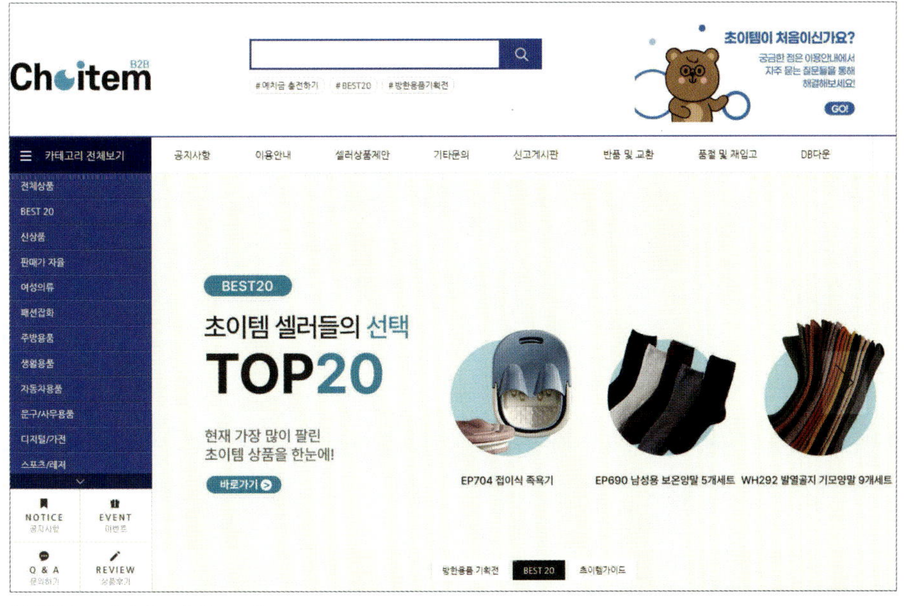

[초이템 http://choitemb2b.com]

[도매토피아 https://dometopia.com]

[오너클랜 https://ownerclan.com]

앞에서 살펴본 종합몰 도매 사이트 외에 아이템별 전문 도매 사이트도 있습니다. 애견용품을 전문적으로 판매하는 바니펫, 인테리어 소품을 판매하는 소꿉노리, 여성의류 도매 단하루 등 종류도 다양합니다.

[바니펫 http://bonniepet.co.kr]

[소꿉노리 https://www.soggupnoli.com]

Part 02 무재고 위탁판매 사업 시작　　**57**

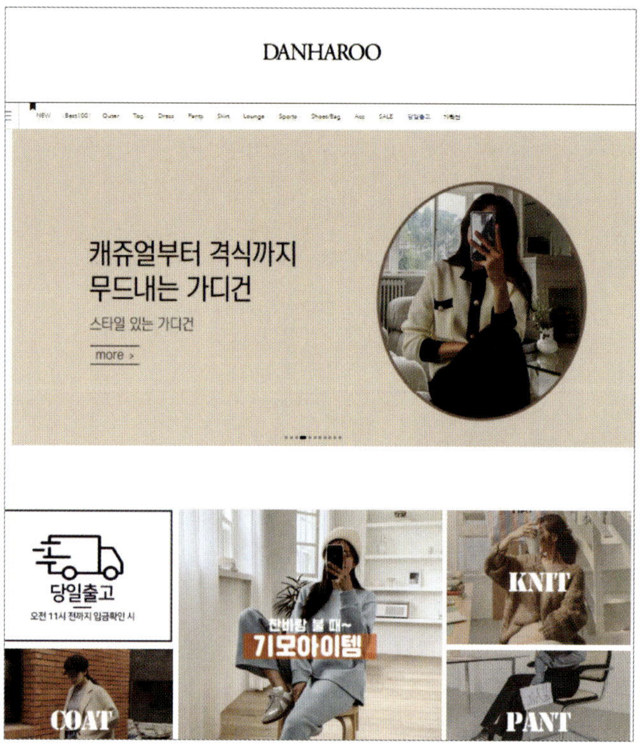

[단하루 http://www.danharoo.com]

위탁판매 사업을 시작하기 전에 아이템을 제공해 주는 사이트 및 판매하고자 하는 아이템에 대한 분석의 시간을 갖고 아래에 정리해 놓은 위탁판매 방식의 장점과 단점도 다시 한번 꼼꼼히 살펴보기를 권장합니다.

위탁판매 사업의 장점

❶ 재고 없이 가능

❷ 초기 자본금이 들지 않음

❸ 운영하는 마켓의 상호로 배송

❹ 새로운 상품 업데이트

❺ 상품 이미지 제공

❻ 무료로 사용 가능

❼ 완벽한 반품 처리

위탁판매 사업의 단점

위탁판매 사업은 장점이 많은 사업입니다. 그러나 단점으로는 판매하는 상품의 재고 관리가 힘듭니다. 잘 나가던 상품을 배송하려고 위탁판매 업체에 발주를 하면 재고 없음으로 발송을 못하게 되는 경우도 있습니다. 그렇기 때문에 위탁판매에서 제일 중요한 것은 재고 관리입니다. 특히 주력으로 판매하는 상품은 재고를 미리 체크하여 광고를 진행할 것인지, 상품을 다른 상품으로 전환할 것인지에 대해 계획을 세우는 것이 좋습니다.

한 걸음 더! 운영 Tip

셀러오션은 온라인 쇼핑몰 창업자 분들이 정보를 공유하는 커뮤니티입니다. 좋은 자료가 많이 올라오고 있으며, 위탁판매 업체를 찾을 때도 도움이 됩니다. 많은 사람들이 자유롭게 글을 올리는 곳이다 보니 간혹 제품이 비싼 가격에 올라오는 경우도 있으니 잘 판단하여 자료를 보시기를 바랍니다.

스피드고전송기란?

스피드고전송기는 도매매의 상품을 스마트스토어, 쿠팡, 11번가, 신세계닷컴, 롯데온 등의 마켓에 쉽게 전송하는 서비스입니다. 상품 이미지를 다운로드받아서 원하는 마켓에 올리는 방식이 아니라 도매매에서 스피드고전송기를 클릭하면 원하는 마켓에 상품이 바로 진열되는 방식입니다.

도매매 오른쪽 상단에 있는 스피드고전송기 메뉴를 클릭하여 사용을 하면 됩니다. 메뉴의 이름에서도 알 수 있듯이 스피드고전송기를 활용하면 1회에 500개씩 원하는 제품을 전송할 수 있습니다. 인터넷 환경에 따라 조금 다를 수는 있는데 거의 5분 안에 모두 전송이 됩니다. 좋은 제품을 선정하여 500개 단위로 연속하여 전송하면 바로 진열이 되어 판매가 시작됩니다.

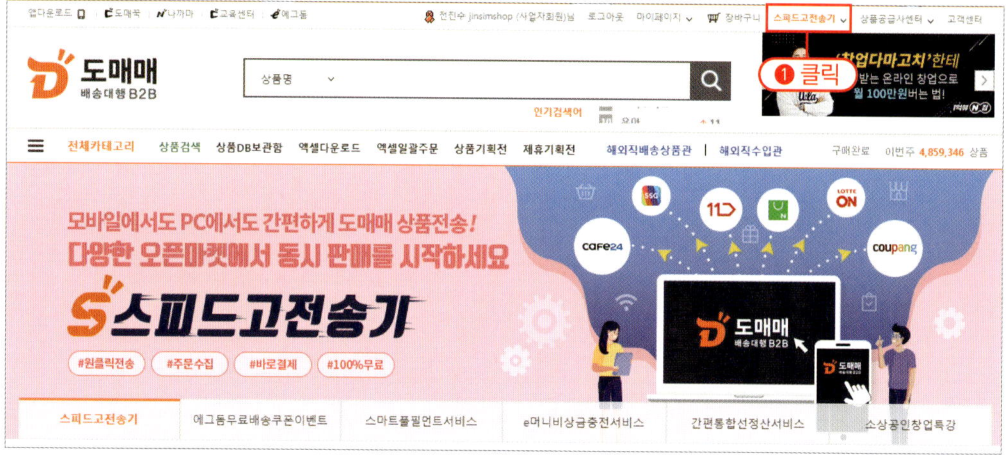

스피드고전송기의 대표적인 기능은 상품 등록, 품절/판매 중지, 가격 변동 상품 관리, 주문 수집, 간편한 도매매 주문, 송장 전송입니다.

[스피드고전송기의 지원 시스템]

판매하려고 하는 마켓을 스마트스토어로 가정해 본다면, 스마트스토어에서 판매하기 위해서는 아래의 5단계를 거쳐서 제품 등록을 완료하면 됩니다.

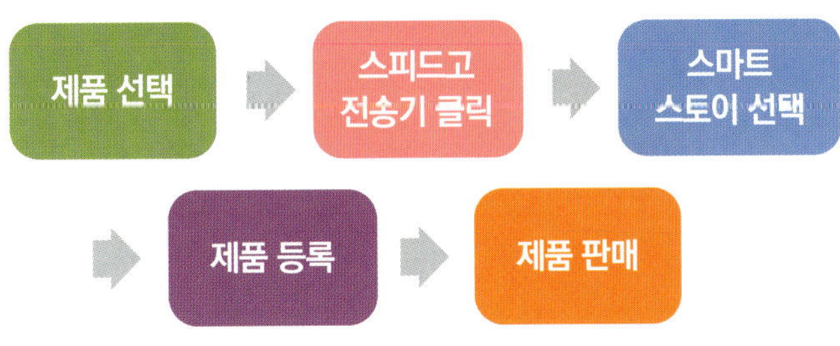

[스피드고전송기로 스마트스토어에 상품 전송 시의 과정]

스피드고전송기를 사용하려면 도매매에 가입이 되어 있어야 합니다. 다음 페이지에서 도매매에 가입을 하고 사업을 시작하기 위한 준비를 진행하겠습니다.

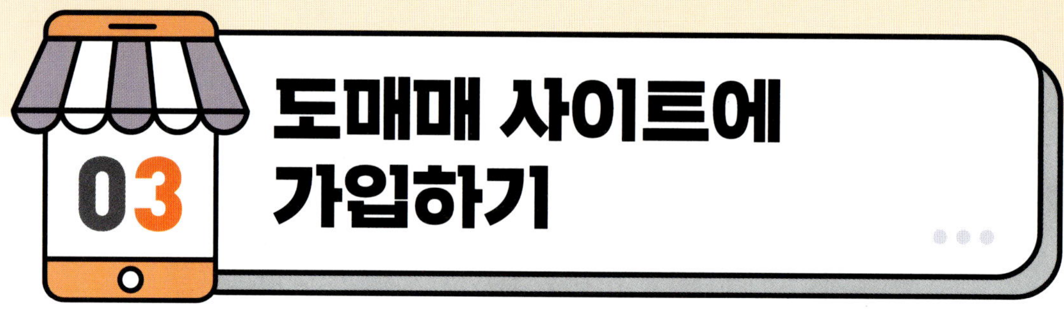

도매매 가입을 하기 위해 인터넷 주소에 https://domemedb.domeggook.com/을 입력하고 이동합니다. 오른쪽 상단에 있는 [회원가입]을 클릭하여 회원가입을 진행합니다.

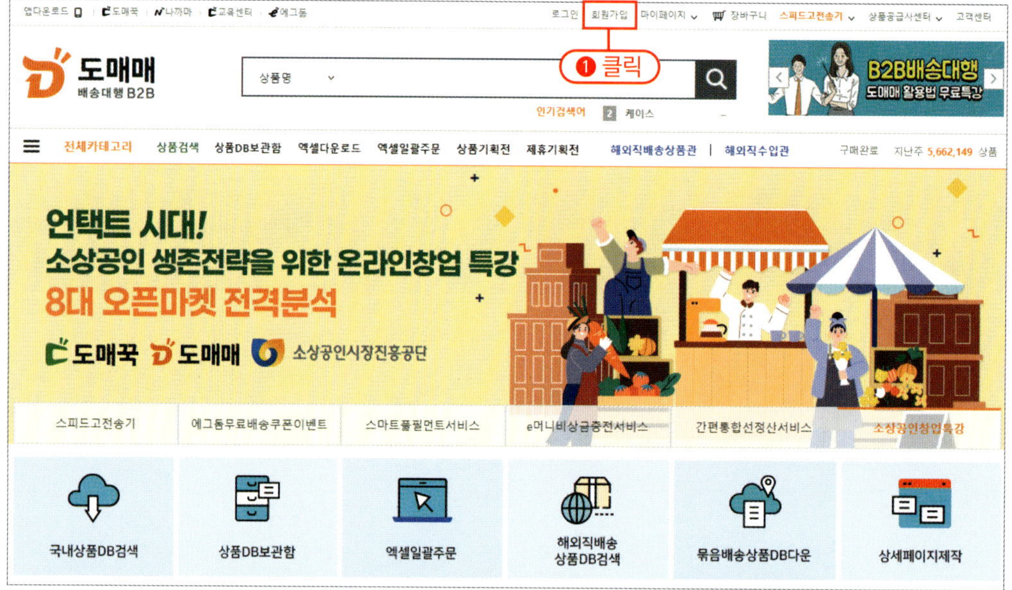

회원가입 페이지로 이동하면 기본 회원 정보를 입력하고 회원가입을 완료합니다.

아이디, 비밀번호, 메일 주소를 입력하고 가입을 하면 일반 회원으로 가입이 완료됩니다. 판매가 가능한 회원으로 전환되기 위해서는 휴대폰 인증을 받고 개인 정회원으로 승인을 받으면 제품을 등록하여 판매할 수 있는 권한을 받습니다. 세금 계산서 발급 및 전문적인 판매를 위해 기업 회원으로 승인받기 위해서는 사업자등록증을 제출해야 합니다.

최근 쇼핑몰 사업을 시작한 셀러 중에 도매매를 먼저 접하고 추후 도매꾹을 접하는 경우가 있습니다. 도매꾹과 도매매는 같은 회사입니다. 도매꾹이 먼저 시작되었고 도매꾹에서 더 전문적으로 제조업체와 온라인 쇼핑몰 판매자를 연결해 주기 위한 사이트로 도매매를 개발한 것입니다. 그리고 도매매에서 온라인 쇼핑몰 사업자의 운영 관리를 쉽게 할 수 있게 만든 프로그램이 스피드고전송기 프로그램이라고 보면 됩니다.

만약 스피드고전송기 프로그램을 사용하지 않고 제품을 하나하나 등록하여 판매하는 방식으로 진행할 때는 도매꾹을 이용해도 됩니다. 차이점은 도매꾹은 도매와 소매 판매를 동시에 하는 사이트이고, 도매매는 B2B 위탁판매 전문 사이트입니다. 도매꾹은 소매도 함께 하다 보니 일반 사용자도 접속하여 구매하는 경우가 있습니다. 단점으로는 상품 대부분은 2개 이상 구매해야 합니다.

[도매꾹에서 구매 시 최소 수량은 2개]

사업자등록증 없이 판매를 경험하기 위해 블로그, 인스타그램, 스마트스토어, 카카오톡 등에 도매꾹의 상품을 올려서 판매 경험을 쌓고, 그 후에 본격적으로 진행할 때 도매매 등을 활용하여 상품 정보를 대량으로 등록하면서 판매하는 방법도 있습니다. 개인적인 목표와 방향에 따라 다양한 형태의 판매 방식을 설계할 수 있습니다. 일정 수량 이상 구매해야 한다는 점도 내가 위탁판매하는 곳에서의 최소 구매 수량을 도매꾹에서의 해당 제품 최소 구매 수량과 맞춰 놓으면 문제되지 않습니다. 도매꾹도 위탁판매가 가능하며, 도매꾹에 배송 정보를 입력할 때 운영하는 쇼핑몰 이름을 입력하면 입력한 쇼핑몰 이름으로 배송 처리가 됩니다.

04 스마트스토어에 가입하기

도매매의 스피드고전송기를 활용하여 상품을 판매하기 위해서는 판매할 수 있는 채널에 가입이 되어 있어야 합니다. 스피드고전송기를 사용할 수 있는 판매 채널은 스마트스토어, 롯데온, 신세계닷컴, 11번가, 쿠팡, 위메프, 카페24로 현재는 7개이며 지속적으로 늘리려 하고 있습니다. 책에서는 스마트스토어를 기준으로 진행하기 위해 스마트스토어 가입 단계부터 알아보겠습니다.

스마트스토어 입점 절차는 6단계로 이루어져 있습니다. 가입 신청을 했다면 가입 승인 전에 미리 상품 등록이 가능합니다. 가입 승인이 되었다면 본격적인 판매 활동 전에 미리 판매 계획을 짜면서 충분히 연습하기를 바랍니다.

① 입점 절차 알아보기

1단계 가입 신청

스마트스토어 입점을 위해 첫 번째로 가입 신청을 해야 합니다. 스마트스토어의 회원가입 유형은 국내 개인 판매 회원, 국내 사업자 판매 회원, 국외 거주 회원으로 구분하여 가입할 수 있습니다.

2단계 서류 제출

국내 개인 판매 회원, 국내 사업자 판매 회원, 국외 거주 회원은 각각 회원 구분에 맞춰 별도의 서류가 필요합니다.

1) 국내 개인 판매 회원

국내 개인 판매 회원의 경우 별도의 서류 심사는 없으나, 미성년자는 보호자 또는 법정 대리인의 동의 확인서를 제출해야 합니다.

2) 국내 사업자 판매 회원(개인 사업자 또는 법인 사업자)

다음과 같은 별도의 서류가 필요합니다. 가입 신청을 할 때 선택한 사업자 구분(개인 사업자 또는 법인 사업자)에 맞추어 상기 관련 서류를 7일 이내에 스마트스토어 고객 센터(심사 담당자 앞)로 보내야 최종 가입 승인 처리가 됩니다.

개인 사업자 / 간이 사업자	법인 사업자
사업자등록증 사본 1부 통신 판매업 신고증 사본 1부 대표자 또는 사업장 명의 통장 사본 1부 대표자 인감 증명서 사본 1부	사업자등록증 사본 1부 통신 판매업 신고증 사본 1부 법인 명의 통장 사본 1부 등기사항전부증명서 사본 1부 법인 인감 증명서 사본 1부

인감 증명서의 경우 최근 3개월 이내에 발급받은 서류의 사본만 인정됩니다. 주민등록번호가 포함된 서류의 경우 주민등록번호 뒤 7자리가 확인되지 않도록 마스킹 처리 후 제출해야 합니다.

3) 국외 거주 판매 회원

국외 거주 개인/사업자

국외 거주 개인
신분증 사본 1부(시민권, 영주권, 여권도 가능)
가입자 명의 통장 사본 또는 해외 계좌 인증 서류 1부(Bank Statement)

국외 거주 사업자
해외 현지 사업자등록증 사본 1부
대표자 신분증 사본 1부(시민권, 영주권, 여권도 가능)
사업자 또는 가입자 명의 통장 사본 또는 해외 계좌 인증 서류 1부(Bank Statement)
* 비영문권 국가의 경우 공증받은 영문 번역본 서류를 함께 제출해야 합니다.

해외 계좌의 경우에는 ABA No/Swift Code란에 Swift Code(USD)/IBAN Code(EUR)를 정확히 등록해야 하며, 일본(JPY)과 호주(AUD)의 경우 Branch Name란에 Branch Name(JPY) 혹은 BSB Code(AUD)를 정확하게 등록해야 합니다. 정확하게 등록하지 않는 경우 판매자 충전금 출금 요청 시, 판매자 충전금이 정산 계좌로 출금되지 않습니다.

3단계 **가입 심사**

- 판매 회원가입 신청 후 필요 서류를 보내면, 스마트스토어에서 신속한 심사 절차를 진행합니다.
- 서류 심사가 승인되기 전이라도 판매자 센터 접속 및 상품 등록 등 판매에 필요한 사전 작업을 진행할 수 있으며, 서류 심사 및 인증 절차가 완료되면 본격적인 판매 활동을 시작할 수 있습니다.
- 필요 서류를 입점 신청일로부터 7일(영업일) 이내에 모두 제출하지 않는 경우 승인이 지연될 수 있습니다.
- 미제출 서류를 스마트스토어에서 재요청할 경우, 요청일로부터 7일(영업일) 이내에 제출해야 하며 제출하지 않을 시 승인이 거부되고 기존에 제출한 서류는 폐기됩니다.

4단계 **가입 승인**

가입 신청서와 서류에 문제가 없는 경우 가입 승인이 되어 제품을 등록하고 판매할 수 있습니다.

5단계 **네이버 쇼핑 노출**

스마트스토어 가입 단계 중 네이버 쇼핑 광고주 가입을 묻는 항목에서 '약관에 동의'를 누르면 네이버 쇼핑 광고주가 될 수 있습니다. 이미 가입 절차를 마친 경우 회원 정보 조회/수정 페이지 하단에 있는 [네이버 쇼핑 입점 신청] 버튼을 클릭하면 신청이 완료됩니다.

6단계 **상품 판매**

등록한 제품을 본격적으로 판매합니다. 다양한 채널에 제품을 노출하고 고객 관리를 할 수 있습니다.

[네이버쇼핑 광고에 등록한 경우 제품이 네이버쇼핑에 노출됩니다]

② 스마트스토어의 장점과 수수료

네이버 스마트스토어는 입점과 판매 수수료가 없는 무료 판매 플랫폼입니다. 네이버쇼핑과 연동, 검색 광고 등록, 개인화 소셜 플러그인 서비스 사용을 통한 다양한 마케팅이 가능합니다.

스마트스토어는 오픈마켓 중에 최저의 수수료를 내면 되고 다양한 채널과의 마케팅 연동으로 홍보하기 편리하게 되어 있습니다.

❶ 스마트스토어의 장점

- 사업자 등록과 통신 판매업 신고를 하지 않아도 가능
- 오픈마켓 중 최저 수수료

- 네이버에서 제공하는 쇼핑몰로 곳곳에 노출되고 네이버톡톡, 네이버모두 등 다양한 기능과 연동 가능
- 카드결제 시스템 등을 별도로 도입하지 않아도 결제 시스템이 기본적으로 세팅
- 온라인 쇼핑몰 디자인을 하지 않고 바로 상품을 등록하여 판매가 가능

❷ 다양한 채널과의 마케팅 연동

1) 네이버쇼핑

네이버쇼핑의 경우 이용자의 80%가 구매를 목적으로 방문하고 있으며 상품 검색 시 네이버페이 영역 내 판매자의 상품과 판매 상점 정보가 노출됩니다.

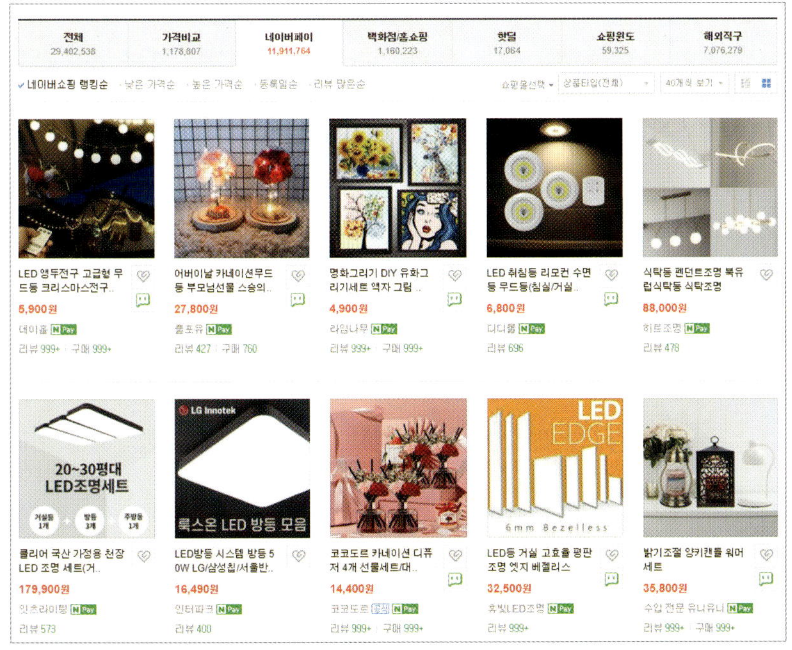

[네이버페이 영역 노출]

2) 검색 광고 등록

특정 키워드에 대한 광고 등록 시 해당 키워드 검색 결과 페이지에 광고 노출을 하며 해당 키워드에 관심 있는 구매자에게만 노출되는 타깃형 광고입니다.

3) 바이럴 마케팅이 가능한 개인화 소셜 플러그인 활용

블로그, 카페, 밴드에 퍼가기 기능을 통한 상품 홍보가 가능하며 모바일 메신저와 SNS 공유를 이용한 바이럴 마케팅(Viral Marketing)을 편리하게 할 수 있습니다.

❸ **스마트스토어 수수료**

- 스토어 개설, 상품 등록 : 무료
- 네이버쇼핑 매출 연동 수수료(VAT 포함) : 2%
- 네이버페이 결제 수수료(VAT 포함)

  신용카드 : 3.74% / 계좌이체 : 1.65% / 무통장입금(가상계좌) : 1%(최대 275원)

  휴대폰 결제 : 3.85% / 네이버페이 포인트 : 3.74%

따라해 보세요!

01 본격적으로 스마트스토어 가입 절차를 밟아 보겠습니다. 네이버에서 스마트스토어 판매자 센터를 검색하고 접속합니다. 인터넷 주소를 입력하고 바로 이동해도 됩니다(인터넷 주소 : https://sell.smartstore.naver.com). [판매자 가입하기]를 클릭합니다.

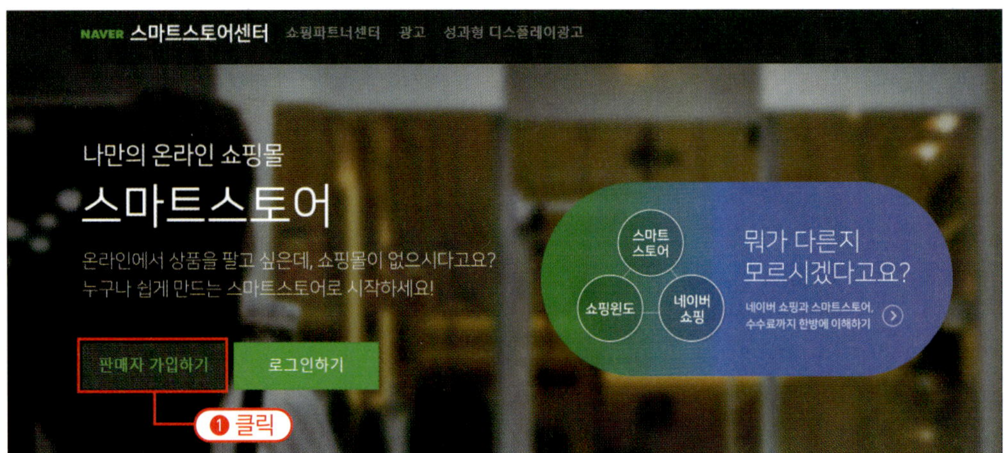

02 회원 유형 중에 사업자등록증이 있으면 [사업자] 회원을 선택하고, 사업자등록증이 없을 경우에는 [개인] 회원을 선택합니다.

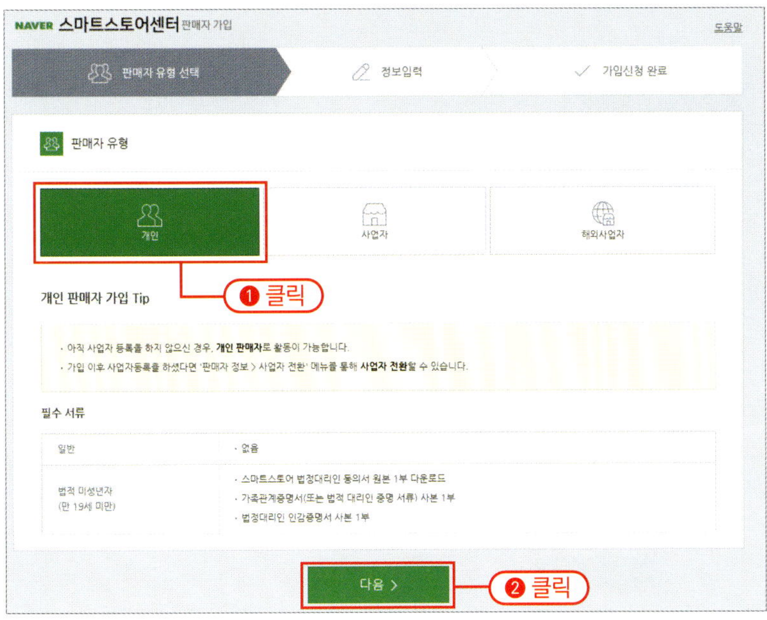

03 휴대폰 인증을 받는 화면에서 휴대폰 인증을 받고 다음 화면으로 이동합니다.

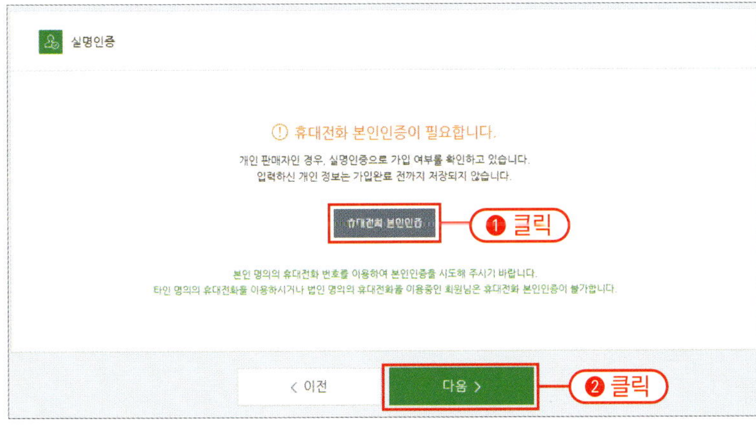

04 판매자 정보를 입력하는 화면에서 판매자 연락처 및 메일, 주소 등 기본 정보를 입력하고 [다음]을 클릭합니다. 여기까지 하면 스마트스토어 가입은 완료됩니다. 이 절차를 모두 진행했다면 이제부터 본격적으로 판매를 시작할 수 있습니다.

NOTE

스마트스토어를 여러 개 개설하고 싶다는 분들이 많습니다. 추가 개설은 가능하나, 추가 개설을 위한 조건이 있습니다.

회원 가입일로부터 6개월 이상 경과, 최근 3개월 총 매출액이 기준 금액(800만 원) 이상, 최근 3개월 판매 만족도가 4.5점 이상, 최근 3개월 내 이용 정지 이력 없음이 충족되어야 합니다. 지금 말한 조건을 모두 만족했을 때 추가로 개설할 수 있습니다.

신규로 추가하는 스마트스토어는 기존에 보유하고 있는 스마트스토어와 서로 다른 상품군으로 신청해야만 합니다. 판매 상품의 특성상 중복 스토어 운영이 필요하다고 생각하는 경우 스마트스토어 판매자센터 1:1 문의하기 게시판에 문의를 남겨 놓으면 심사를 통해 개설 가능 여부를 확인받을 수 있습니다.

05 도매 사이트와 스마트스토어 연동하기

스피드고전송기를 사용하여 상품을 등록하기 위해서는 도매 사이트와 스마트스토어 연동을 해야 합니다. 연동을 하기 위해 도매매에서 오른쪽 상단에 있는 [스피드고전송기]-[마켓계정관리]를 클릭합니다.

연동 작업을 진행하기 위해 스마트스토어 API 정보가 필요합니다. 다음 화면을 보며 같이 연결 작업을 진행하겠습니다. 연결하는 부분에서 오류가 있을 경우 앞으로 진행하는 모든 내용이 정상적으로 작동되지 않습니다.

스마트스토어 상점명과 API 연동용 판매자 ID를 입력하는 항목이 있습니다. 스마트스토어1에 해당하는 상점명과 스마트스토어 API 연동용 판매자 ID를 입력하기 위해 스마트스토어에 접속하여 확인하겠습니다. 스마트스토어 사이트를 5개까지 연동하여 제품을 전송할 수 있습니다.

[도매매 스마트스토어 연동 화면]

연동용 판매자 ID를 확인하기 위해서 스마트스토어 판매자 센터에 접속한 후에 관리 화면에서
[스토어 전시관리]-[스토어 관리]를 클릭합니다. API 정보에서 API 연동용 판매자 ID를 복사하여
도매매 사이트에 입력합니다.

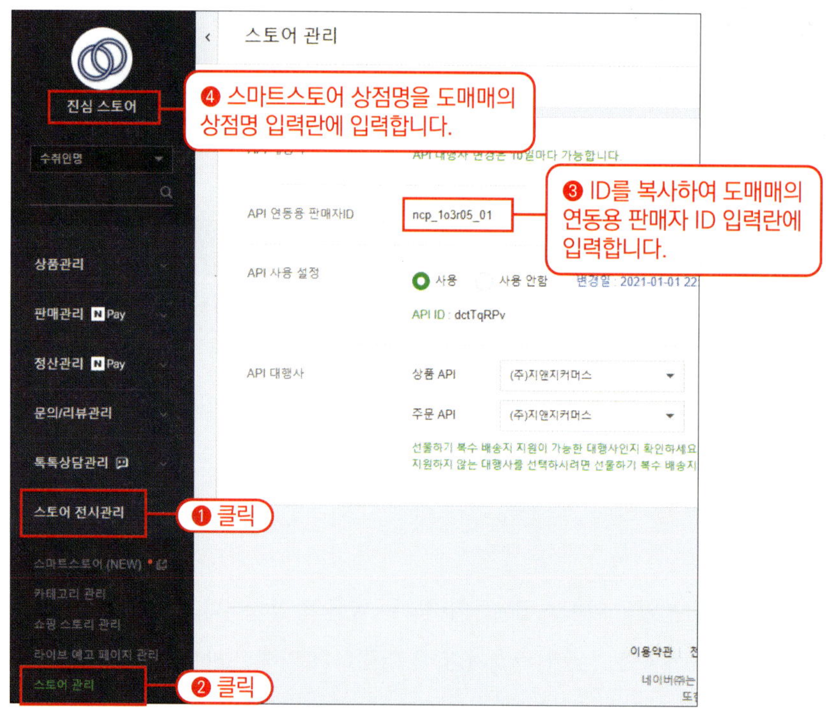

[스마트스토어 판매자 센터 API 연동용 판매자 ID 확인]

	스마트스토어	스마트스토어 상점명	스마트스토어API 연동용 판매자ID
◉	스마트스토어1	진심스토어	ncp_1o3r05_01
○	스마트스토어2	스마트스토어 상점명 추가1	스마트스토어API 연동용 판매자ID 추가2

위와 같이 정보를 입력한 후에 화면의 하단에 있는 [저장]을 클릭하여 연동을 완료합니다. 스마트스토어 외에도 쿠팡, 11번가, 신세계닷컴, 롯데온 등 다양한 마켓에 연동을 할 수 있습니다. 스마트스토어에 제품을 전송하고 관리하는 작업을 완료한 후에 다른 마켓도 도전해 보면 같은 방법으로 쉽게 할 수 있습니다.

스마트스토어 상점명

API연동용판매자ID안내 ❓

스마트스토어센터바로가기

	스마트스토어	스마트스토어 상점명	스마트스토어API 연동용 판매자ID
◉	스마트스토어1	스마트스토어 상점명	ncp_1o3r05_01
○	스마트스토어2	스마트스토어 상점명 추가1	스마트스토어API 연동용 판매자ID 추가2
○	스마트스토어3	스마트스토어 상점명 추가3	스마트스토어API 연동용 판매자ID 추가3
○	스마트스토어4	스마트스토어 상점명 추가4	스마트스토어API 연동용 판매자ID 추가4
○	스마트스토어5	스마트스토어 상점명 추가5	스마트스토어API 연동용 판매자ID 추가5

• "스마트스토어API 연동용 판매자ID"를 입력하세요

스마트스토어 〉 스토어 전시관리 〉 스토어관리 〉 API정보에 있는 API 연동용 판매자ID를 기재하세요 스마트스토어에서 API 대행사는 (주)지앤지커머스로 선택한 후 저장해야 사용이 가능합니다

쿠팡

쿠팡API키 발급방법안내 ❓

쿠팡WING바로가기

업체코드	AccessKey	SecretKey	쿠팡 Wing ID
A00234698	8c359681-01fd-4bf2-a2c0-49e9a7b0e5	a53df7749b059d50d142aa0e54e4b030	jinsim

• 쿠팡 Wing 〉 업체정보변경 〉 판매정보 탭의 API 키를 발급받은 후 업체코드, Access Key, Secret Key, 쿠팡 Wing ID(관리자로그인ID) 순서대로 기재하세요

11번가

11번가 API발급및관리 ❓

11번가셀러오피스바로가기

11번가 로그인ID	11ST OPEN API KEY	11번가 사업자 유형
jinsimshop	30ed707e88c623d643c6ea2a946068d8	◉ 국내 셀러 ○ 글로벌 셀러

• 11번가 OPEN API CENTER의 서비스 등록·확인에서 API KEY 신청 후 입력하세요

SSG닷컴

SSG닷컴 API발급및관리 ❓

SSG닷컴파트너오피스바로가기

업체번호	API 인증키
0024802968	570a4b68-398e-48d8-8c50-0482d0b2bdcb

•SSG파트너오피스 사이트 로그인 후 업체정보관리 〉 API회원정보관리 메뉴에서 업체번호 및 API 인증키를 확인 후 입력하세요

롯데ON

롯데ON API발급및관리 ❓

롯데ON스토어센터바로가기

거래처번호	API인증키
LO10031289	5d5b2cb498f3d20001665f4eaba4217f6ee0450e91eaff77c55c3e1c

• 롯데ON스토어센터의 스토어관리 〉 프로필관리에서 거래처번호 확인이 가능하며 판매자정보 〉 OpenAPI관리에서 API인증키 확인 후 입력하세요

위메프

위메프 API발급및관리 ❓

위메프파트너바로가기

위메프 로그인ID	API인증키
jinsim	3c5fb496397e3449a6039a6ba81c0447b2b8c64a68e03406c1ab1e3ab6

• 위메프 파트너센터2.0 〉 회원정보수정에서 API KEY 확인 후 입력하세요

저장

[저장 버튼을 클릭하면 완료]

스피드고전송기로 상품 전송하기

06

상품 전송에는 하나씩 전송하는 방법과 일괄 전송하는 방법이 있습니다. 상품을 일괄 전송하기 위해서는 DB 보관함에 원하는 상품을 담은 후에 일괄적으로 스마트스토어로 전송하면 됩니다.

① 스마트스토어에 상품 하나씩 전송해 보기

따라해 보세요!

01 스마트스토어에 상품을 전송하기 위해 상품명 검색 창에 '그립톡'을 입력해 봅니다. 원하는 상품이 있으면 검색해 봅니다.

02 약 10,000개의 그립톡 제품이 검색된 것을 볼 수 있습니다. 검색 결과 중 마음에 드는 상품을 클릭합니다.

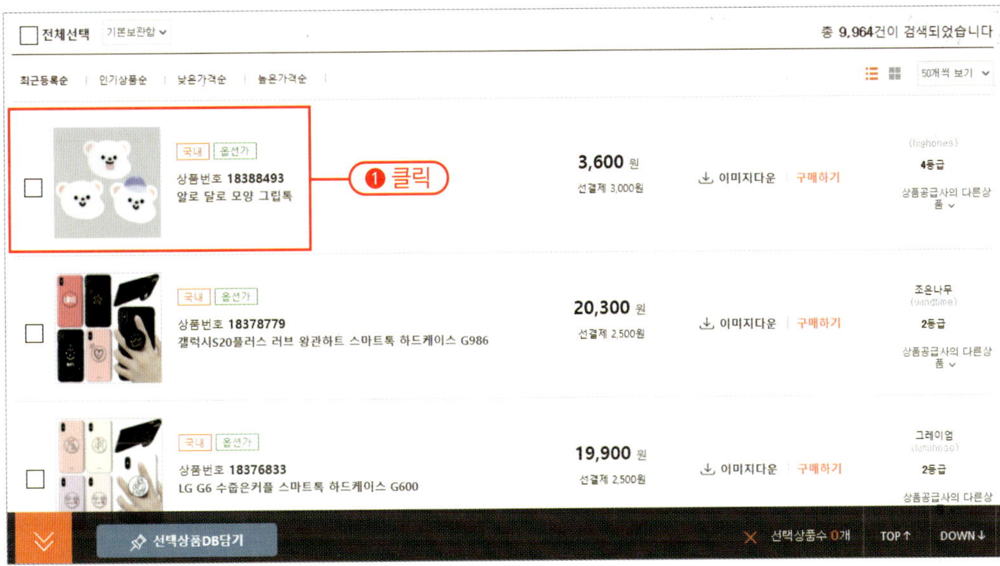

03 팝업 창에 클릭한 상품이 뜨는 것을 볼 수 있습니다. 메뉴 중 [스피드고전송]을 클릭합니다.

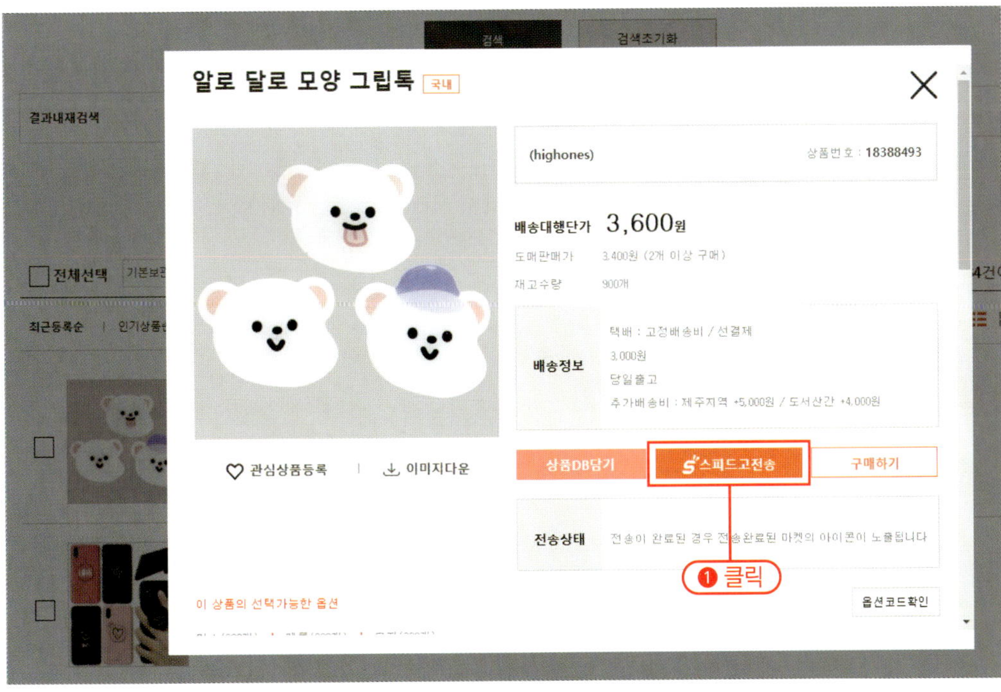

04 전송할 마켓인 스마트스토어를 선택하고, 판매가요율을 입력한 후에 [스피드고전송]을 클릭합니다.

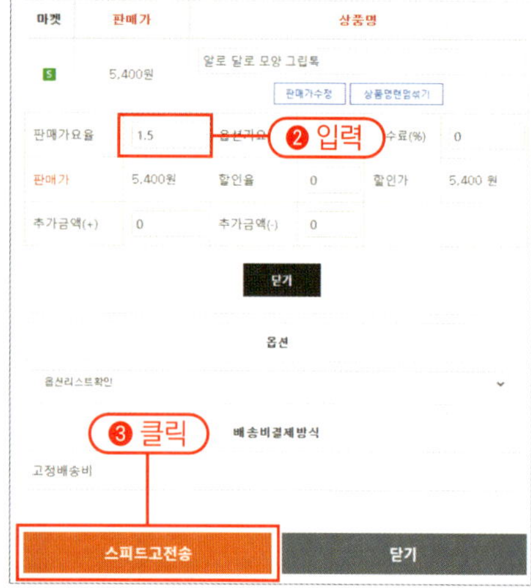

> **NOTE**
>
> 판매가요율은 도매가에 판매자의 마진을 붙여서 판매가를 설정하는 원리입니다. 예를 들어 도매가가 1,000원일 때 판매가요율을 1로 설정했다면 스마트스토어 판매 가격은 1,000원으로 등록되어 판매자는 마진이 하나도 없게 됩니다. 판매가요율을 1.5로 등록했다면 도매가에 50%의 마진을 붙여서 스마트스토어에는 1,500원으로 등록됩니다. 여러 상품을 한 번에 전송하기 때문에 전송하는 제품 가격이 다르더라도 판매가요율을 입력하면 판매자가 원하는 마진을 붙여서 스마트스토어에 등록됩니다. 일반적으로는 1.5로 등록합니다.

05 상품 전송 결과 화면이 뜨는 것을 볼 수 있습니다. 스마트스토어 항목에 전송 성공이라는 말과 함께 전송이 완료됩니다. [닫기]를 클릭합니다.

06 스마트스토어 관리자 페이지로 이동하여 상품이 제대로 전송되었는지를 확인합니다. [상품 관리]-[상품 조회/수정]을 클릭합니다.

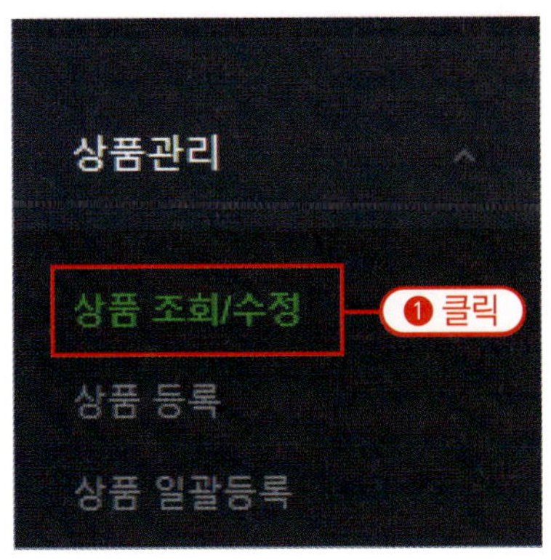

 등록한 그립톡 상품이 있는 것을 볼 수 있습니다. 상품 번호를 클릭하면 등록한 상품이 뜹니다.

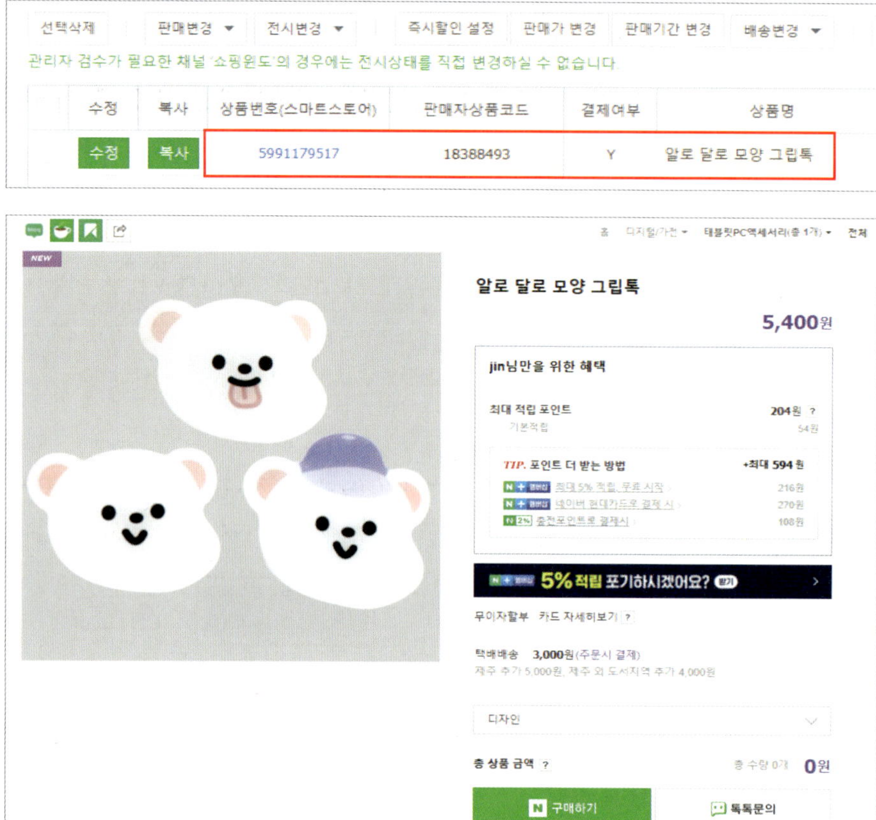

② 상품 일괄 전송하기

📢 따라해 보세요!

01 앞에서 진행했던 방법과 같이 도매매에서 상품을 검색하고 원하는 상품을 선택한 후에 [선택 상품 DB 담기]를 클릭하여 DB 보관함에 담습니다.

02 상품 DB 담기 완료 후에 보관함으로 이동할 것인지 현재 페이지에 머물 것인지에 대한 물음이 나옵니다. 다른 상품들을 담기 위해 [이 페이지에 머무르기]를 클릭합니다.

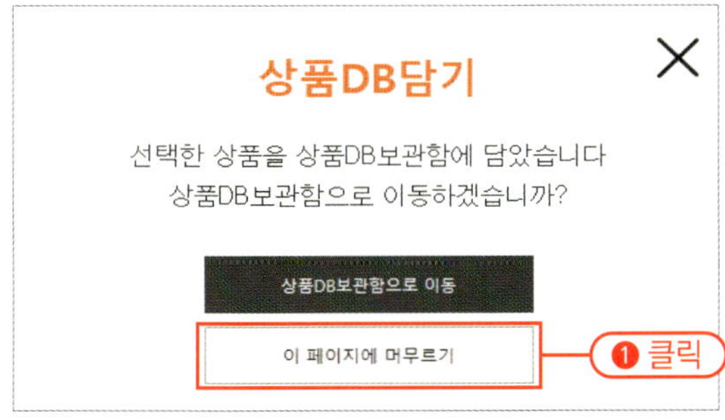

03 다른 제품도 같은 방법으로 검색한 다음 [선택 상품 DB 담기]를 클릭하여 보관함에 담습니다.

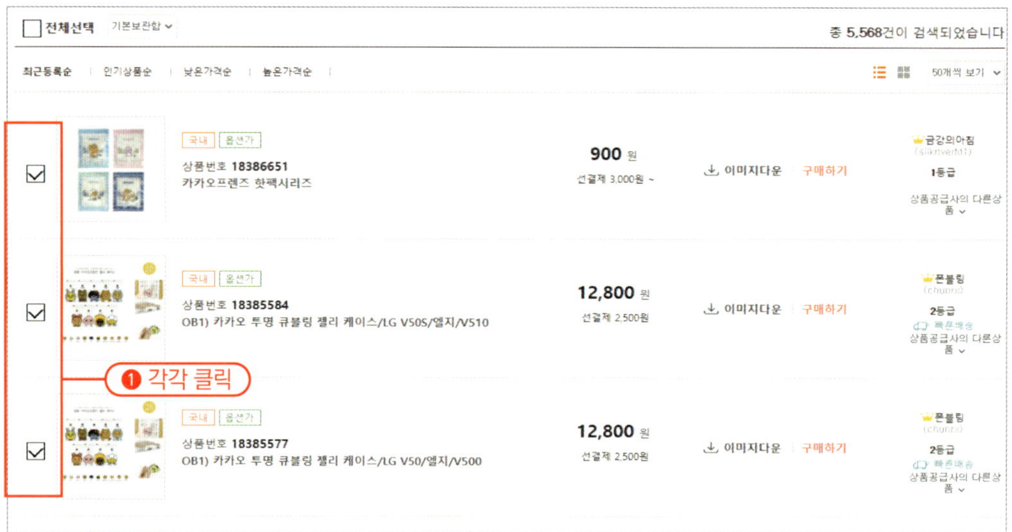

04 DB 보관함으로 이동하기 위해 [상품 DB 보관함으로 이동]을 클릭합니다.

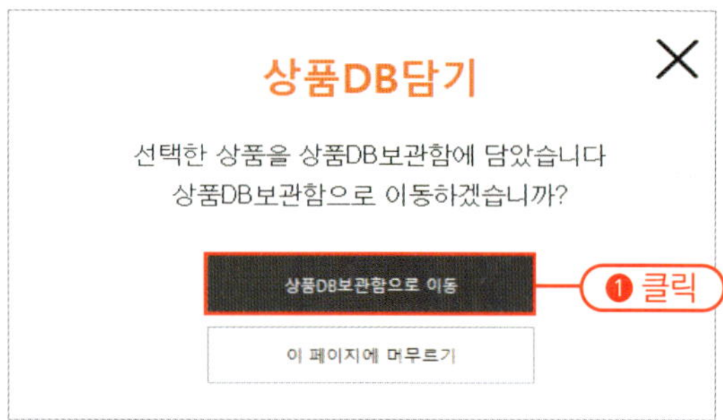

05 DB 보관함에 담은 상품을 전체 선택하고 [스피드고전송]을 클릭합니다.

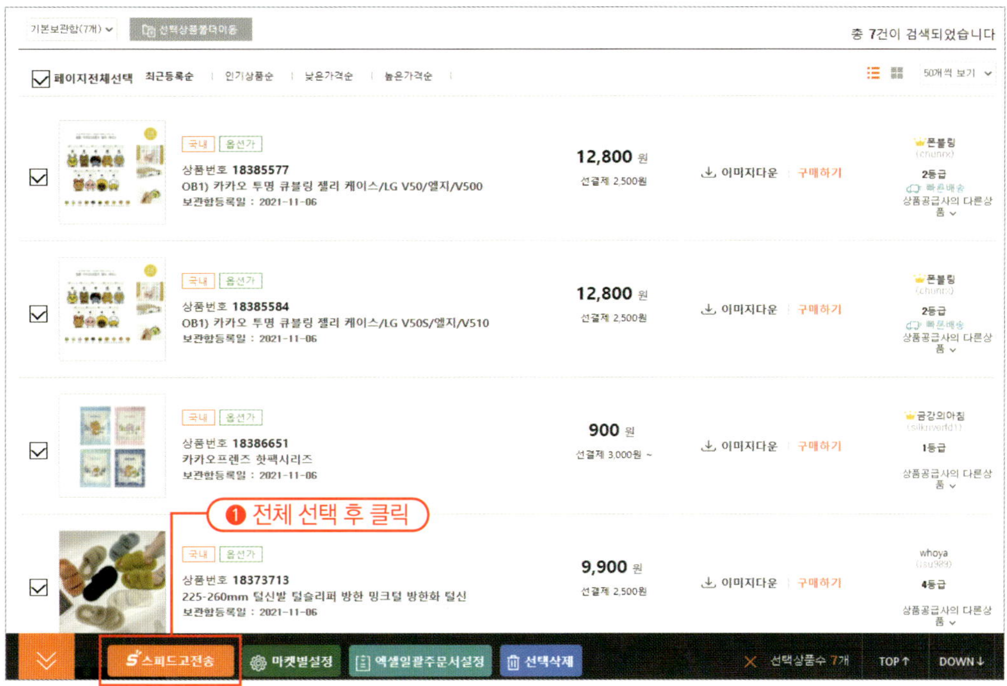

06 상품의 리스트가 나오는 것을 볼 수 있습니다. 전송할 마켓에서 [스마트스토어 전송]을 선택합니다.

07 판매가요율을 입력하고 [스피드고전송]을 클릭합니다.

08 스마트스토어에 7개 상품이 정상적으로 전송된 것을 볼 수 있습니다.

  돈이 들어오는 무재고 위탁판매 쇼핑몰

09 스마트스토어에 접속하여 전
송한 상품이 잘 뜨는지 확인합니다.

한 걸음 더! 운영 Tip

지금까지의 내용을 잘 이해했다면, 아마도 스토어에 원하는 상품이 카테고리별로 많이 등록되어 있을 것입니다. 도매 사이트를 연동하여 상품을 등록하는 방법이 쉽다보니 처음에 무조건 많은 상품을 전송하고 마음에 안 들면 다시 지우고, 다시 등록하는 경우가 많이 있는데 그렇게 할 경우 스마트스토어 품질이 안 좋아질 수 있습니다.

우선은 메모장 또는 엑셀에 전송할 파일 리스트를 먼저 작성하고 다른 판매자는 얼마에 판매하는지, 상세히 분석한 후에 하나하나 꼼꼼하게 전송하는 방법을 추천해 드립니다. 그리고 전송 후에 제목 및 상세페이지 내용을 살펴보며, 추가 수정 작업을 하는 것이 판매에 도움이 됩니다. 운영 과정에서 고객 분들의 피드백은 좋은 재산이 됩니다. 고객 분들의 후기에서 보완점과 강점을 잘 찾으면 앞으로 원하는 꿈을 이루는 셀러가 될 수 있습니다.

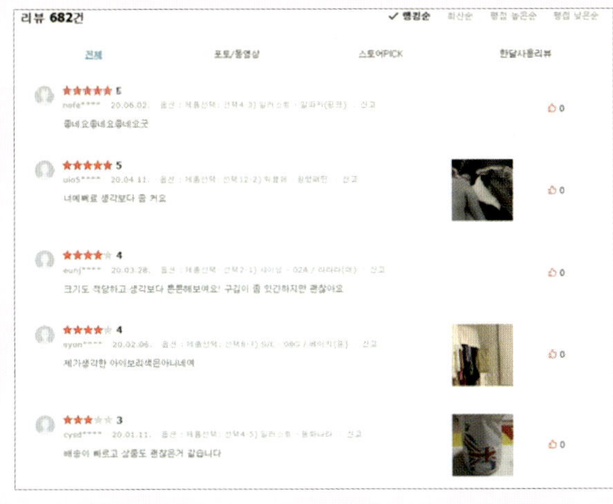

Part 03

쇼핑몰 운영을 위한 디자인 실습

요즘은 도매 사이트에서 상품 목록 사진 및 상세 이미지를 전부 제공해 주다 보니 판매자가 추가로 사진 작업을 하는 경우가 전에 비해서는 줄어들었습니다. 그렇지만 판매자가 제품을 사입하거나, 직접 만든 제품을 판매할 때는 사진을 촬영하는 단계부터 편집하는 단계까지 모든 과정을 진행해야 합니다. 이 과정에서 알아야 하는 기본 디자인 실습을 지금부터 진행해 보겠습니다.

ONLINE MARKET
PAY

픽슬러 에디터로
합성 기술 익히기

01

픽슬러 에디터는 2가지 버전을 제공합니다. 기초 버전인 PIXLR X와 전문가 버전인 PIXLR E를 제공하고 있습니다. 2가지 버전 모두 포토샵 확장자의 PSD를 연동하여 사용할 수 있습니다. 포토샵 버전에서 제공하는 대부분의 기능을 제공하는 버전은 전문가를 위한 PIXLR E 버전입니다.

상세페이지를 잘 만들어야 하는 이유는 소비자가 상품을 구매할 때 정확한 정보를 습득한 후에 구매하지 않으면 반품이 될 확률이 높기 때문입니다. 화장품을 판매한다고 한다면 유통기한, 화장품이 받은 인증, 특허 등 신뢰할 수 있는 요소와 규격, 주의사항, 피부 타입 등 부가적인 정보도 정확하게 잘 기입을 해야 합니다.

여기에서 제일 중요한 것은 이 제품을 구매하는 소비자가 알고자 하는 정보는 어떤 것인지를 파악해야 하는 점입니다. 파악할 때 참고하면 도움이 많이 되는 것은 같은 제품을 판매하고 있는 다른 판매자의 상세 설명 구성과 후기입니다. 구매한 고객의 평을 읽으면 장점과 단점이 같이 있다는 것을 알 수 있습니다. 장점은 부각시키고, 단점으로 거론된 내용은 개선한 내용을 담는다면 성공적인 상세 설명입니다.

한 걸음 더! 운영 Tip

필자가 판매했던 빨래 바구니 시리즈 32종 제품 중 일부 제품입니다. 도매 사이트에 등록되어 있는 제품과 필자가 별도로 수입한 제품을 혼합하여 판매했던 방식으로 다른 마켓에서는 구성하지 않고 있던 특별한 구성으로 많은 판매량을 올린 제품입니다.

　　이렇게 별도의 상품을 추가적으로 판매할 경우에는 사진 촬영 및 편집 작업이 필수입니다. 사진 편집을 위해 픽슬러 에디터를 이용해 보겠습니다.

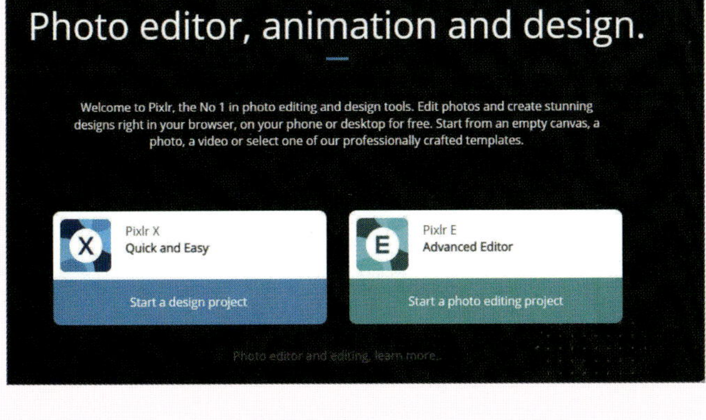

① 픽슬러 에디터 열고 닫기

　　픽슬러 에디터 프로그램을 처음으로 실행하기 위해 사이트에 접속하여 프로그램을 실행하고 종료하는 과정을 실습해 봅니다. 금방 친숙해질 프로그램입니다. 강의를 하다 보면 포토샵과 똑같은 프로그램을 무료로 사용할 수 있다는 점과 포토샵보다 편리하게 사용할 수 있게 자동화되어 있는 기능을 보고 많이 놀랍니다.

01 인터넷 주소에 https://pixlr.com/kr을 입력하고 이동하면 아래와 같은 화면이 나옵니다.

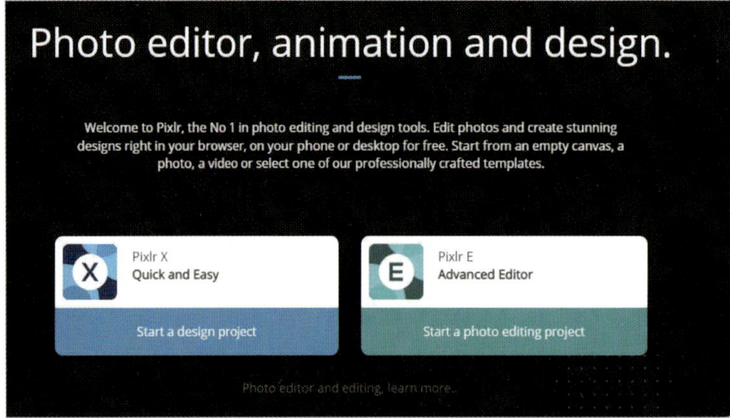

02 2가지 버전 중 전문가 버전인 PIXLR E 버전을 클릭합니다.

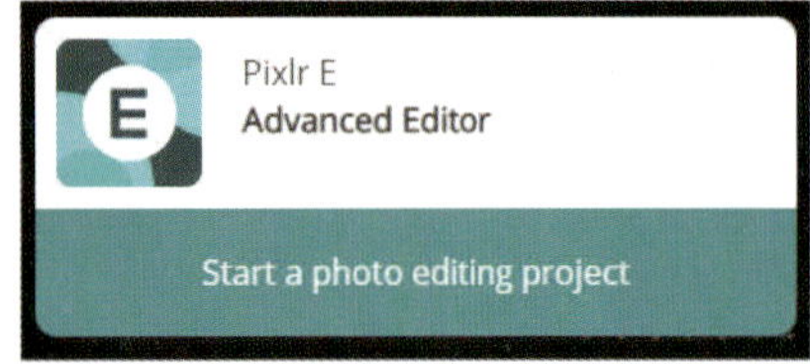

03 픽슬러 에디터 프로그램이 시작되었습니다. 새롭게 파일을 생성하여 작업하기 위해 화면에서 [신규 생성]을 클릭합니다.

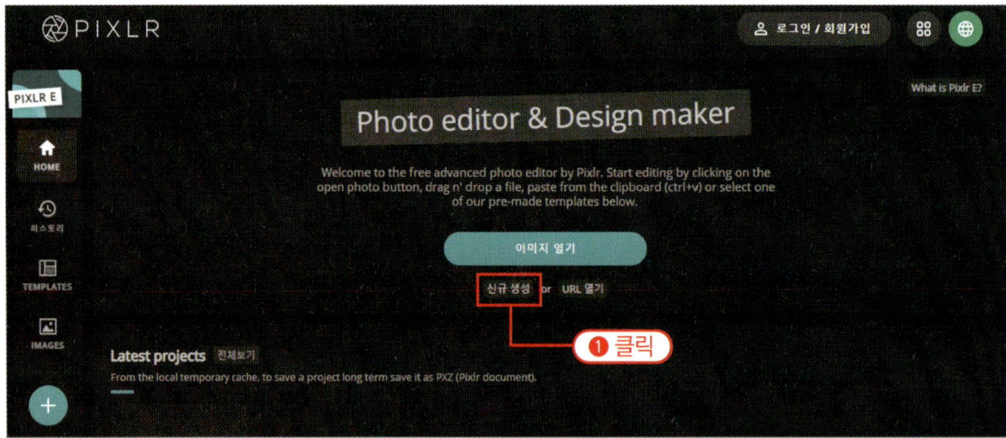

04　파일을 신규 생성할 수 있는 템플릿 화면이 나옵니다. 웹, 인스타그램, 페이스북 등 다양한 사항에 맞게 쉽게 클릭하여 쓸 수 있도록 사이즈를 제공하고 있으며, 원하는 사이즈로 직접 생성하여 사용하기 위해서는 가로와 세로 사진 사이즈를 입력하고 [생성]을 클릭하면 됩니다. 정사각형으로 만들기 위해 가로 500px, 세로 500px를 입력하고 [생성]을 클릭합니다.

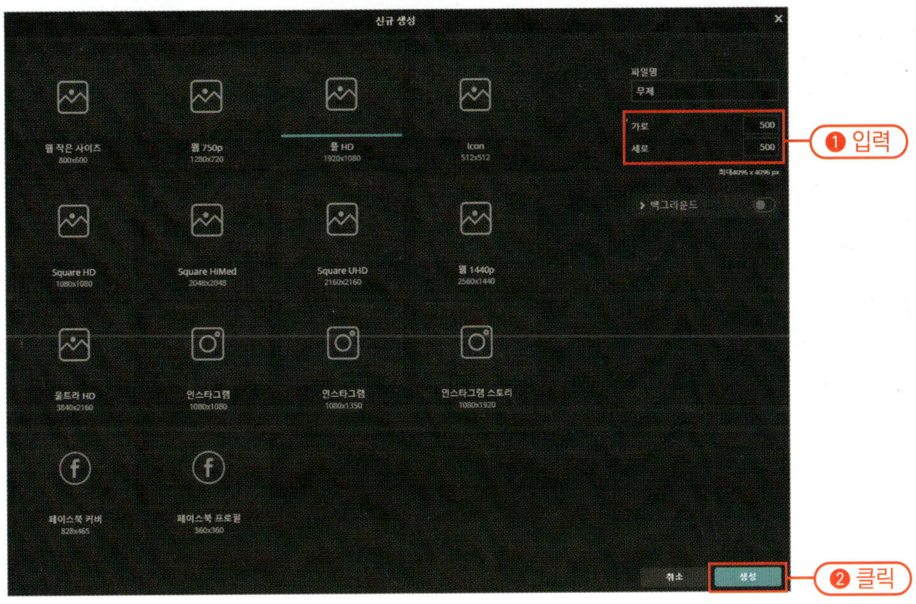

05　온라인 포토샵 편집 화면이 열립니다. 포토샵을 사용해 본 사용자라면 포토샵과 유사하기 때문에 익숙하게 사용할 수 있을 것입니다.

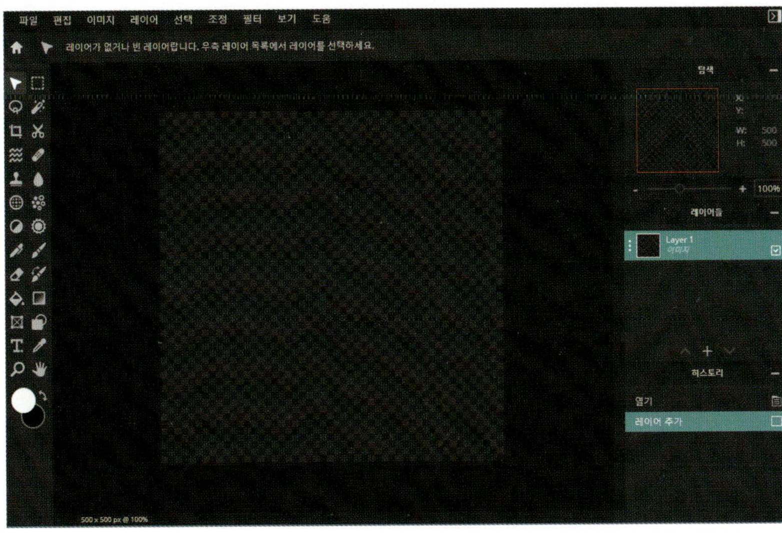

06 프로그램을 종료할 때는 [파일] 메뉴의 [닫기]를 클릭하면 종료할 수 있습니다.

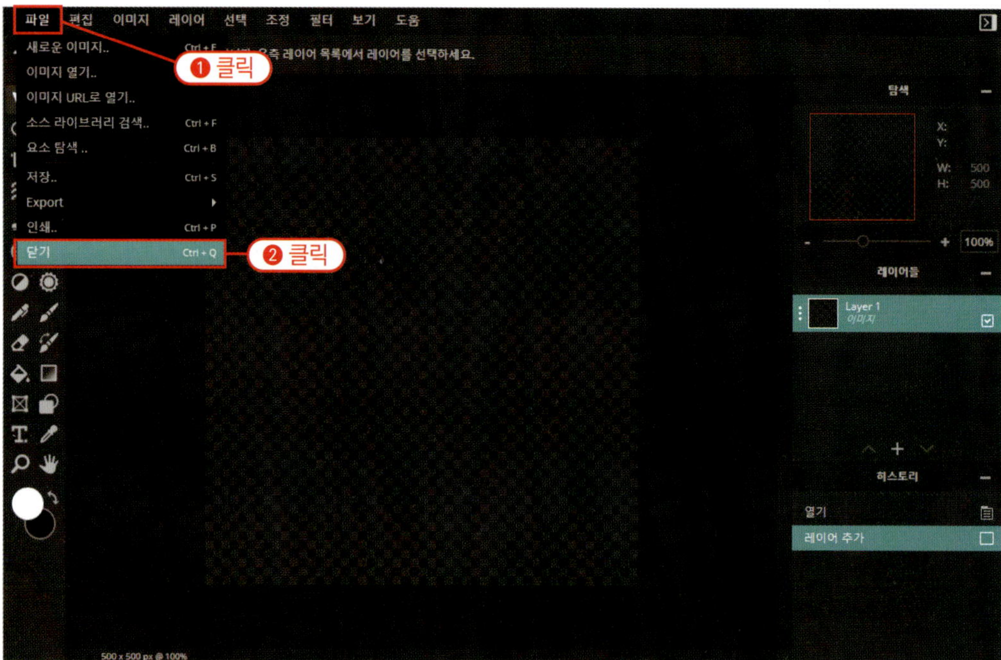

07 시작 화면으로 돌아옵니다. 인터넷 화면의 [닫기]를 클릭하면 최종 종료됩니다.

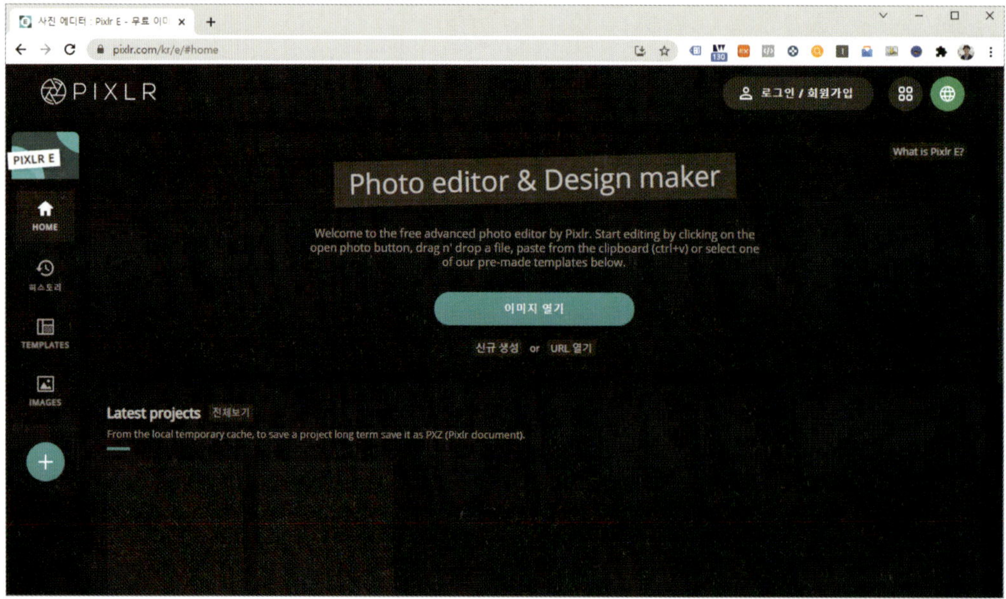

② 어두운 사진 밝기 조절하기

　　쇼핑몰에 상품을 올리기 위해 상품을 직접 촬영할 때나, 도매 사이트에 올라온 상품이 어두울 때 보정하는 방법입니다. 사진 작업에서 제일 많이 하는 작업 중 하나입니다. 픽슬러 에디터에서 제공하는 밝기&대비 기능을 활용하여 작업이 가능합니다.

따라해 보세요!

01　이미지를 불러와서 밝기 조절을 하기 위해 픽슬러 에디터 시작 화면에서 [이미지 열기]를 클릭합니다.

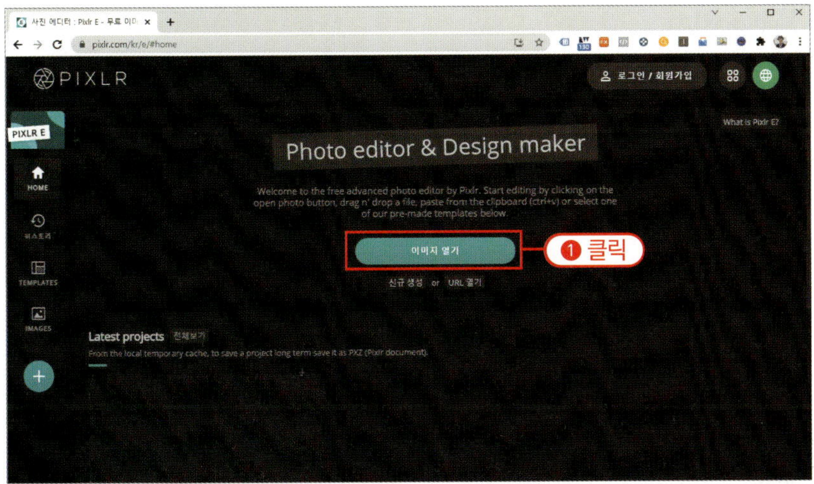

02　원하는 이미지를 불러오기 위해 파일이 있는 곳으로 이동한 다음, 이미지 열기 화면에서 수정하려고 하는 이미지를 선택하고 [열기]를 클릭합니다.

선택한 이미지가 편집 창에 들어온 것을 볼 수 있습니다.

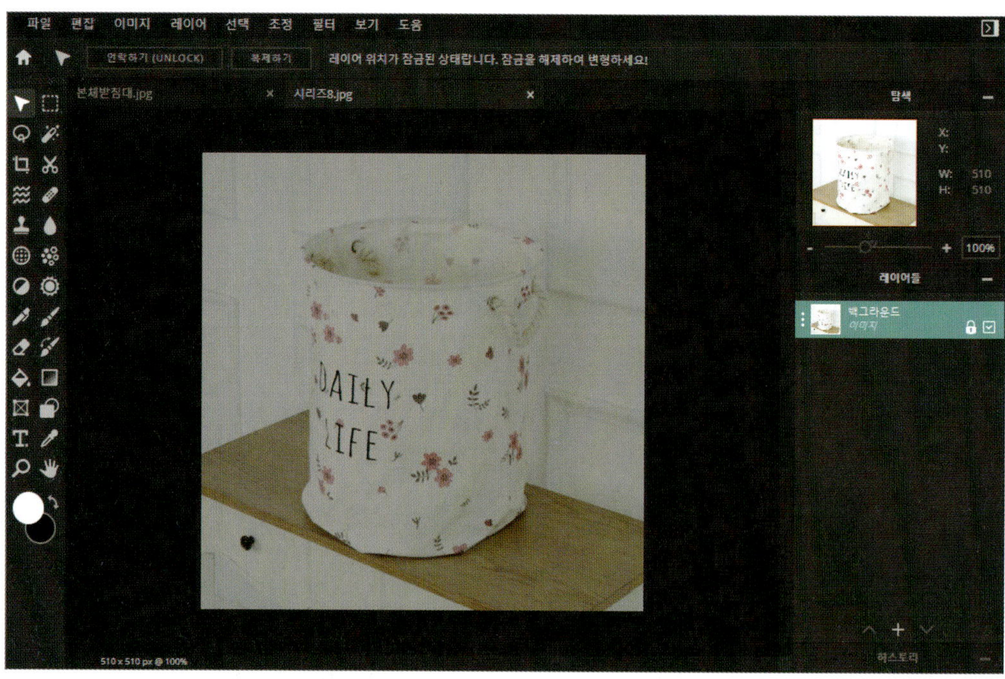

04 사진이 어둡기 때문에 밝기를 조절하기 위해 [조정] 메뉴에서 [밝기&대비]를 클릭합니다.

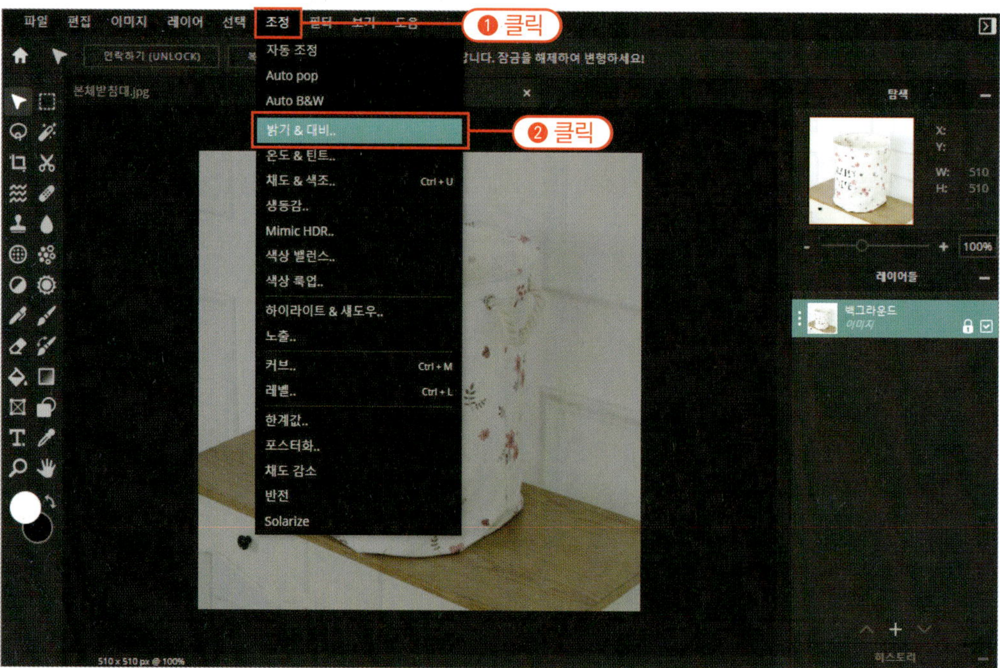

05 밝기와 대비값을 조절하며 화면에 적용된 모습을 확인합니다. 밝기값은 15, 대비값은 10 으로 조정하고 [적용]을 클릭합니다.

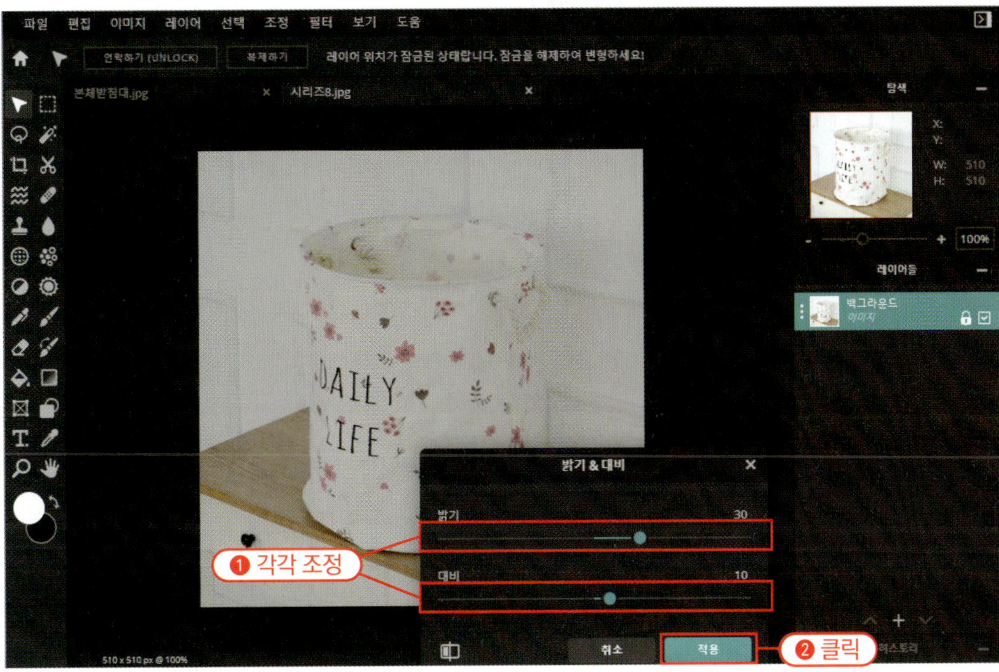

06 밝기가 조절된 것을 볼 수 있습니다. 같은 방법을 반복하여 원하는 밝기로 사진을 조절합 니다.

[Before]　　　　　　　　　　[After]

③ 이미지 선택 및 합성 기술 익히기

상품을 편집하다 보면, 다른 소품을 합성하거나 상품을 선택하여 다른 곳으로 옮겨야 하는 일 등이 발생합니다. 그래서 이번에는 상품을 정확하게 선택하고 선택한 상품을 복사하여 다른 사진으로 옮기는 과정을 진행해 보겠습니다.

 **따라해 보세요!**

01 마술봉 툴로 선택 영역을 만들기 위해 도구 상자에서 [마술봉]을 선택합니다. 배경을 선택하여 지우고 제품 사진만 남길 것입니다.

02 　 마술봉의 허용값은 처음에 15로 설정합니다. 선택 범위를 넓히고 싶을 때는 15 이상의 값을 입력하고 선택 범위를 좁히고 싶을 때는 15 이하의 값을 입력하여 선택 영역을 만들어 갑니다. 배경을 최대한 선택합니다.

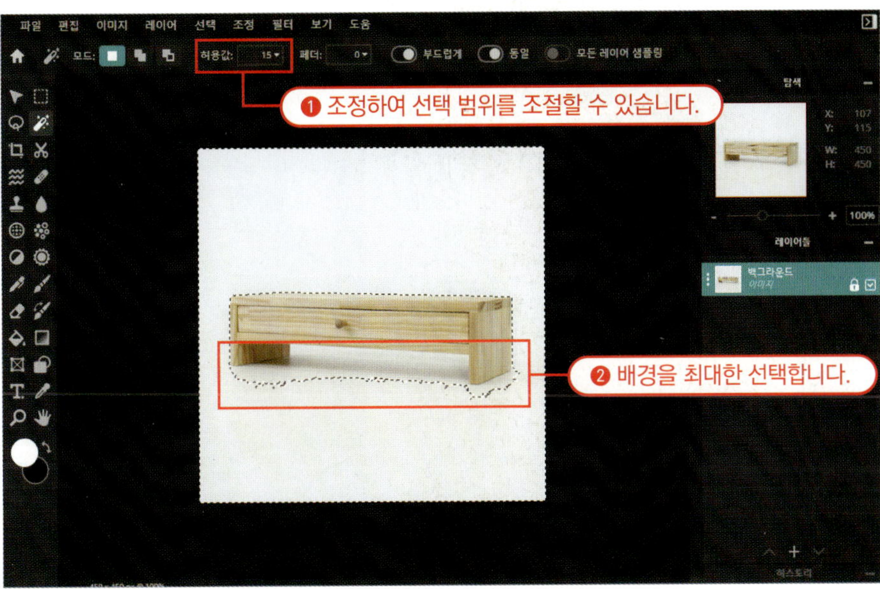

03 　 선택 영역을 추가하기 위해 [선택 추가]를 클릭한 후에 반복하여 배경 영역을 모두 선택합니다.

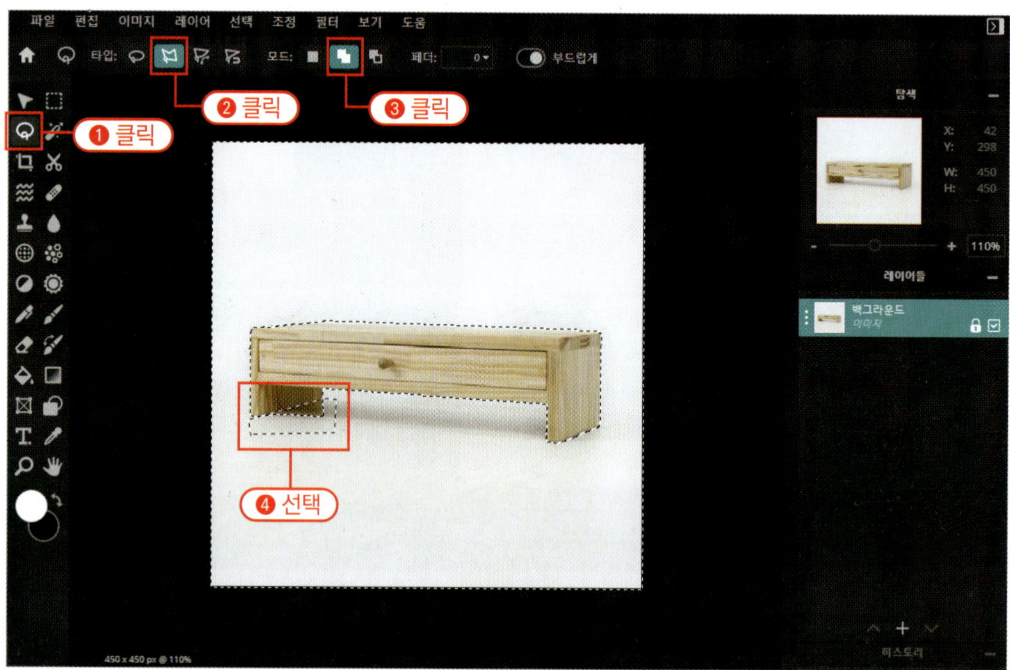
파일 편집 이미지 레이어 선택 조정 필터 보기 도움
타입: 모드: 페더: 0 부드럽게
① 클릭
② 클릭
③ 클릭
④ 선택
탐색
X: 42
Y: 298
W: 450
H: 450
110%
레이어들
백그라운드
이미지
450 x 450 px @ 110%
히스토리

05 배경을 삭제하여 투명한 이미지로 만들기 위해 [편집] 메뉴의 [삭제]를 클릭합니다.

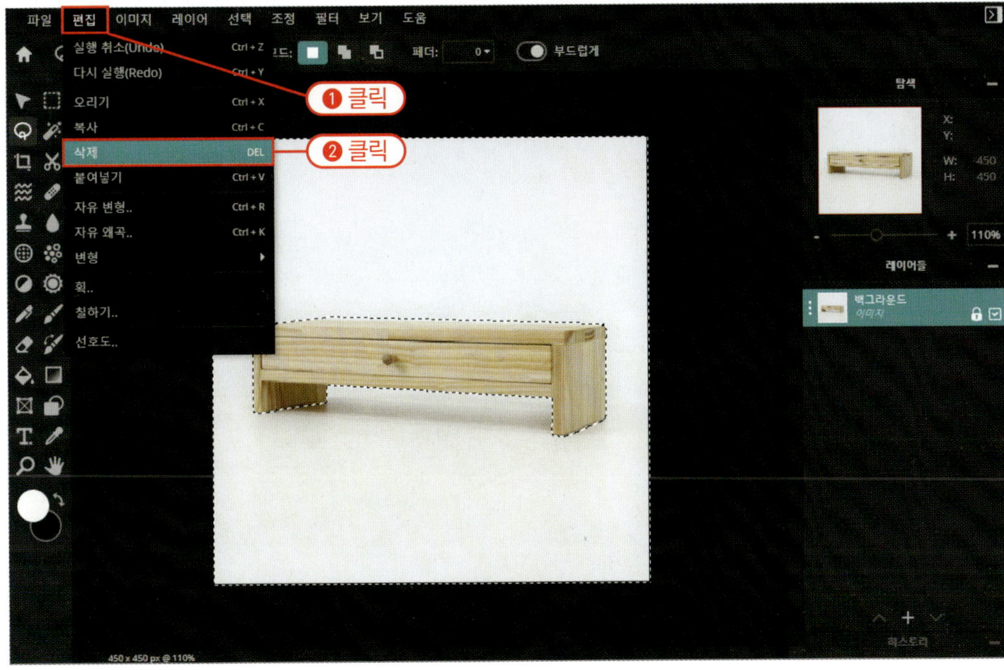

06 배경이 투명 이미지로 된 것을 확인하고 선택 영역을 해제하기 위해 [선택] 메뉴에서 [선택 해제]를 클릭합니다.

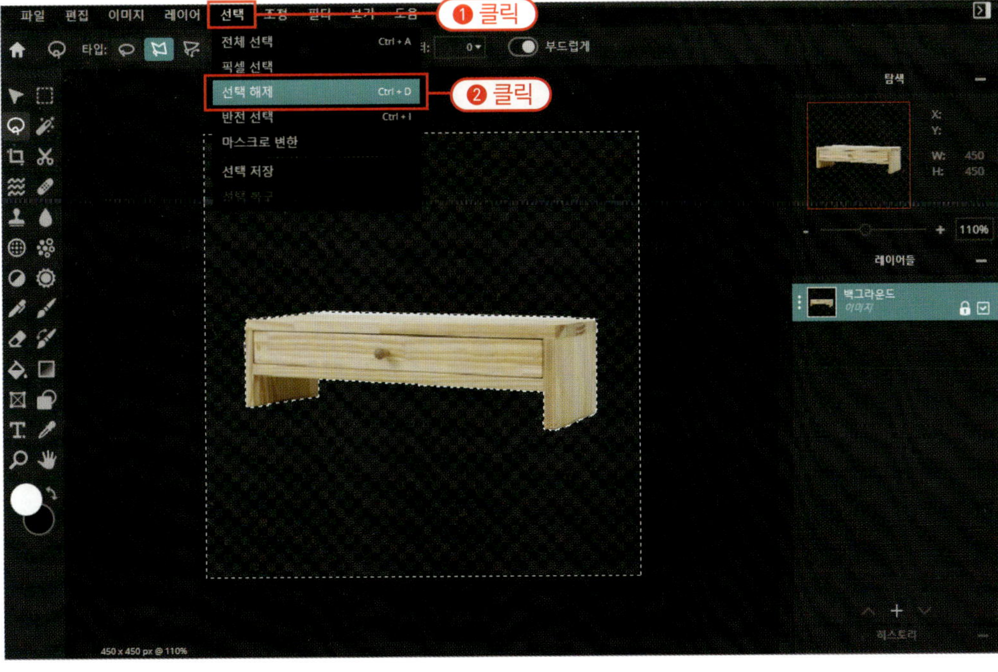

07 배경이 투명한 이미지로 만들어졌습니다.

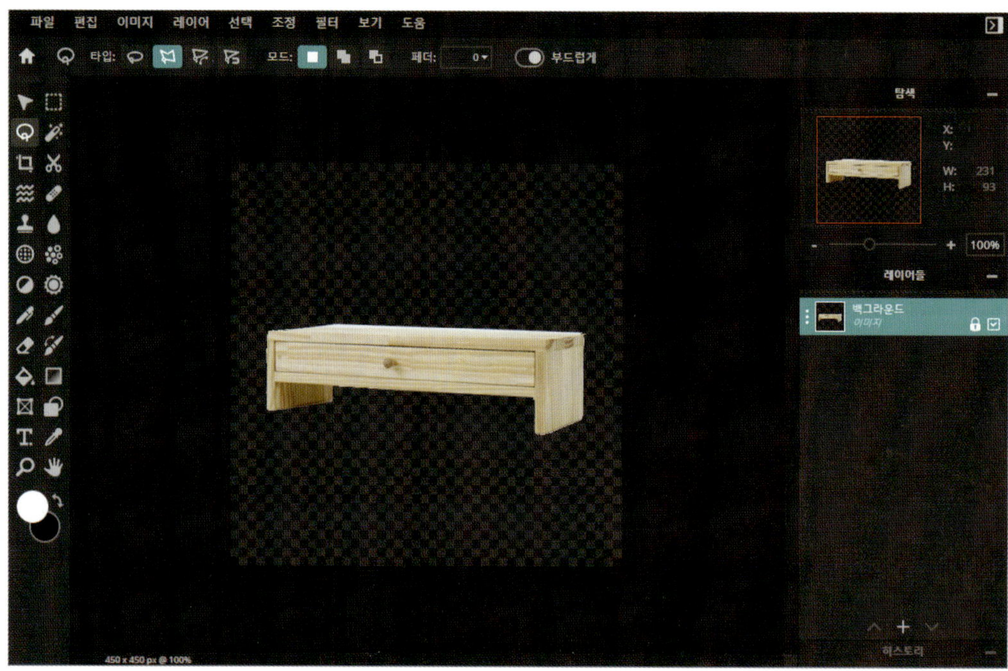

08 투명하게 만든 이미지를 가지고 다른 사진에 합성 작업을 진행해 보겠습니다. 이미지 전체
를 선택하기 위해 [선택]-[전체 선택]을 클릭합니다.

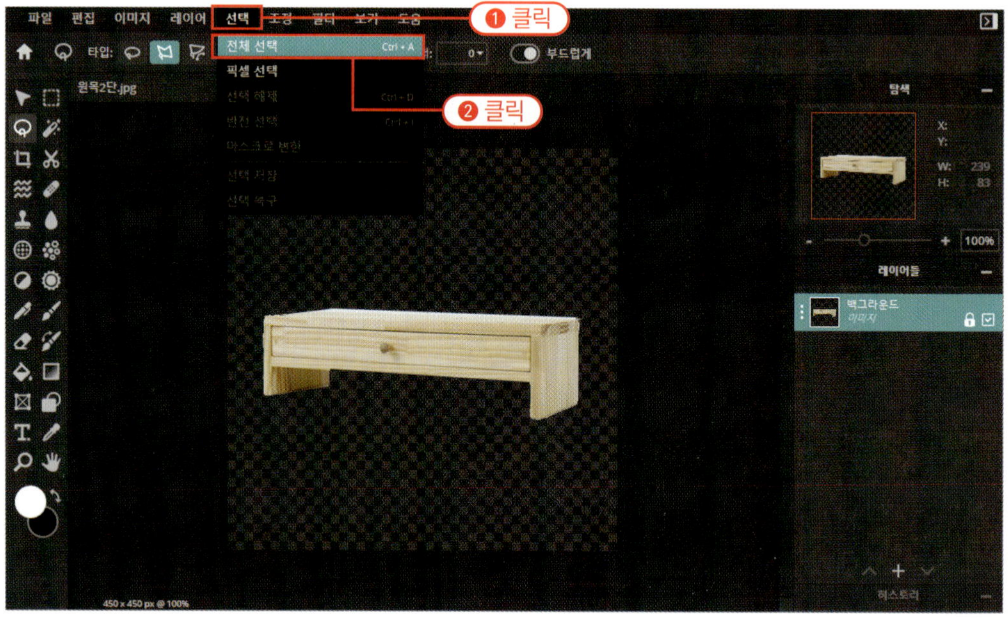

09　선택한 이미지를 복사하기 위해 [편집]-[복사]를 클릭합니다.

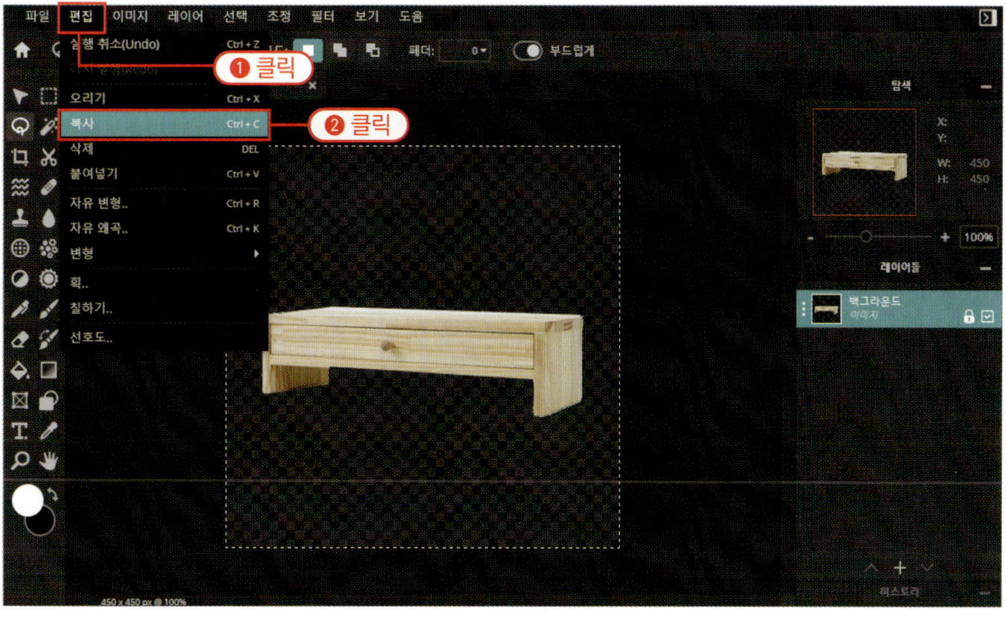

10　복사한 이미지를 새로운 이미지에 합성하기 위해 [파일]-[이미지 열기]를 클릭합니다.

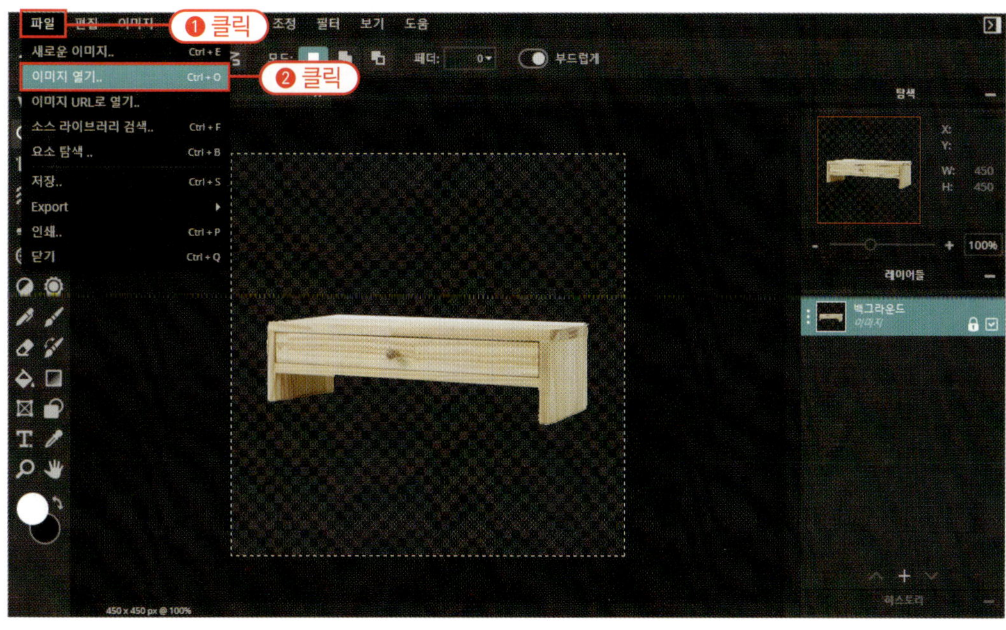

11 합성하려고 하는 원하는 이미지를 선택한 후에 [열기]를 클릭합니다.

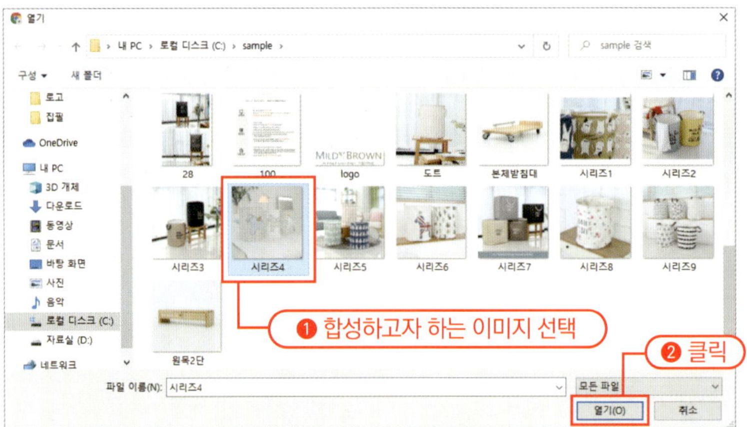

12 복사한 이미지를 붙여넣기 위해 [편집]-[붙여넣기]를 클릭합니다.

13 이미지가 배경 없이 투명하게 합성된 것을 볼 수 있습니다.

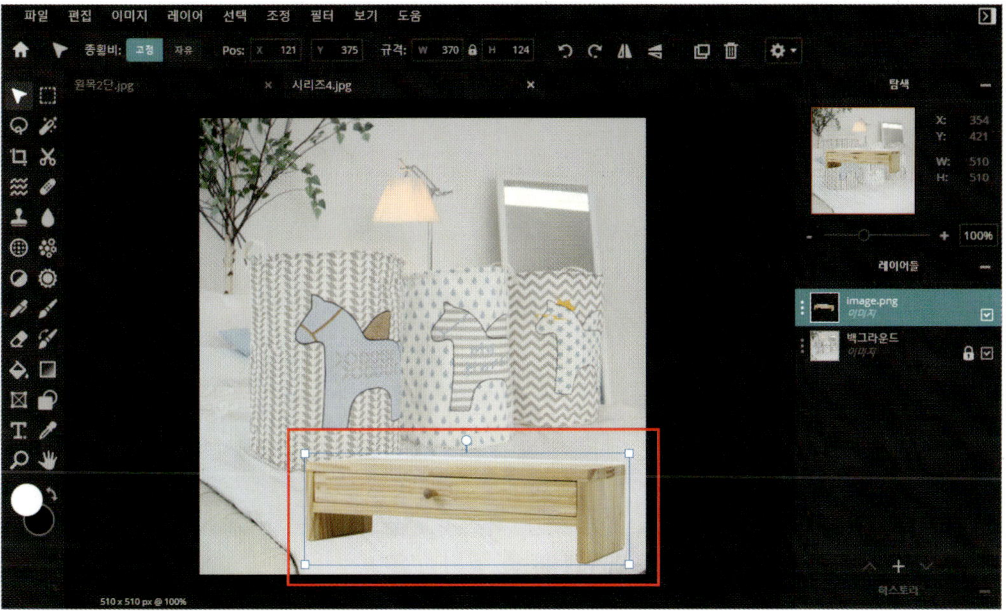

14 만든 이미지를 저장할 때는 [파일]-[저장]을 클릭합니다.

15 이미지 저장 화면에서 [다운로드]를 클릭하면 저장이 완료됩니다.

16 저장된 파일을 확인합니다.

④ 소스 라이브러리를 활용하여 사진에 글씨 쓰기

픽슬러 에디터가 가진 정말 좋은 기능 중 하나는 저작권 걱정 없이 사용할 수 있는 사진을 찾아서 소스 라이브러리에 보여 주는 기능입니다. 소스 라이브러리 화면에서 원하는 사진을 검색하면 해당 사진이 나옵니다. 원하는 사진을 선택하고 해당 사진을 편집하여 사용할 수 있습니다.

따라해 보세요!

01 소스 라이브러리에서 저작권 걱정 없는 사진을 불러오기 위해 [파일]-[소스 라이브러리 검색]을 클릭합니다.

02 [소스 라이브러리 검색] 화면에서 Keyword 항목에 검색을 원하는 키워드를 입력합니다.

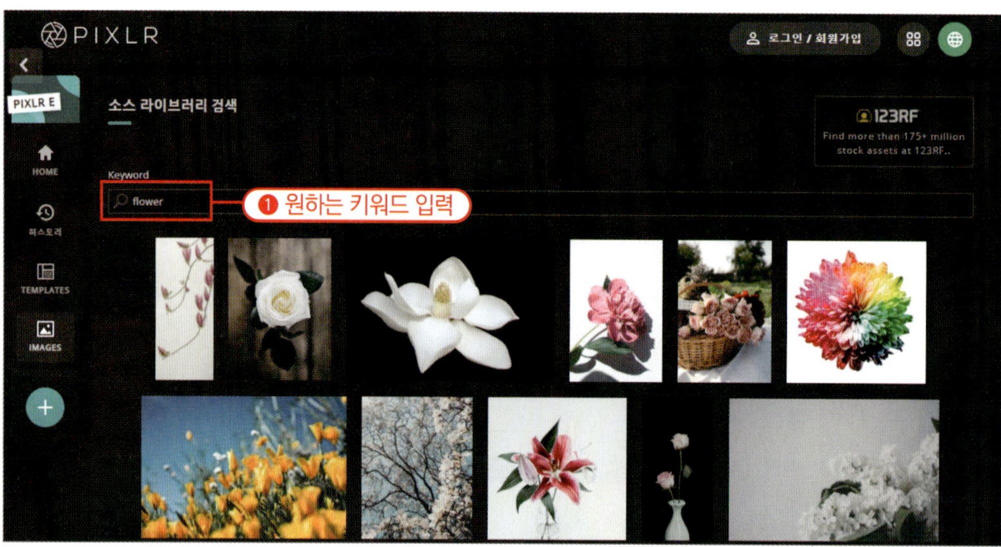

03 검색 결과에서 원하는 이미지를 클릭합니다.

04　원하는 이미지 사이즈로 불러올 수 있습니다. 이미지 사이즈를 설정하고 [적용]을 클릭합니다.

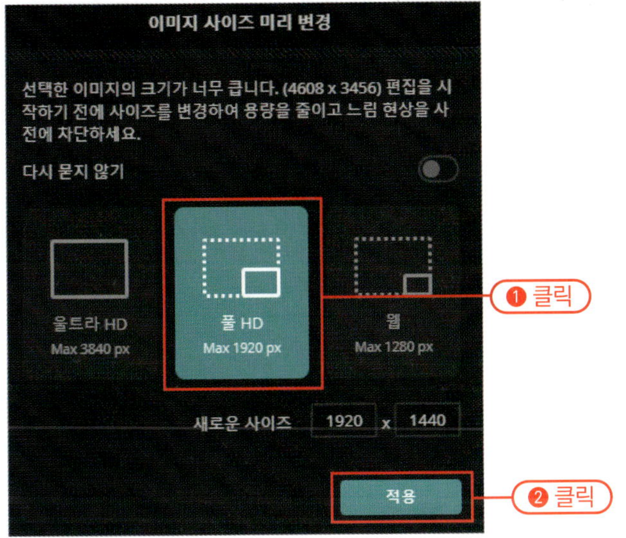

한 걸음 더! 운영 Tip

　　디자인 편집을 할 때 원하는 사이즈로 자유롭게 만들어도 되지만 스마트스토어에서 자주 사용하는 디자인 해상도가 있습니다. 웹용으로는 1280px로, 풀 HD용으로는 1920px로 디자인합니다. 프로모션 배너는 가로 기준 1920px로 작업을 해야 하며, 이벤트 디자인은 1280px로 제작해야 등록이 됩니다. 이처럼 디자인을 할 때는 해당 플랫폼에서 규격화해 놓은 사이즈를 먼저 확인한 후 작업하기를 권장합니다.

05 선택한 이미지가 적용된 것을 볼 수 있습니다. 사진에 글씨를 쓰기 위해 도구 상자에서 [문자] 도구인 T를 누릅니다.

06 텍스트 입력 상자가 만들어집니다. 화면에 원하는 내용을 입력하고 위치를 설정합니다.

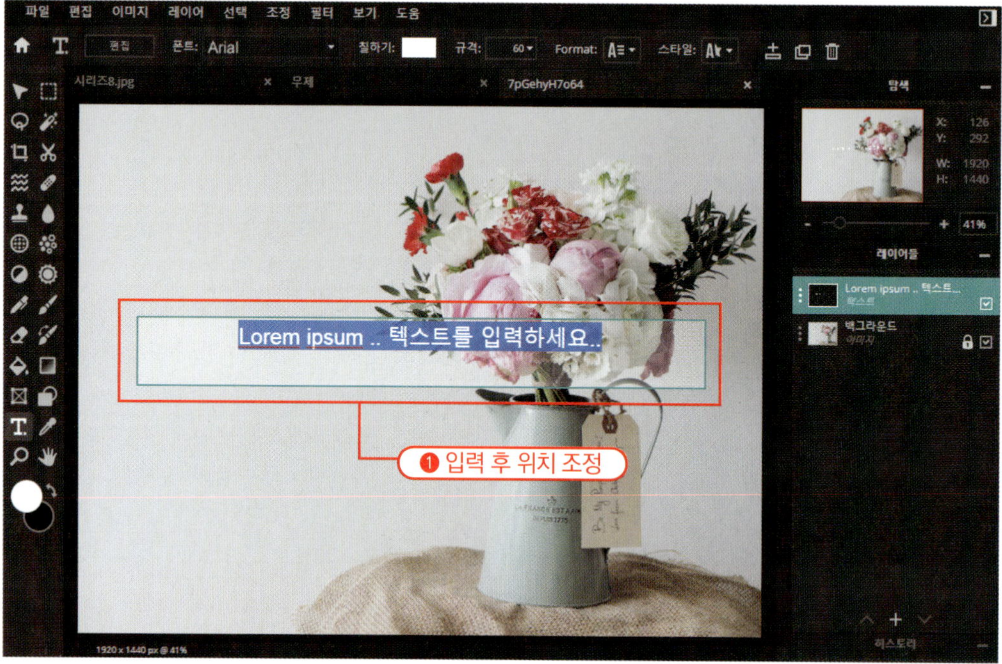

07 글씨를 입력하고 다양한 효과를 적용할 수 있습니다. 폰트, 크기, 스타일을 적용합니다.

08 소스 라이브러리 이미지에 최종 문자가 적용된 것을 볼 수 있습니다.

상품 사진이나 모델 사진에 잡티가 있을 때 제거를 하려면 도장 도구 및 복구 브러시 도구를 활용하여 작업할 수 있습니다. 상품 사진 외에 인물 보정할 때도 많이 쓰이는 기능으로 다양하게 응용할 수 있습니다.

01 템플릿 디자인을 하기 위해 [파일] 메뉴의 [소스 라이브러리 검색]을 클릭합니다.

02 검색어로 food를 입력한 후에 원하는 이미지를 불러옵니다.

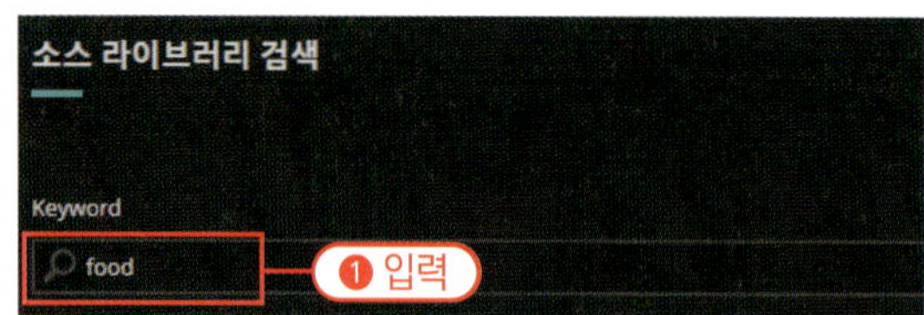

03　도구 상자에서 [도장] 도구를 선택합니다. 복제하려고 하는 이미지 부분을 선택한 후에 이미지를 추가로 만들고 싶은 영역에 드래그합니다.

04 이미지 중에 잡티 또는 원치 않는 부분을 삭제하기 위해 [복구 브러시] 도구를 선택합니다.

05　접시의 외곽에 묻은 소스 가루를 클릭하면 지워지는 것을 볼 수 있습니다.

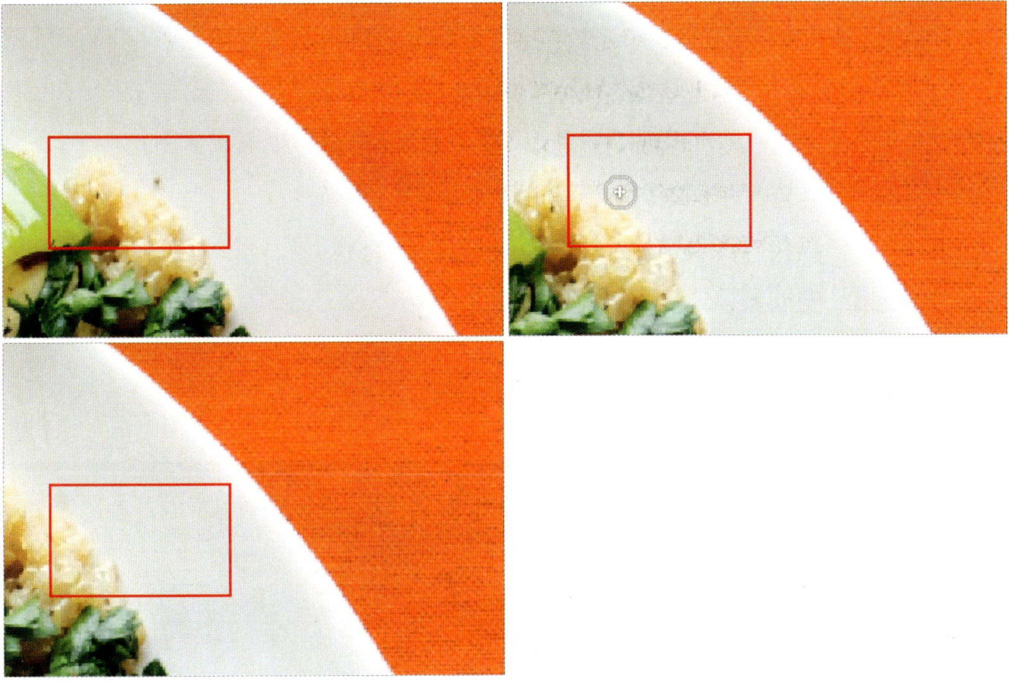

쇼핑몰을 홍보하기 위해 블로그에 글을 쓸 때나 인스타그램에 섬네일 등의 이미지가 필요한 경우 해당 플랫폼에 맞게 최적화된 템플릿을 제공하는 기능이 있습니다. 이 기능을 활용하면 짧은 시간에 마음에 드는 결과물을 낼 수 있어서 시간을 효율적으로 활용할 수 있습니다. 마케팅을 할 때 필수로 사용하는 템플릿 기능을 지금부터 사용해 보겠습니다.

따라해 보세요!

01 [파일] 메뉴의 [소스 라이브러리 검색]을 클릭합니다.

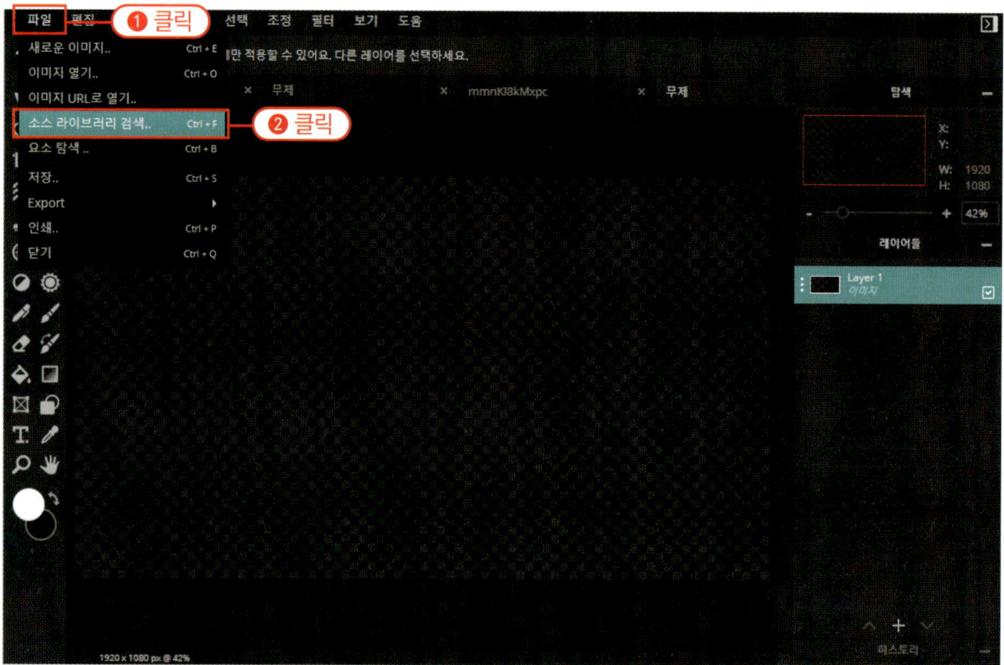

02 메인 화면에서 [TEMPLATES]를 클릭합니다. [TEMPLATES]에서 인스타그램 스토리 항목을 클릭하고 원하는 디자인을 선택합니다.

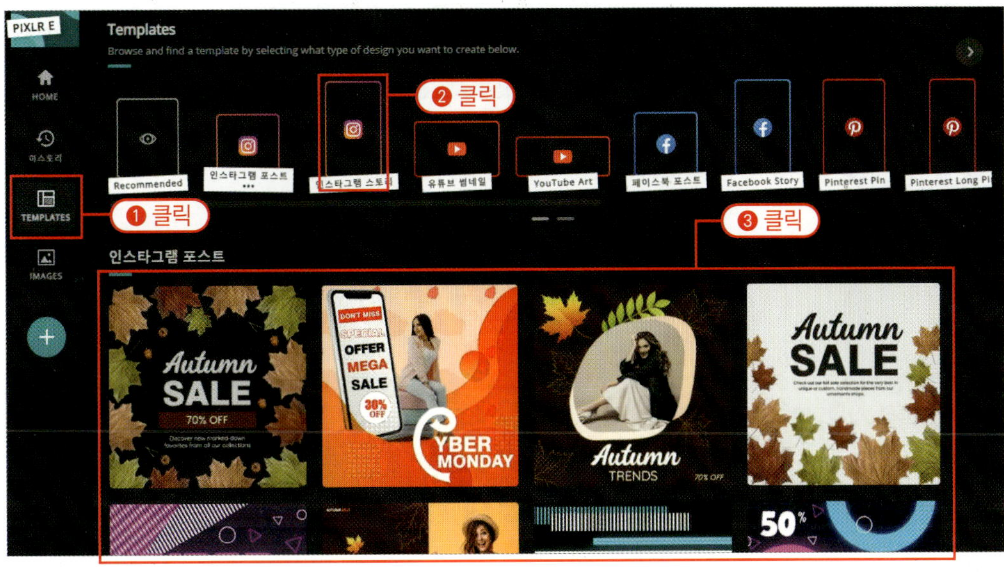

03 선택한 템플릿 팝업 창에서 [USE THIS TEMPLATE]을 클릭합니다.

04 템플릿 디자인은 다 되어 있으며, 변경하고 싶은 부분만 변경하여 사용하면 됩니다. [문자]
도구를 클릭하여 아래에 있는 인터넷 주소를 수정합니다.

05 인터넷 주소가 변경되었습니다. 다양한 템플릿 디자인이 있으니 변경하여 사용해 봅니다.

유튜브 썸네일
HOW TO CREATE Christmas Decoratio
HRISTMAS RAFFLE
New Season Opener
HAT IS VLOGMAS?

인스타그램 포스트
Autumn SALE
70% OFF
Discover new marked-down favorites from all our collections
DON'T MISS
SPECIAL
OFFER
MEGA
SALE
30% OFF
CYBER MONDAY
Autumn
TRENDS
70% OFF
Autumn SALE

인스타그램 스토리
About today

Pinterest Pin
Hello!

02 미리캔버스로 상세페이지 완성하기

미리캔버스는 저작권 걱정 없이 사용할 수 있는 프로그램으로 ppt, 로고, 배너, 카드뉴스, 유튜브 섬네일 등 다양한 디자인을 짧은 시간에 전문가처럼 만들 수 있는 프로그램입니다. 회원가입을 하면 온라인에 만든 디자인이 저장되어 있어서 언제든지 이어서 다시 작업을 하거나 다운로드받을 수 있습니다.

[프레젠테이션]

[문서 서식]

[인포그래픽]

[상세페이지]

① 미리캔버스 가입하기

미리캔버스를 사용하는 방법에는 2가지 방법이 있습니다. 회원과 비회원으로 사용하는 방법입니다. 비회원으로 모든 기능을 사용할 수는 있지만 만든 파일을 다운로드받을 수는 없습니다. 처음에 어떤 기능이 있는지, 내가 필요한 템플릿을 제공하는지 등 전체적으로 살펴보는 단계에서는 가입하지 않고 사용해 보면 됩니다.

만든 자료를 다운로드받아서 스마트스토어에 올리거나 SNS 마케팅 용도로 활용하기 위해서는 무료 회원가입을 하고 정식으로 제작한 파일을 다운로드받아서 사용해야 합니다. 간혹 캡처하여 사용하는 경우가 있는데 저작권에 위배되는 방법이기 때문에 가입 절차를 거친 후에 정식으로 다운로드받아서 사용해야 합니다.

01 인터넷 주소에 https://www.miricanvas.com을 입력하고 이동합니다. 미리캔버스 화면에서 [5초 회원가입]을 클릭합니다.

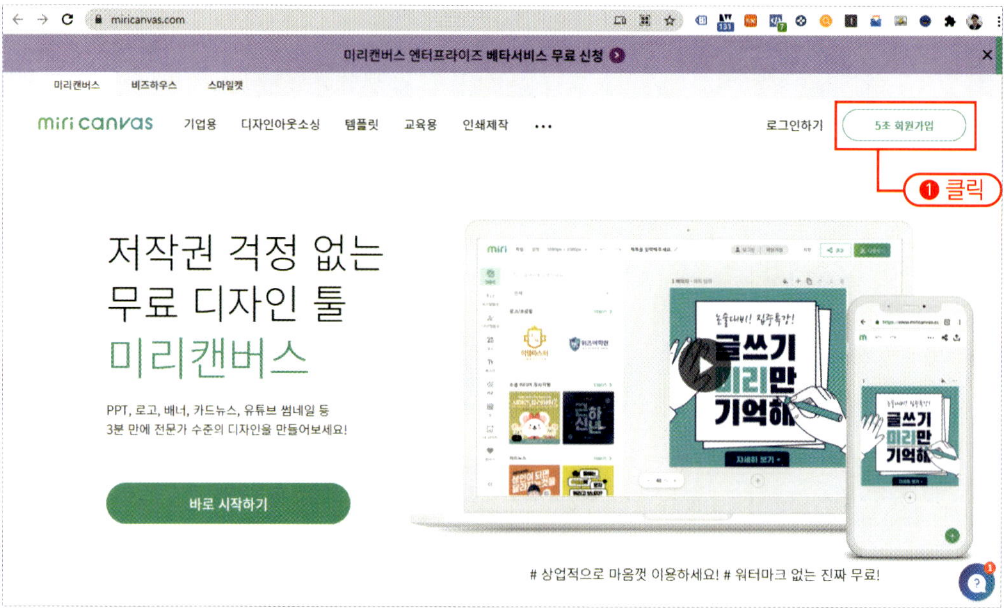

02 회원가입 페이지에서 간편 가입을 선택하면 편리합니다. 구글, 페이스북, 네이버, 카카오톡 등 자주 사용하는 채널의 버튼을 클릭하여 가입을 진행합니다. 네이버를 클릭하고 네이버 아이디와 비밀번호를 입력한 후에 [로그인]을 클릭합니다.

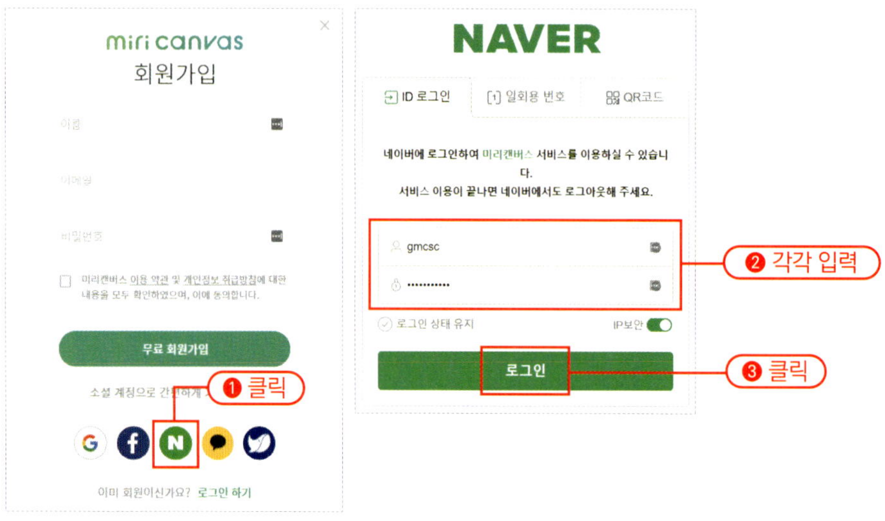

03　미리캔버스에 로그인이 되었습니다.

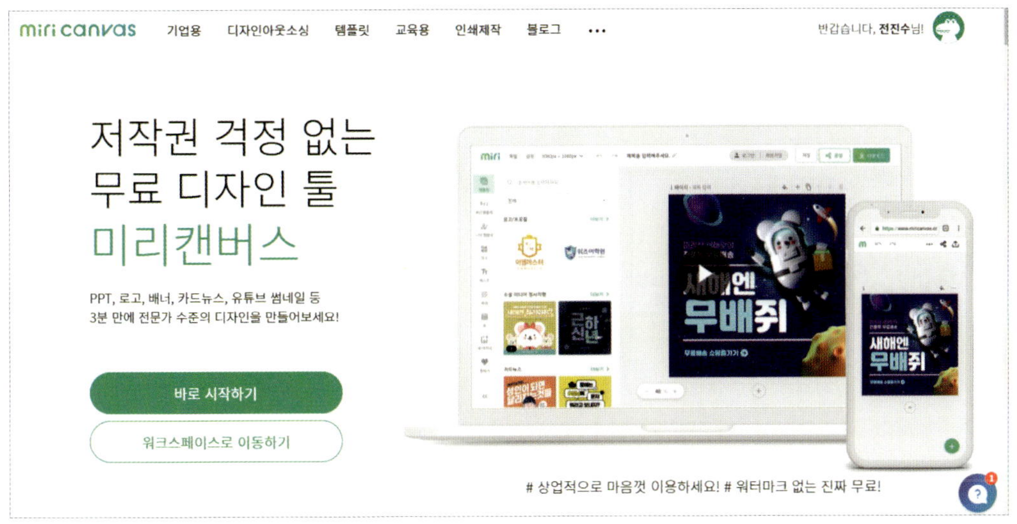

② 로고 만들기

　　사업을 시작할 때 고민하는 부분 중 하나가 로고를 어떻게 만들 것인가에 대한 것입니다. 만약 명확하게 정하지 않은 상태면 미리캔버스를 열고 제공하고 있는 로고 템플릿으로 몇 개를 만들어 보며 방향을 잡아 가는 것도 좋은 방법입니다. 미리캔버스에서는 로고 유형을 다양하게 제공하고 있습니다. 심볼형, 텍스트형, 라벨형 등 분야별로 필요한 디자인 유형을 미리 볼 수 있으며, 해당 디자인을 변형하여 바로 사용할 수 있는 형태로 구성되어 있습니다.

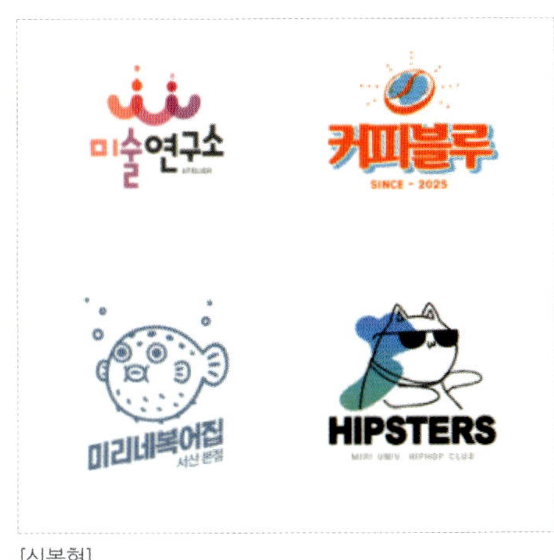

[심볼형]

[텍스트형]

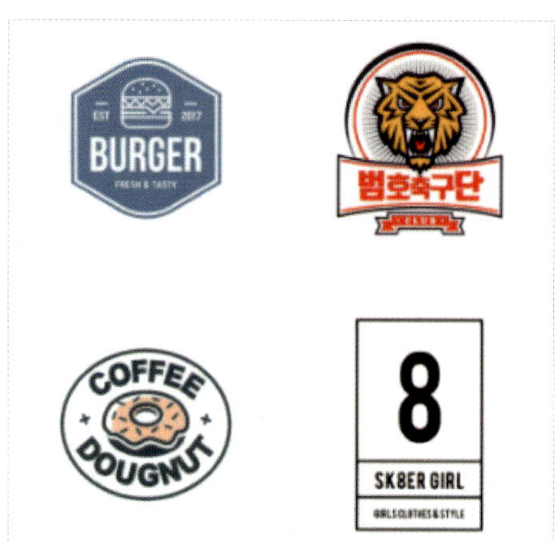

[라벨형]

📢 따라해 보세요!

01　로고 디자인을 하기 위해 미리캔버스 화면에서 [바로 시작하기]를 클릭합니다.

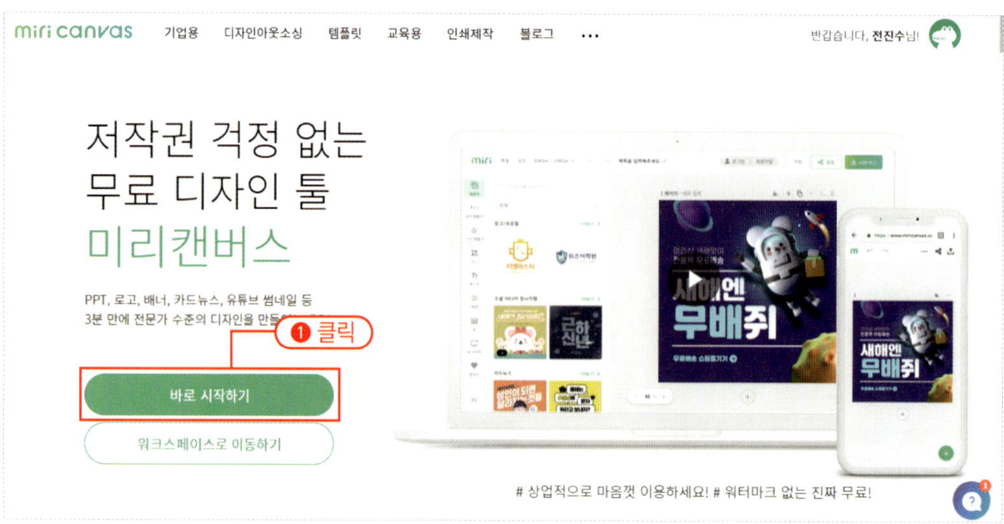

02 미리캔버스 편집 화면에서 [템플릿] 메뉴의 [로고/프로필] 항목을 클릭합니다.

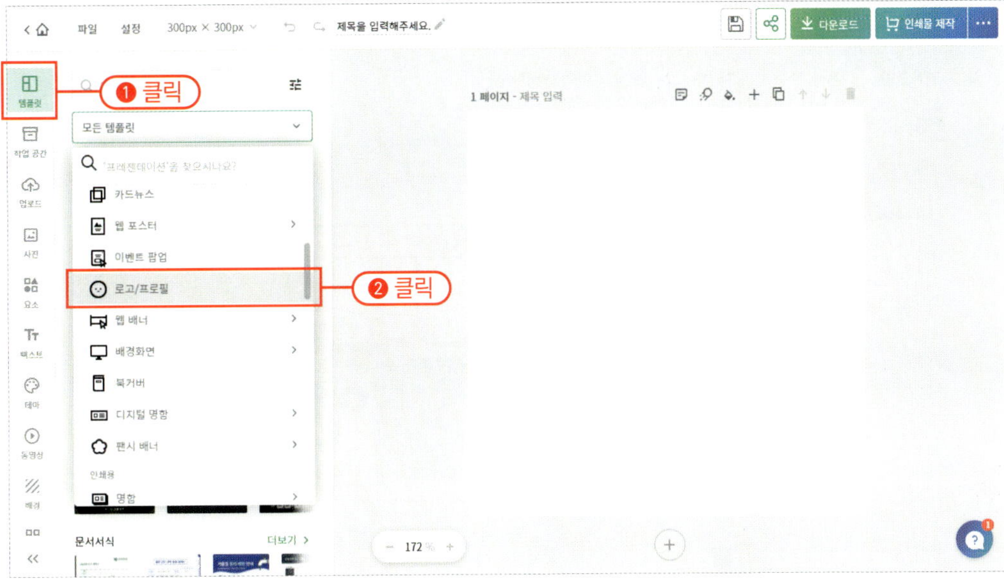

03 로고 이미지 템플릿이 나오는 것을 볼 수 있습니다. 로고 이미지를 클릭하면 편집 창에 선택한 로고 이미지가 열립니다.

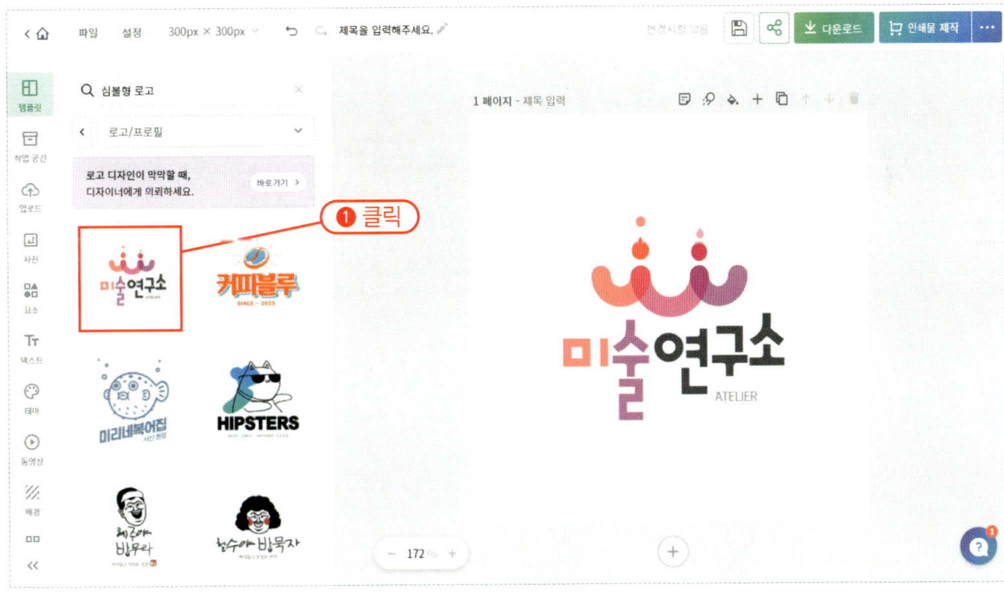

04 미술 연구소 글씨를 행복 연구소로 변경하기 위해 미술 글씨를 더블클릭하고, 드래그합니다.
이렇게 하면 글씨를 쓸 수 있게 변경이 됩니다. 글씨를 '행복'으로 변경합니다.

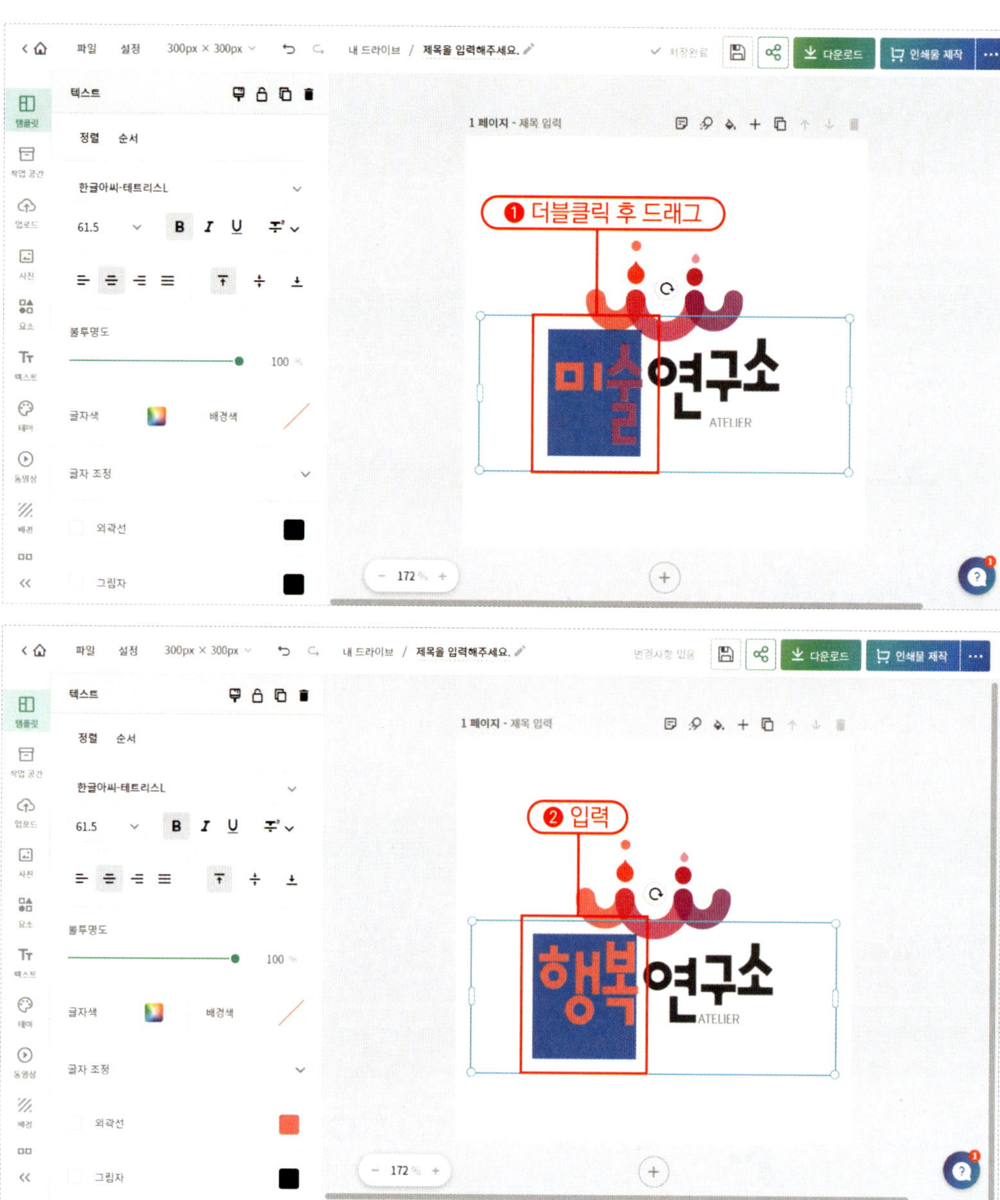

05　로고의 심벌 크기 및 색상을 변경해 봅니다. 심벌을 선택하고 색상 항목을 클릭하여 원하는
색상을 선택합니다.

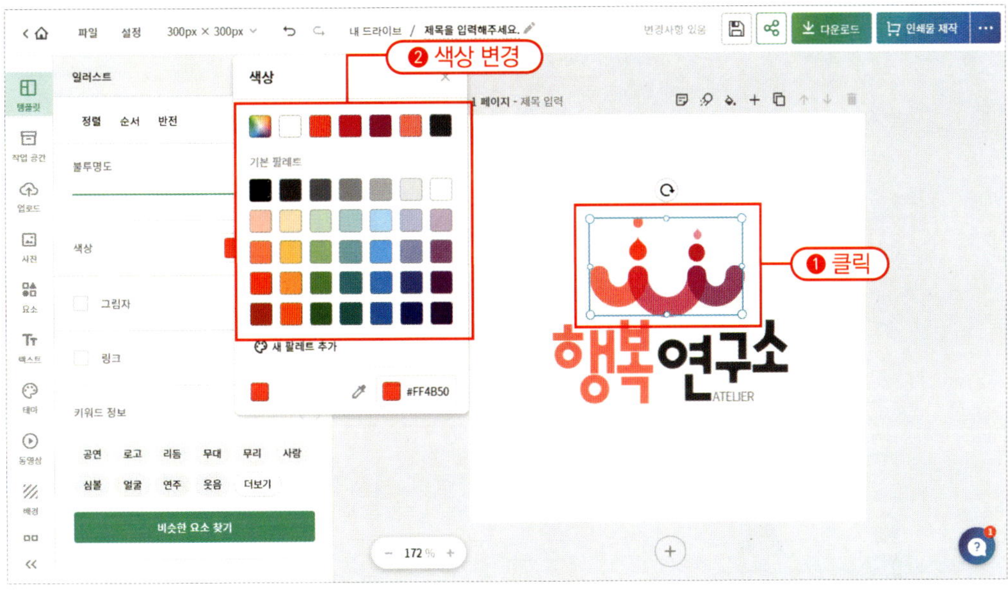

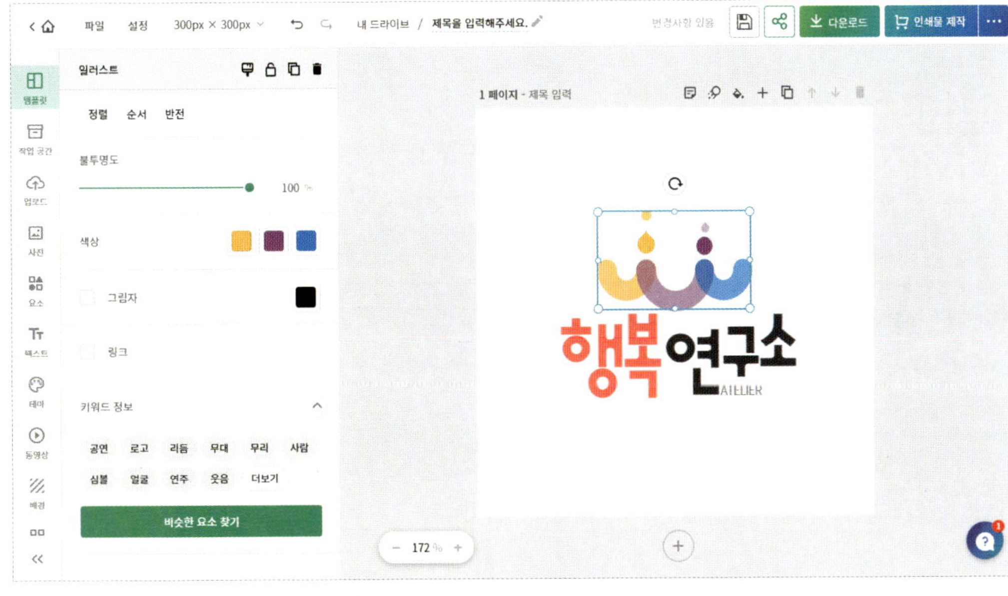

 제작한 로고를 저장하기 위해 파일 이름을 입력하고 [다운로드]를 클릭한 후에 JPG 형식을 선택하고 [빠른 다운로드]를 클릭합니다.

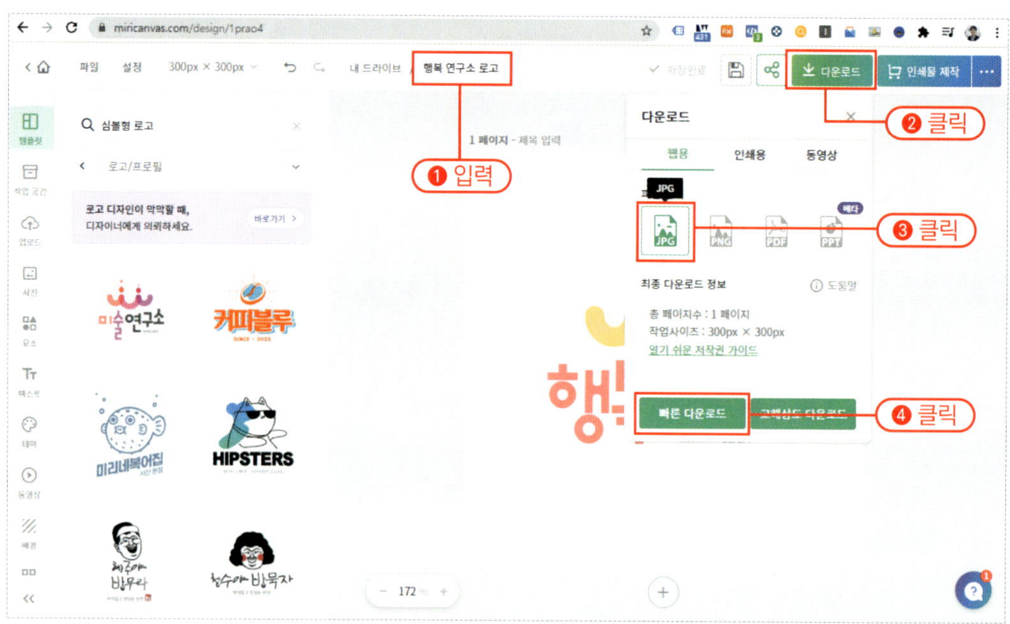

한 걸음 더! 운영 Tip

홈페이지나 쇼핑몰에서 자주 사용되는 이미지 형식에는 JPG, PNG, GIF가 있습니다.

❶ JPG

압축률이 뛰어난 파일 형식으로 일반적으로 많이 사용됩니다.

❷ PNG

JPG와 같이 높은 압축률로 이미지 화질의 손실이 적고, 배경이 투명한 이미지로 저장할 수 있어서 로고 및 투명 이미지가 필요한 경우에 많이 사용됩니다.

❸ GIF

256컬러까지만 표현되어 다양한 색상 표현에는 적합하지 않으나, 투명 이미지 또는 움직이는 애니메이션 이미지로 저장할 수 있다는 장점이 있습니다.

07　다운로드 파일을 확인하기 위해 [폴더 열기]를 클릭합니다. 다운로드되어 있는 로고를 확인합니다.

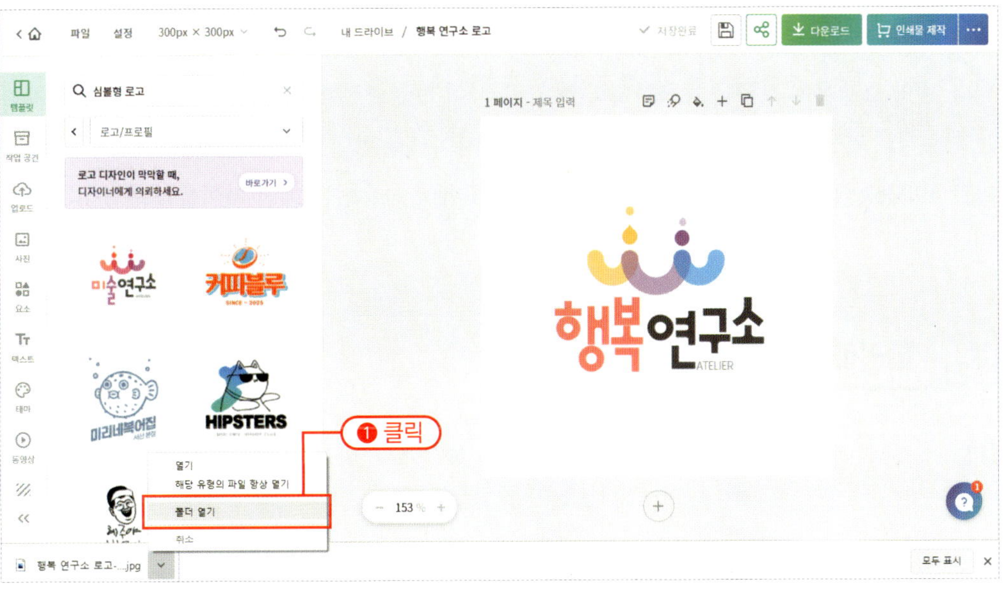

③ 원하는 이미지 크기 설정 및 디자인하기

디자인 작업을 하다 보면 플랫폼이나 진행하려고 하는 이벤트에 맞게 사이즈를 다양하게 조절해서 사용해야 합니다. 각 플랫폼에서는 최적의 디자인 사이즈를 어떻게 설정해야 하는지 제시합니다. 만약 쇼핑몰에 상품을 등록하기 위해 상품 사이즈를 조절한다면 스마트스토어에서 제시하는 가로세로 픽셀 사이즈를 파악한 후에 해당하는 사이즈로 작업을 진행합니다. 이번 예시에서는 가로 1920px 세로 400px로 설정한 후에 다양한 곳에서 사용되는 메인 타이틀을 만들어 보겠습니다.

따라해 보세요!

01 메인 타이틀 디자인을 하기 위해 미리캔버스 화면에서 [바로 시작하기]를 클릭합니다.

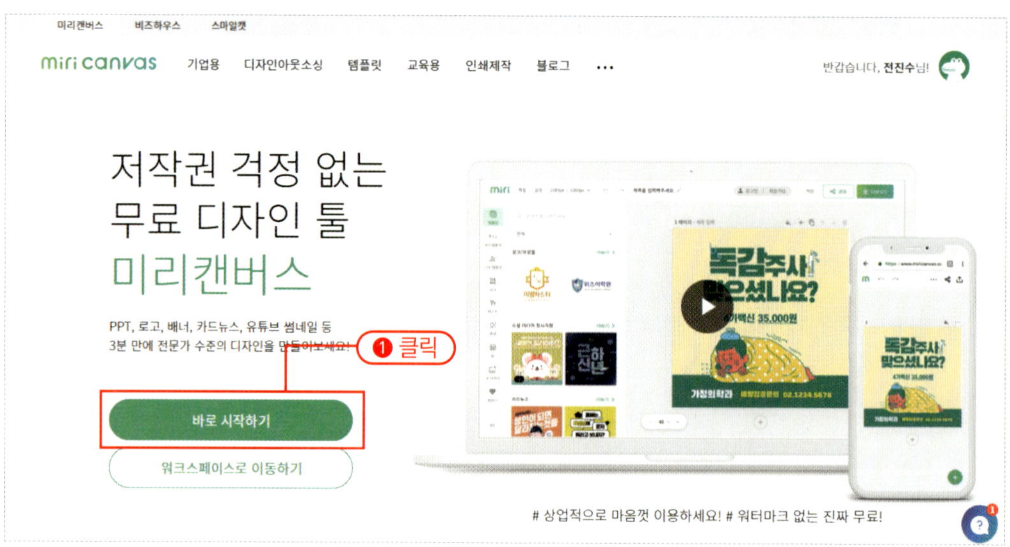

02 새로운 디자인 파일을 시작하기 위해 [파일]-[새 디자인 만들기]를 클릭합니다.

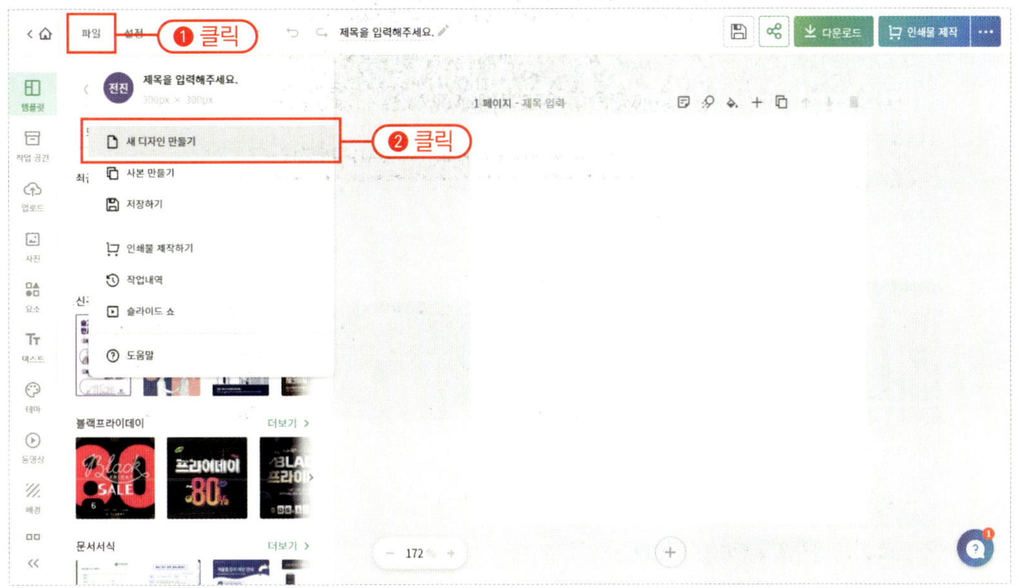

03 새로운 디자인 화면이 열리면서 사이즈를 입력하는 화면이 나옵니다. 사이즈를 입력하고 [새 디자인 만들기]를 클릭합니다.

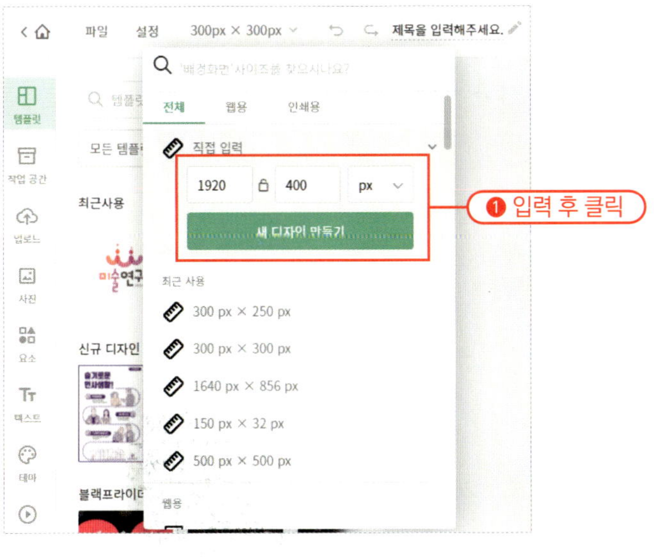

04 새롭게 열린 디자인 창입니다. 디자인 검색 화면에서 원하는 유형의 이미지를 검색한 후에 클릭을 하면 편집 창에 적용되는 것을 볼 수 있습니다.

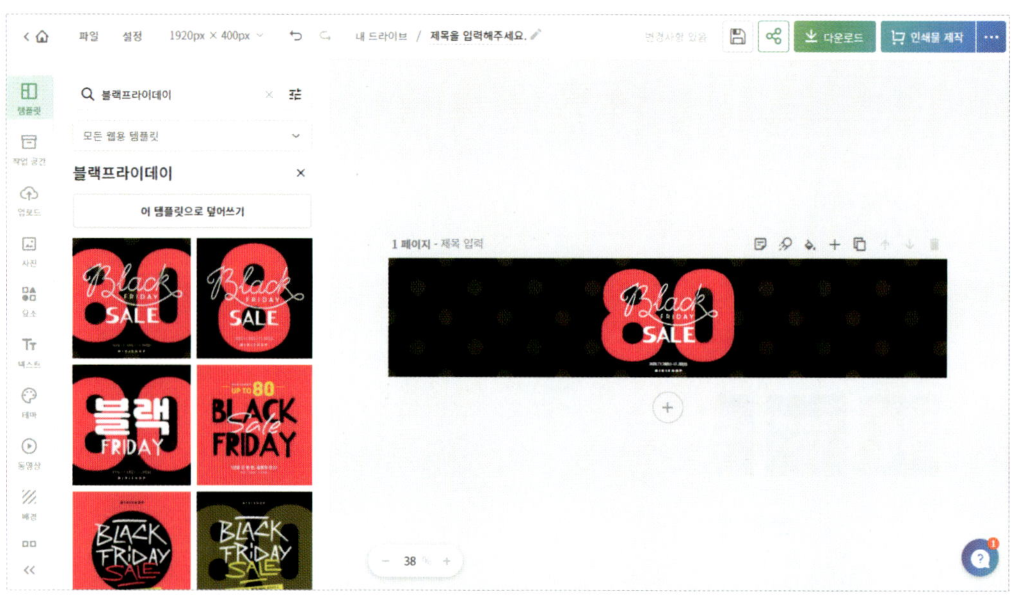

05 적용된 디자인에 다양한 소스를 추가할 수 있습니다. 여기에서는 가방 요소를 추가하기 위해, 왼쪽의 메뉴에서 [요소] 메뉴를 클릭한 후에 검색 창에서 [가방]을 검색하고 원하는 가방 이미지를 클릭하여 화면에 진열합니다.

06　화면에 가방이 적용되었습니다. 가방 색상이 검정으로 되어 있어서 화면에 적용해도 안 보이는데, 가방의 색상을 흰색으로 변경합니다. 흰색으로 변경하기 위해 가방 이미지를 선택하면 왼쪽 메뉴에 이미지를 수정할 수 있는 화면이 나옵니다. 항목에서 색상을 선택하고 흰색을 클릭하면 흰색으로 변경됩니다.

07　추가적으로 디자인이 필요한 경우 요소 항목에서 원하는 키워드를 입력하면 해당 이미지가 나옵니다. 다양한 이미지를 검색하여 화면 구성을 합니다.

08 저장하기 위해 파일 이름을 메인배너로 입력한 다음 [다운로드]를 클릭하고 JPG가 선택된 상태에서 [빠른 다운로드]를 클릭하여 이미지를 다운로드합니다.

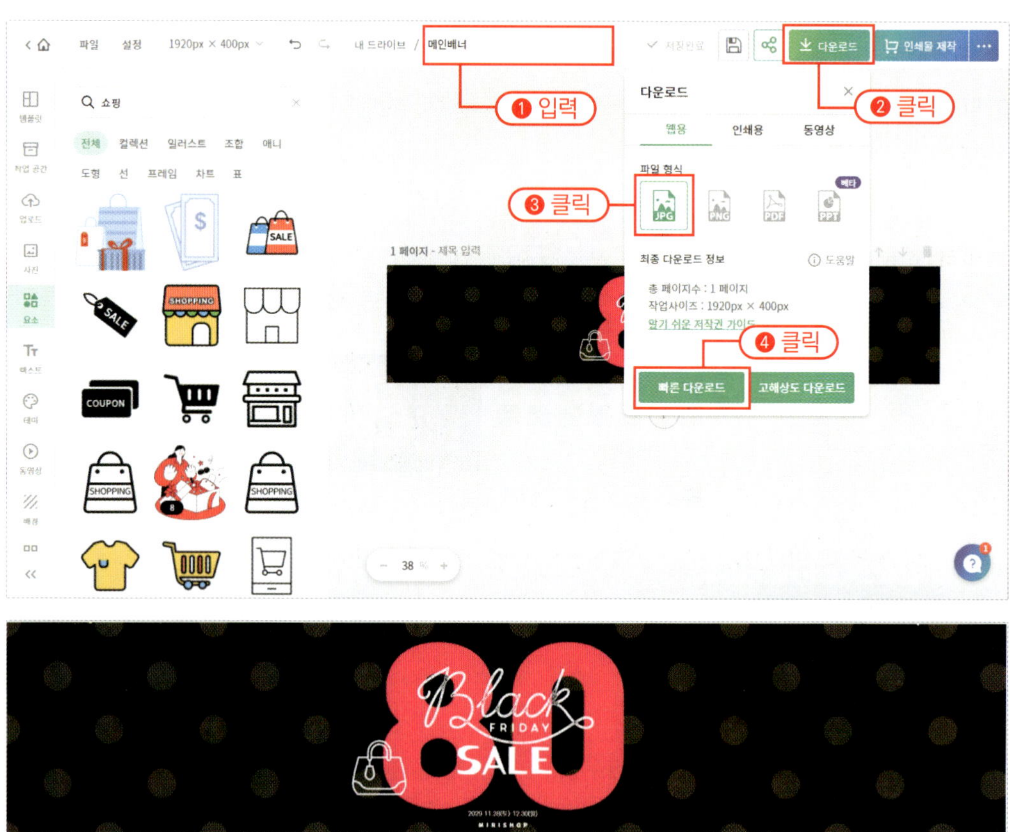

④ 제품 상세페이지 디자인하기

쇼핑몰을 운영하며 시간이 가장 많이 걸리는 일이 상세 설명을 만드는 일이라고 생각합니다. 아무래도 고객이 상세 설명을 보고 구매를 하는 경우가 많기 때문에 작성할 때 많은 신경이 쓰입니다. 상세 설명을 통해 소구점(광고가 시청자나 상품 수요자에게 호소하는 부분)을 만들어 내야 구매로 이어집니다.

미리캔버스 상세페이지 디자인을 활용하면 어느 정도 시간을 절약하며 좋은 결과물을 만들어 낼 수 있습니다.

따라해 보세요!

01 상세페이지 디자인을 하기 위해 [템플릿] 메뉴에서 [상세페이지]를 선택합니다. 브라운 컬러의 감성 인테리어를 선택하고 [이 템플릿으로 덮어쓰기]를 클릭합니다.

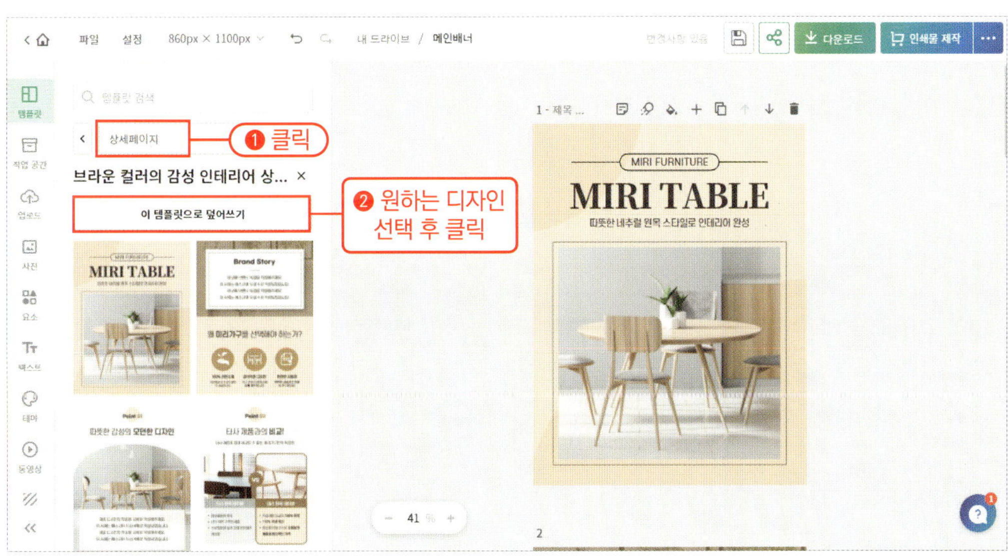

02 제작하려고 하는 이미지를 업로드하기 위해 [업로드] 메뉴를 클릭한 후에 [내 파일 업로드] 를 클릭합니다.

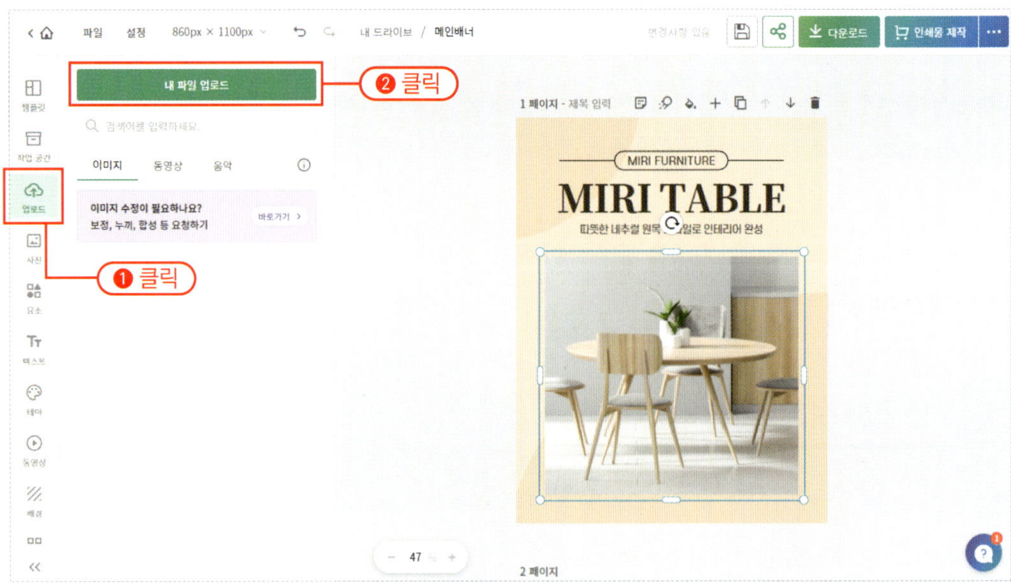

03 업로드하려고 하는 이미지를 선택하고 [열기]를 클릭합니다.

04　업로드된 이미지를 클릭하면 편집 창에 이미지가 들어가는 것을 볼 수 있습니다. 사각 프레임 안에 이미지가 들어가게 하기 위해 이미지를 드래그합니다.

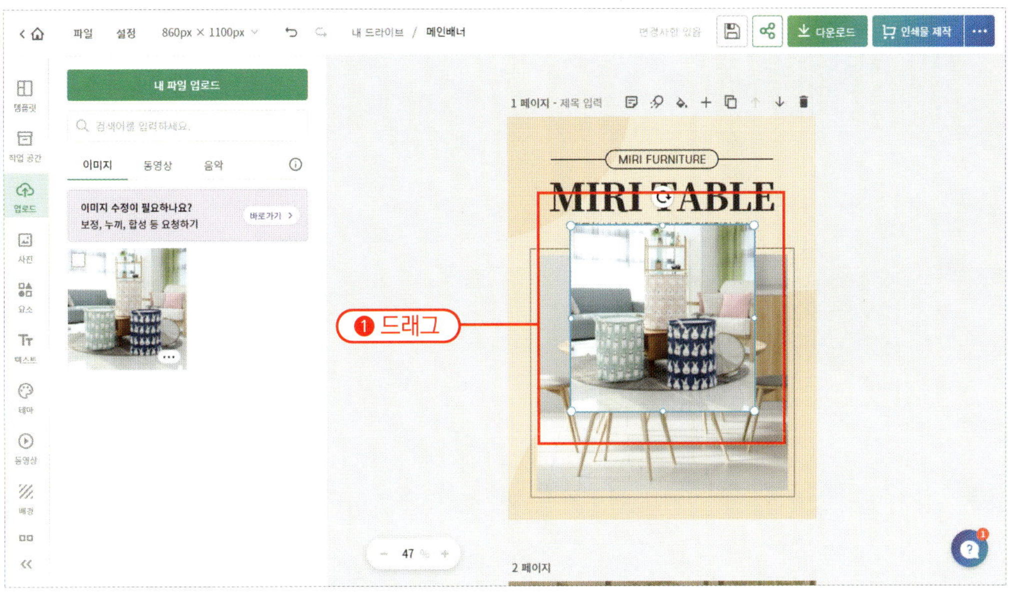

05　이미지를 드래그하여 사각 프레임으로 이동하면 사각형 프레임에 이미지가 바로 들어가집니다.

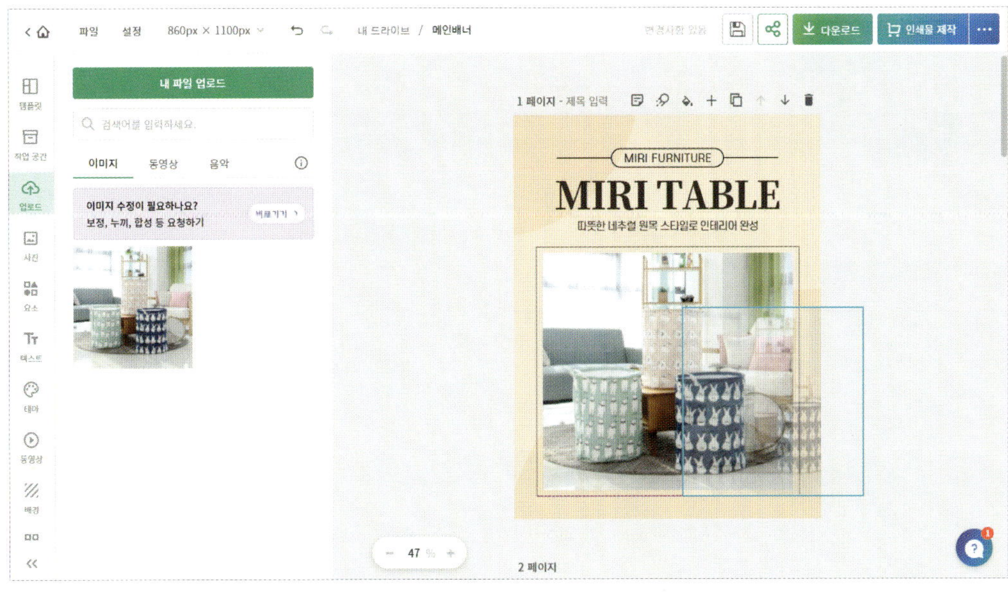

06 상세페이지의 텍스트를 수정하면 아래와 같이 완성할 수 있습니다.

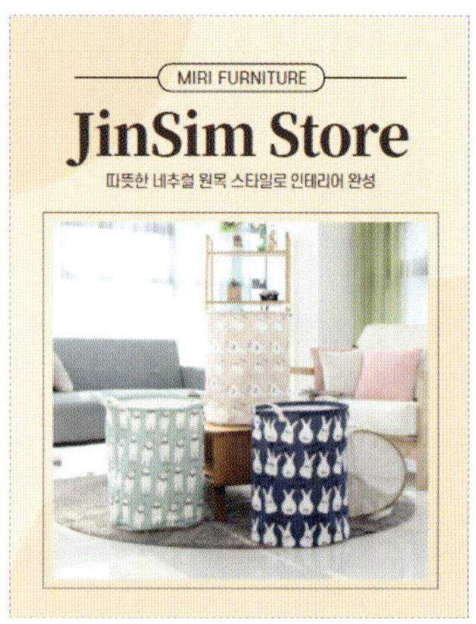

07 같은 방법으로 다른 페이지도 이미지 및 텍스트 교체를 하며 디자인을 완성합니다.

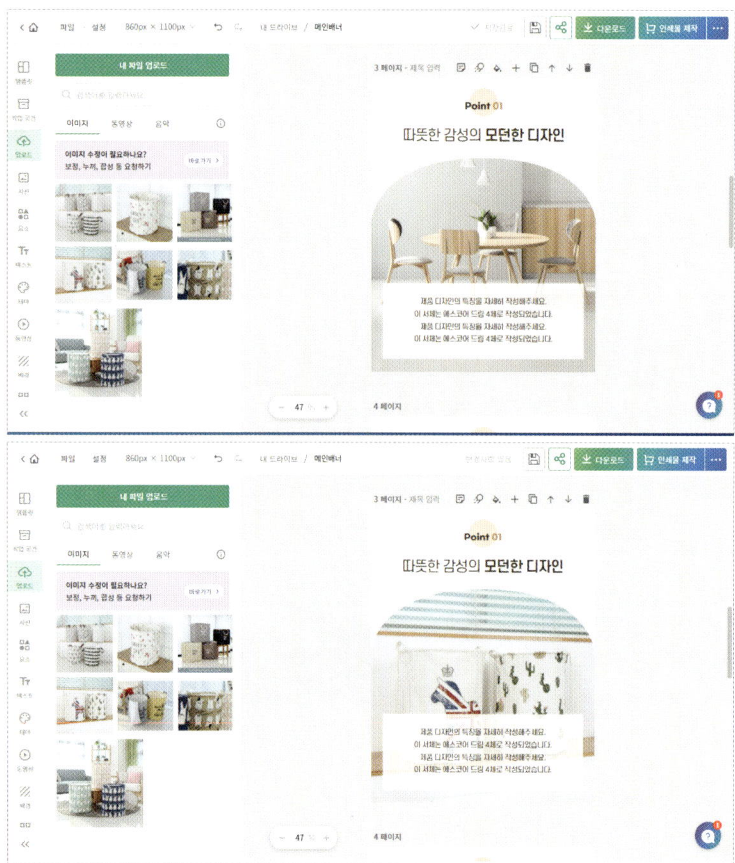

08　파일 이름을 상세페이지라고 입력하고, [다운로드]를 클릭한 후에 JPG로 선택된 상태에서 [빠른 다운로드]를 클릭합니다. 이번에 저장되는 파일은 여러 장의 사진을 받기 때문에 압축 파일로 저장됩니다.

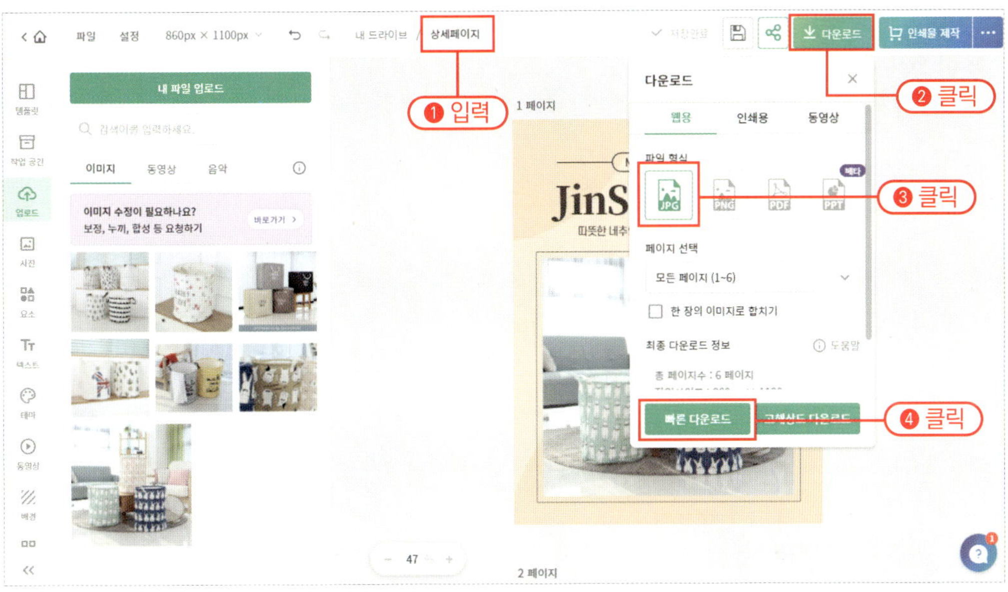

09　판매하려는 상품에 대한 상세페이지가 완성된 것을 볼 수 있습니다. 이 외에도 다양한 템플릿이 있습니다. 처음에는 다양한 템플릿을 사용해 보고 최종 디자인을 결정하여 작업해 보세요.

　팝업 창이란 쇼핑몰을 운영할 때 광고 용도로 많이 만드는 창으로, 즉 이벤트 페이지에 해당됩니다. 처음 방문한 고객의 관심을 끌만 한 내용을 가독성 있게 표현하거나, 구매를 결정할 수 있는 요소인 후기 게시판으로 유도하는 역할을 합니다.

따라해 보세요!

01　이벤트 팝업 디자인을 하기 위해 [템플릿] 메뉴에서 [이벤트 팝업]을 선택합니다. 러브펫 워시 체험단 모집 이벤트 디자인을 선택합니다.

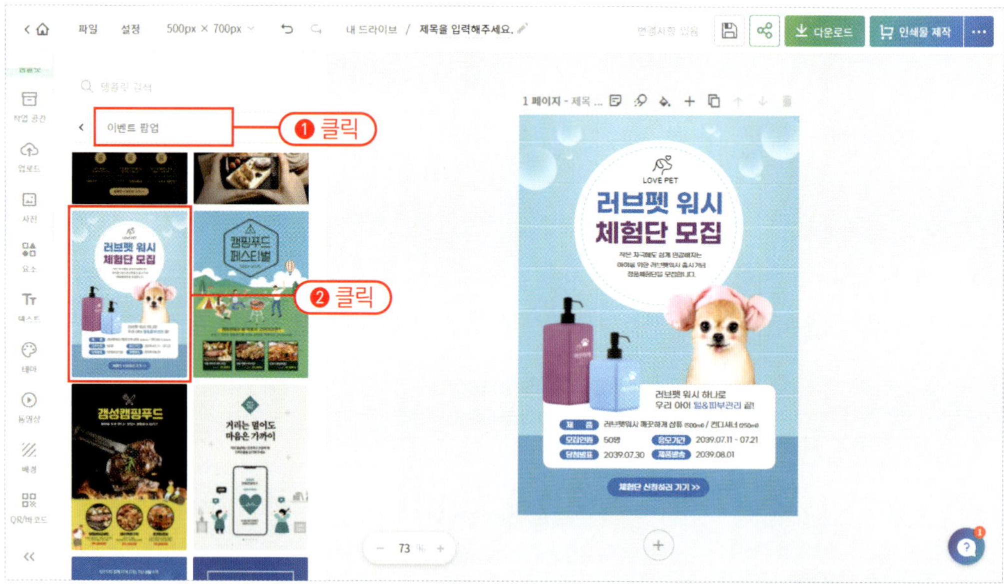

02 선택된 디자인에 요소를 추가하기 위해 [요소] 메뉴를 클릭하고 강아지를 검색합니다. 검색 결과에서 원하는 이미지를 선택합니다.

03 이미지를 원하는 위치로 이동하고 필터 효과 등 이미지에 어울리는 효과를 적용합니다.

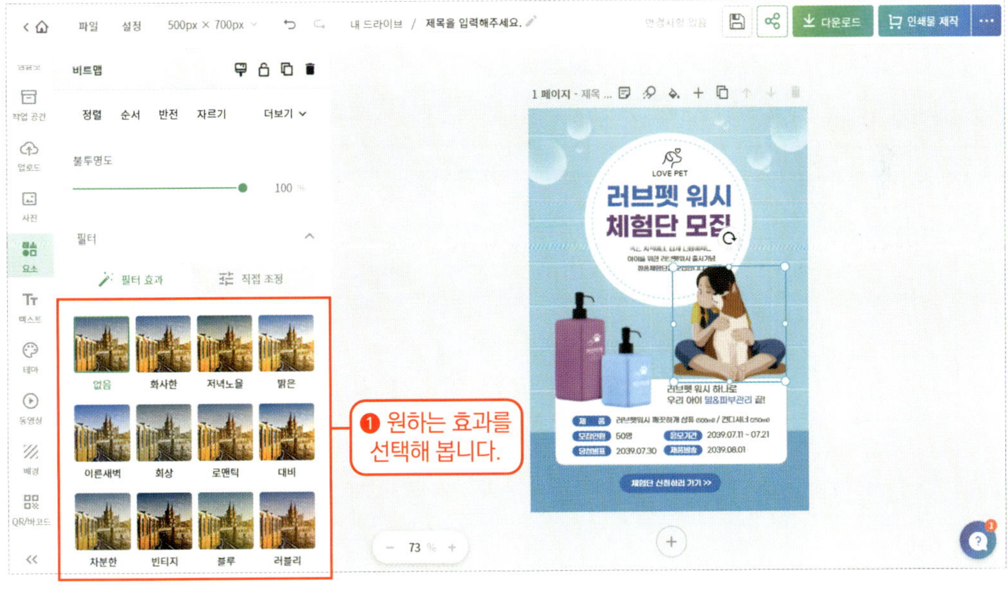

04   배경을 변경하기 위해 이미지의 배경을 선택하면 [배경 편집] 메뉴가 활성화됩니다. [배경 편집]을 클릭합니다.

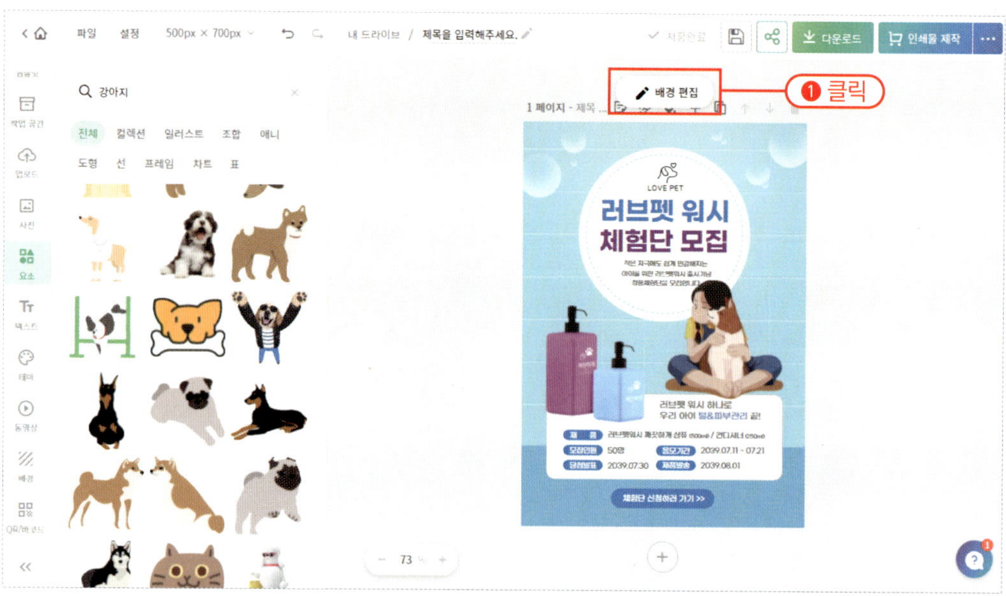

05   배경 편집 옵션 창에서 [직접 조정]을 클릭한 다음 컬러 톤을 조절하여 원하는 톤으로 완성합니다.

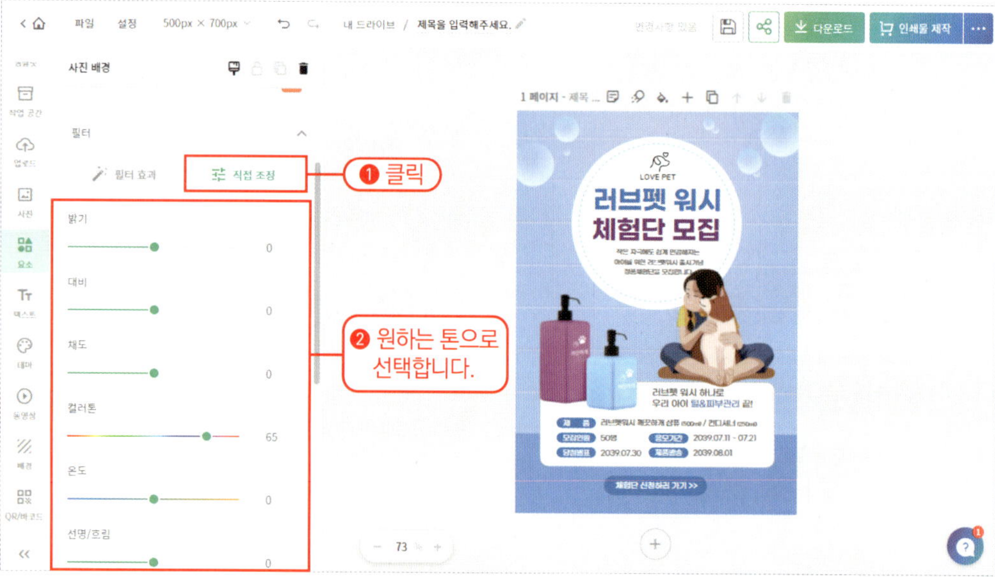

06 파일 이름에 이벤트 팝업이라고 입력하고 [다운로드]를 클릭한 다음 JPG로 선택된 상태에서 [빠른 다운로드]를 클릭하여 이미지를 다운로드합니다.

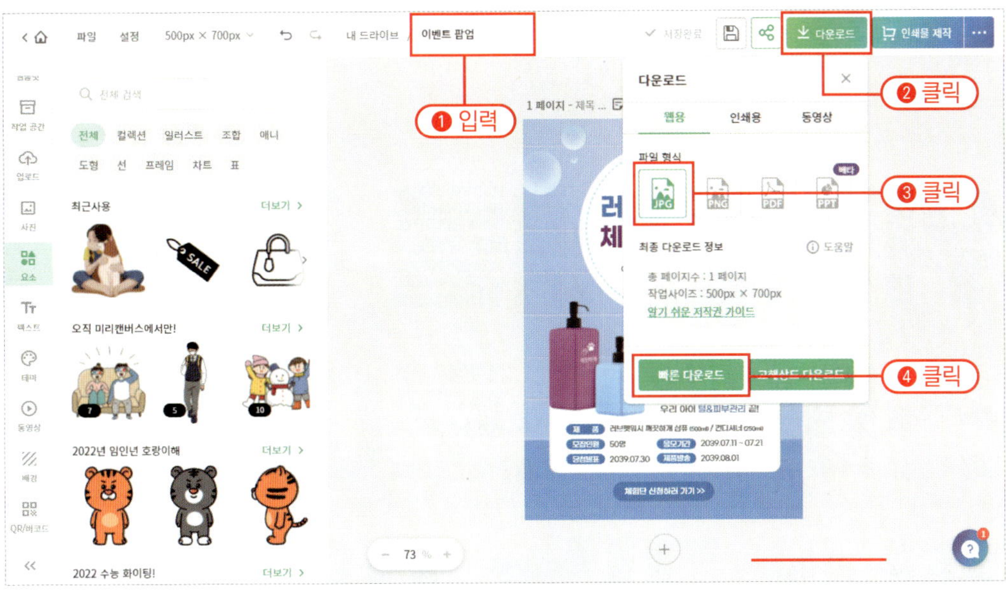

Part 04

위탁판매를 위한 스마트스토어 필수 기능 이해

위탁판매를 위해서 필수로 알아야 하는 스마트스토어 내용을 정리했습니다. 스마트스토어 운영을 위한 디자인 설정 중 대표 이미지 설정과 테마 색상 설정 방법을 배웁니다. 그리고 스마트스토어에 상품을 등록하고 주문과 배송 처리를 하는 방법에 대한 내용을 위탁배송 상품을 기준으로 안내하고 있습니다.

PAY
ONLINE MARKET

01 스마트스토어 대표 이미지 설정

스토어 대표 이미지로는 몰 정체성(mall identity)이 뚜렷이 드러나는 이미지를 사용하기를 권장합니다. 초상권, 저작권, 상표권 등 타인의 권리를 침해하는 이미지는 사용할 수 없으며, GIF 애니메이션 이미지 노출은 불가능합니다. JPG(JPEG)와 PNG, GIF, BMP 형식의 이미지만 등록할 수 있습니다. 이미지 사이즈는 최소 160px * 160px 이상으로 가로세로 정비율 이미지만 사용할 수 있습니다. 권장 사이즈는 가로 1300px 이상으로, 최대 20MB까지 가능합니다.

따라해 보세요!

01 스마트스토어 판매자 센터에서 [로그인하기]를 클릭한 후에 아이디와 비밀번호를 입력하고 스마트스토어 관리자 페이지에 접속합니다.

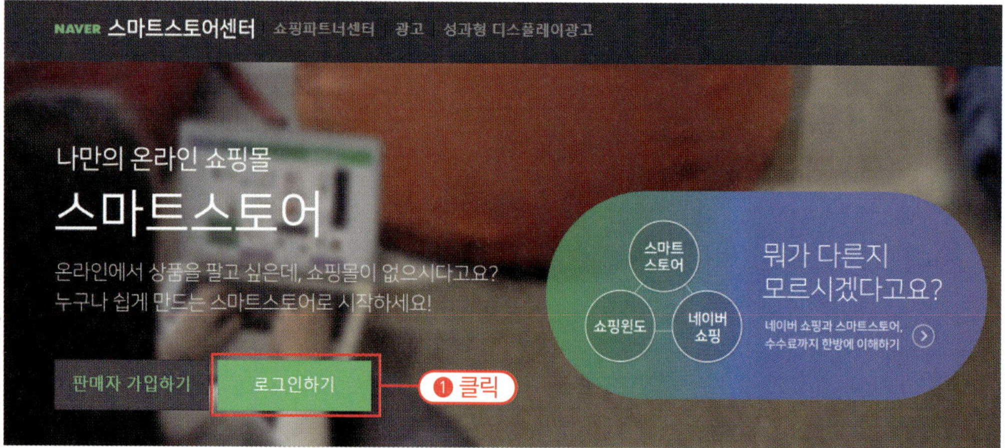

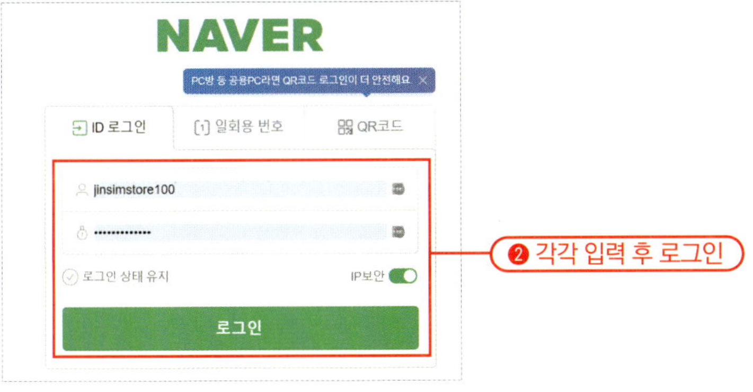

02 스마트스토어 관리자 페이지가 나오는 것을 볼 수 있습니다.

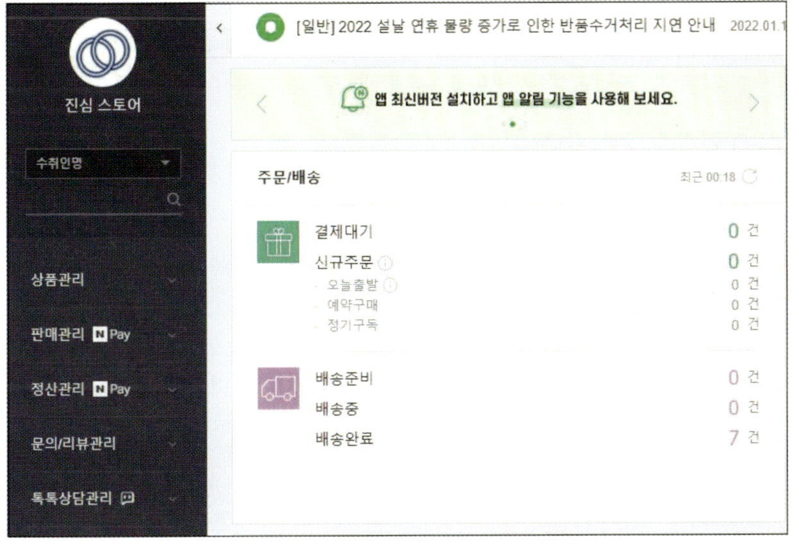

03 [스토어 전시관리] 메뉴에서 [스토어 관리]를 클릭하면 대표 이미지를 올리는 화면이 나옵니다. 대표 이미지 항목의 [+] 버튼을 클릭하여 원하는 이미지를 불러오면 대표 이미지로 적용됩니다.

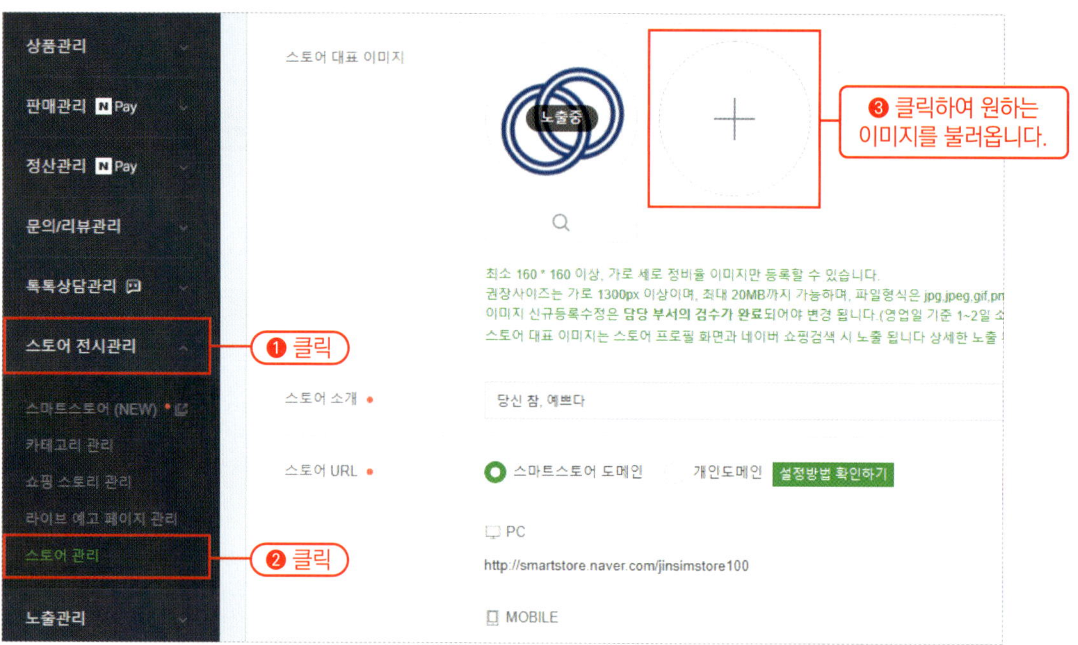

한 걸음 더! 운영 Tip

스마트스토어의 대표 이미지로 사용할 이미지의 좋은 예와 나쁜 예에 대해 구분해 봅니다.

• 스토어 대표 이미지의 좋은 예

몰 아이덴티티(mall identity)를 표현할 수 있는 면이 채워진 형태의 이미지 컷 또는 몰 로고(mall logo)

• 스토어 대표 이미지의 나쁜 예

몰 아이덴티티(mall identity)를 표현할 수 없는 경우, 텍스트만 적용된 경우, 이미지 위에 텍스트가 적용된 경우와 이미지 테두리에 색상이 있는 경우 등

02 스마트스토어 테마 설정

스마트스토어 테마 설정은 스마트스토어 디자인을 관리하는 메뉴로 스마트스토어에 최근에 새롭게 생긴 메뉴입니다.

따라해 보세요!

01 [스토어 전시관리] 메뉴를 클릭하면 [스마트스토어(NEW)] 항목이 있습니다. 클릭하여 테마 설정을 합니다.

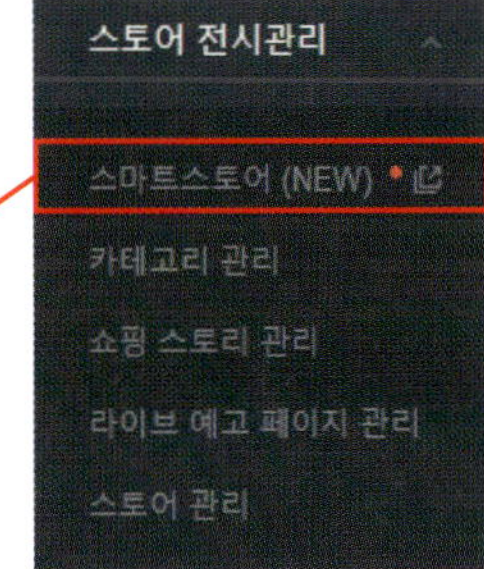

02 컬러 테마를 선택합니다. 다양한 컬러가 있는데 색상은 특정 부분에 적용되는 것이 아니라 사이트 전체가 선택한 색상으로 테마 구성이 됩니다. 여러 번 다시 설정할 수 있으니 색상별로 설정하며 제품과 잘 어울리는지 확인합니다. 최종적으로 판매하려고 하는 제품과 타깃에 맞게 컬러 테마 및 레이아웃을 선택합니다.

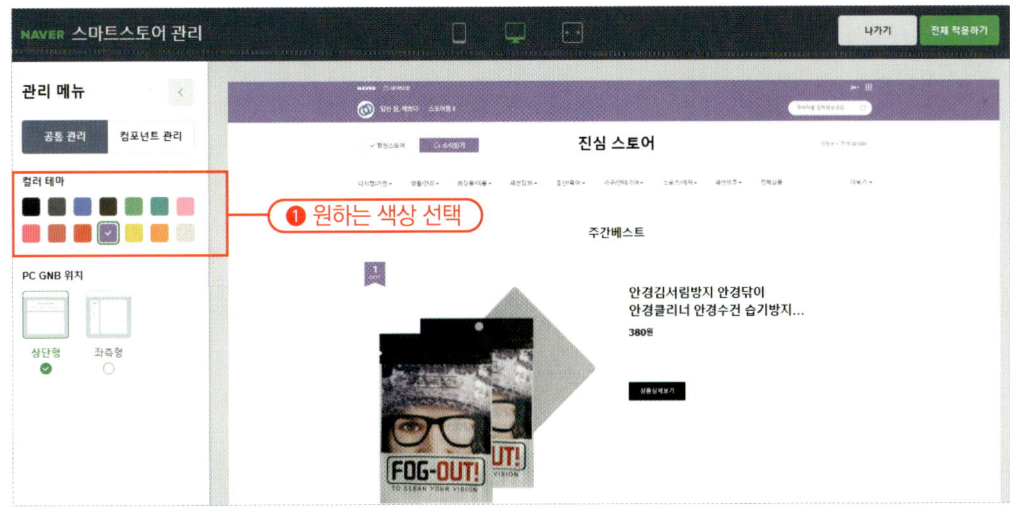

03 프로모션 이미지를 등록하기 위해 [컴포넌트 관리] 메뉴를 클릭하고 [프로모션 이미지]를 선택한 후에 [이미지 추가]를 클릭합니다.

NOTE

프로모션 이미지는 최대 10장까지 등록할 수 있으며 롤링 배너 형태로 사진이 보입니다. 쇼핑몰 메인 화면에 바로 보이는 배너로, 현재 어떤 제품을 판매하고 있는지와 기획전 및 혜택에 관한 내용으로 디자인해서 구매를 유도하는 것이 좋습니다.

04 이미지를 선택하는 화면이 나타납니다. PC 이미지 항목에서 [등록]을 클릭합니다.

05　이미지 등록 화면에서 [이미지 찾기]를 클릭하여 원하는 이미지를 선택한 후에 [적용하기]를 클릭합니다.

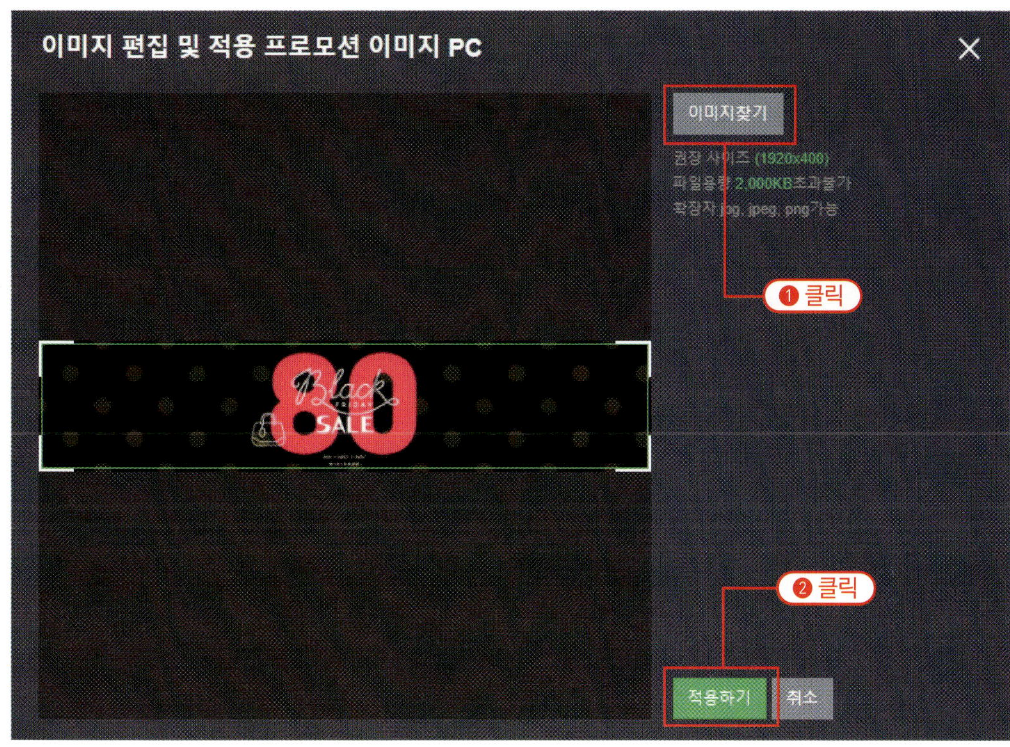

06　스마트스토어 메인 화면에 이미지가 적용된 것을 볼 수 있습니다.

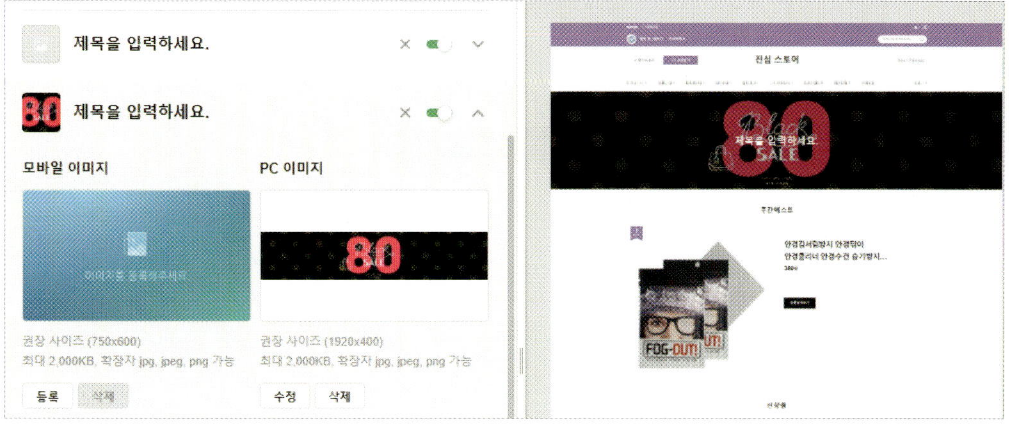

03 스마트스토어 상품 등록하기

지금까지는 스마트스토어를 운영하기 위한 기본 설정과 디자인 관리에 대한 부분을 진행했습니다. 이제는 실제로 스마트스토어에서 판매하고 싶은 상품을 등록하고, 구매자로부터 주문이 들어왔을 때 어떻게 처리하는지에 대한 부분을 살펴봅니다.

지금 이 부분을 공부하고 있다면 온라인 쇼핑몰 구축에 대한 기초적인 지식이 잘 정리되었다고 보면 됩니다. 이제부터는 실제로 각자의 상품을 등록하고 고객을 만나는 과정입니다.

따라해 보세요!

01 상품을 등록하기 위해 스마트스토어 센터에서 [상품 관리]-[상품 등록]을 클릭합니다. 상품 등록을 위한 카테고리를 선택하기 위해 [카테고리명 선택]을 클릭한 후에 판매하려는 상품이 진열될 카테고리를 선택합니다.

예) 선택한 카테고리 : 생활/건강 〉 수납/정리용품 〉 바구니

02 카테고리를 설정했으면, 판매하려고 하는 상품의 상품명을 입력합니다. 판매 상품과 직접 관련이 없는 상품명, 유명한 유사 상품명 인용, 스팸성 키워드를 입력하면 관리자에 의해 상품 판매가 금지될 수 있습니다. 일부 특수문자와 단어는 입력이 제한됩니다.

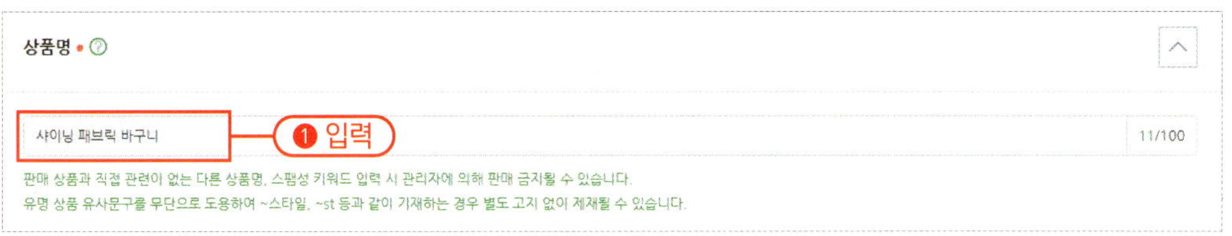

03 상품의 판매가 및 할인, 판매 기간, 부가세 여부를 선택합니다. 스마트스토어의 수수료는 네이버페이 결제 수수료만 발생하며, 네이버쇼핑을 통한 주문일 경우 네이버쇼핑 매출 연동 수수료 2%가 네이버페이 결제 수수료와 별도로 부과됩니다.

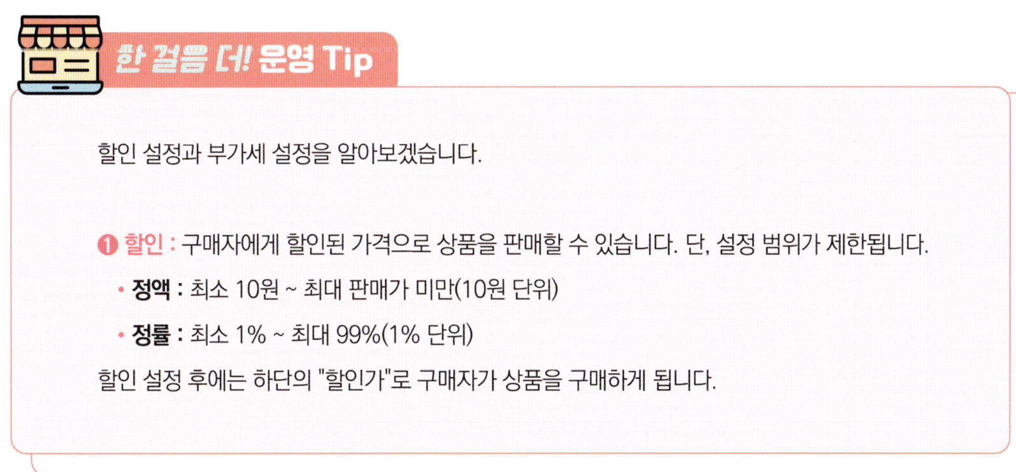

04 상품의 재고 수량을 입력합니다.

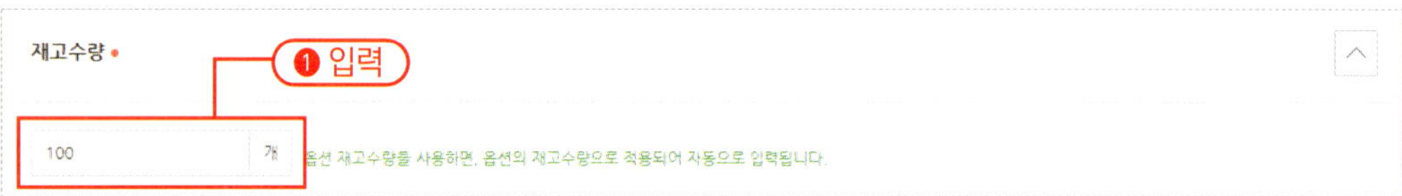

05 상품 이미지는 상품 목록의 이미지를 의미합니다. 상품 목록 이미지의 경우 JPG, JPEG, GIF, PNG, BMP 형식의 정지 이미지만 등록됩니다. 권장 크기는 가로 640px, 세로 640px입니다. 대표 이미지를 등록하기 위해서 대표 이미지 항목의 [+] 버튼을 클릭합니다. 대표 이미지와 추가 이미지를 불러 옵니다.

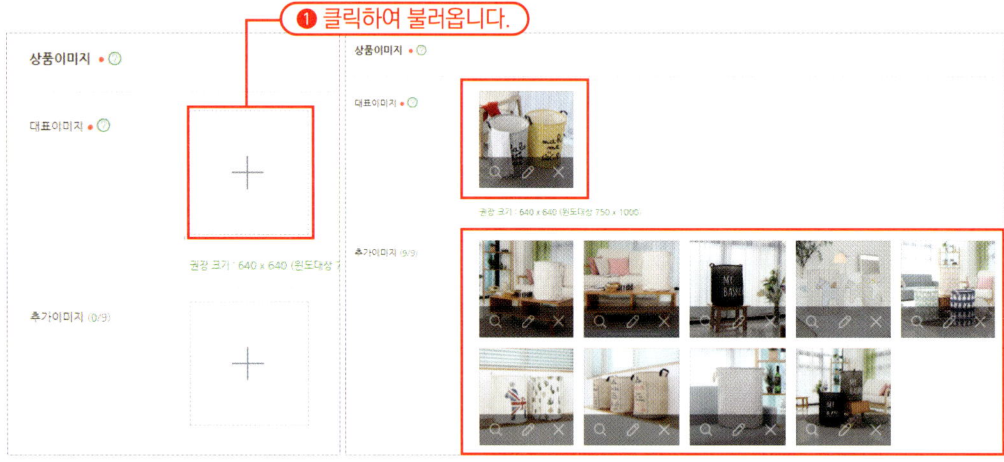

06　상품에 대한 상세 설명 화면에서 상세 설명 내용을 등록하기 위해 [Smart Editor 3.0으로 작성]을 클릭합니다.

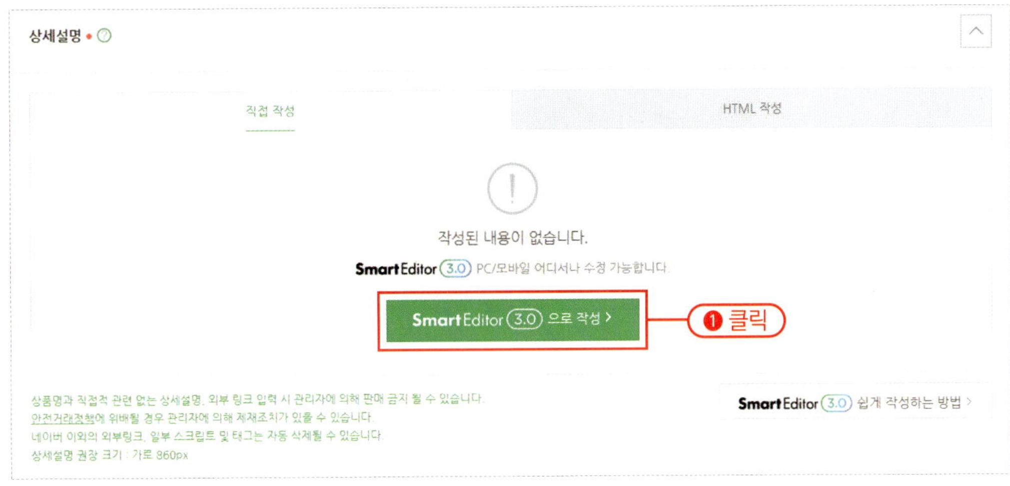

07　상품 사진을 업로드하기 위해 왼쪽 [컴포넌트] 메뉴에서 [사진]을 클릭합니다. 나타나는 팝업 창에서 [내 사진]을 클릭합니다.

08 아래와 같이 사진을 불러온 후에 [등록]을 클릭합니다.

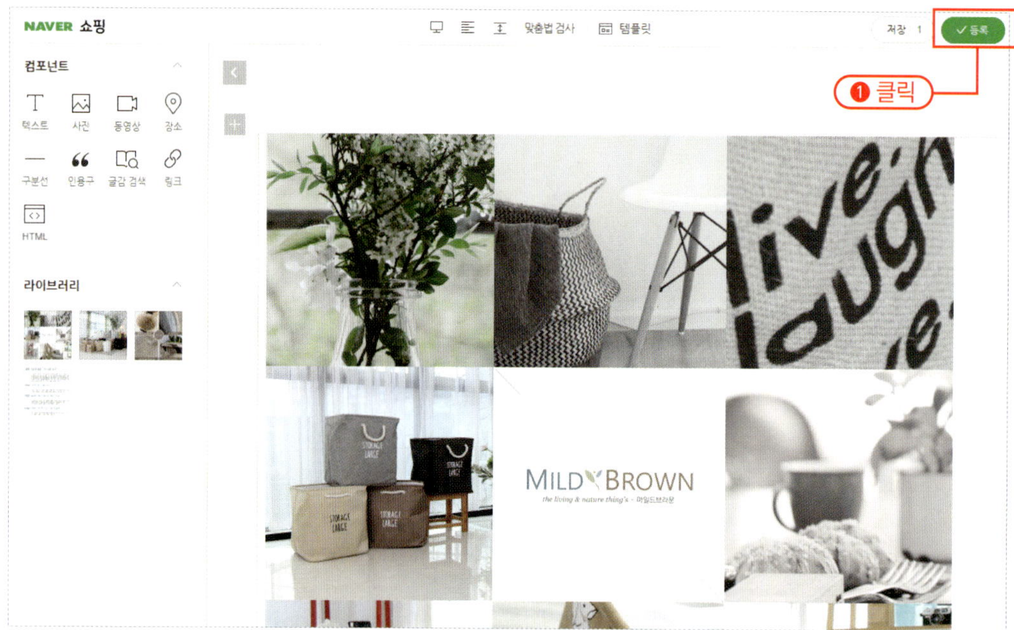

09 배송과 관련하여 기본 설정을 하는 화면이 나옵니다. 설정 화면에서 배송 방법 및 배송비 등을 설정합니다. 배송 방법과 택배비 등의 정보를 입력합니다.

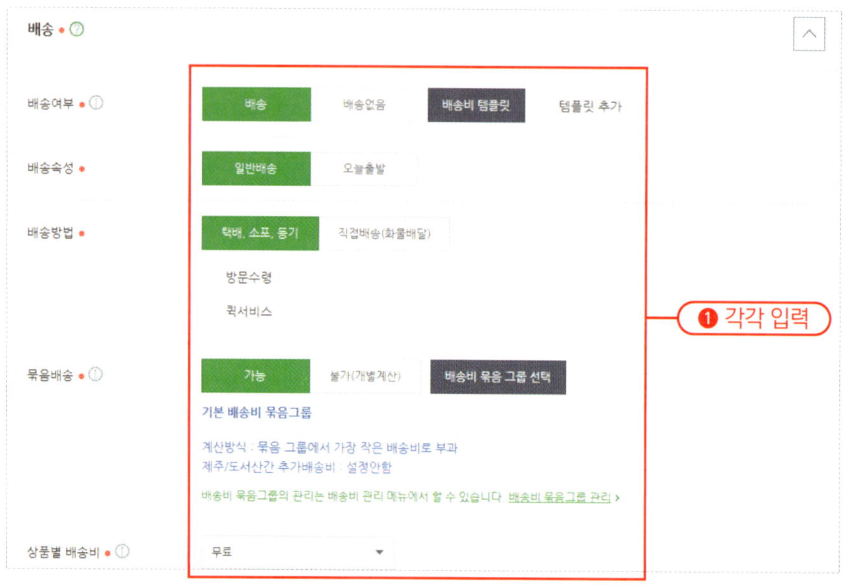

배송 방법으로는 택배/소포/등기, 퀵서비스, 방문 수령, 굿스플로 송장 출력, 직접 전달, 배송 없음의 6가지 중 선택할 수 있습니다.

배송 방법	내용
택배/소포/등기	우체국 또는 일반 택배 회사 등에 상품을 직접 접수하여 발송하는 방법 택배/소포/등기로 발송 처리 시, 택배사 및 송장 번호 입력 필수
퀵서비스	퀵서비스 업체를 통해 발송하는 방법
방문 수령	판매자가 지정한 장소로 직접 방문하여 상품을 수령하는 방법
굿스플로 송장 출력	판매자 센터에서 바로 송장 출력 및 택배사 상품 접수 처리를 할 수 있는 굿스플로의 제휴 서비스(서비스 신청이 완료된 가맹점만 사용 가능한 배송 방법)
직접 전달	판매자 자체 배송 또는 직접 전달
배송 없음	e쿠폰 형태로 실물이 없는 상품에 한해 사용 가능한 배송 방법

10 반품/교환에 관한 정보로 반품/교환 택배사, 반품 배송비(왕복) 항목과 반품/교환처 정보를 입력합니다. 정보를 모두 입력한 후에 하단에 있는 [저장하기]를 클릭하면 상품 등록이 완료됩니다.

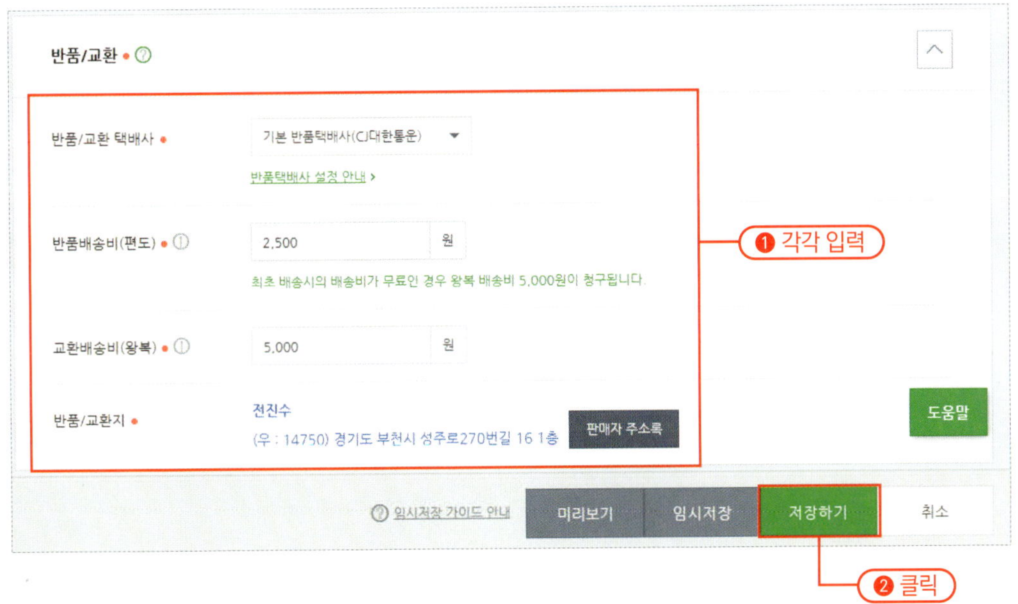

반품 주소지를 변경해야 할 때 반품 주소지는 반품 상품의 수거가 아직 진행되지 않은 경우에만 변경할 수 있습니다. 반품 수취 주소지를 변경하는 방법은 다음과 같습니다.

❶ [판매자 센터] 〉 [판매 관리] 〉 [반품 관리] 메뉴로 이동

❷ 해당 반품 주문 검색

❸ 그리드 판매자 반품지 항목의 [확인] 클릭

❹ 판매자 반품 주소지 확인 팝업에서 [주소록]을 클릭하여 주소록에서 변경할 주소를 선택한 뒤에 [변경] 클릭

11 미리보기를 하면 보이는 화면입니다.

효과적인 주문 처리 및 배송 방법

04

고객이 상품을 주문한 경우 관리자 페이지에 주문 건이 잡힙니다. 주문 건이 잡히면 그때부터 주문 처리 및 배송 단계로 진입합니다. 처음 주문이 들어온 경우에는 많이 긴장하며 어디서부터 어떻게 처리해야 할지 많은 고민을 합니다. 이번 과정을 통해 주문 처리 단계를 미리 연습해 보겠습니다.

스마트스토어 관리자 화면에서 판매 현황을 보면 입금대기, 신규주문, 배송준비, 배송 중, 배송완료 등 최근 일주일에 대한 판매 현황 정보를 볼 수 있습니다. 이 중에서 입금대기와 신규주문에 관한 확인이 첫 번째로 이루어지면 됩니다. 입금대기의 경우는 주문자가 주문할 때 결제수단을 무통장으로 선택한 후 아직 입금하지 않았을 때 표시되고, 신규주문의 경우는 주문자가 주문할 때 카드 결제 및 간편 결제 서비스 등을 이용하여 상품에 대한 결제가 이루어진 경우에 신규주문 단계로 넘어갑니다.

따라해 보세요!

01 배송 처리 단계를 진행해 보기 위해 신규주문 항목에 표시되어 있는 주문 건수를 나타내는 숫자를 클릭합니다. 신규주문 2건이라고 되어 있는 숫자 2를 클릭하면 됩니다.

02 신규주문 리스트가 나오는 것을 볼 수 있습니다. 신규주문 리스트 항목에서 우선 상품 주문 번호를 클릭하여 주문 정보를 확인하고 배송 방법 및 택배사를 선택한 후에 송장 번호를 입력하고 [발송확인]을 클릭하여 배송을 진행합니다.

03 배송현황 관리 페이지로 이동하여 현재 배송 중인 항목을 볼 수 있습니다. [배송추적]을 클릭하여 현재 상품이 배송처리가 잘 되었는지 확인합니다.

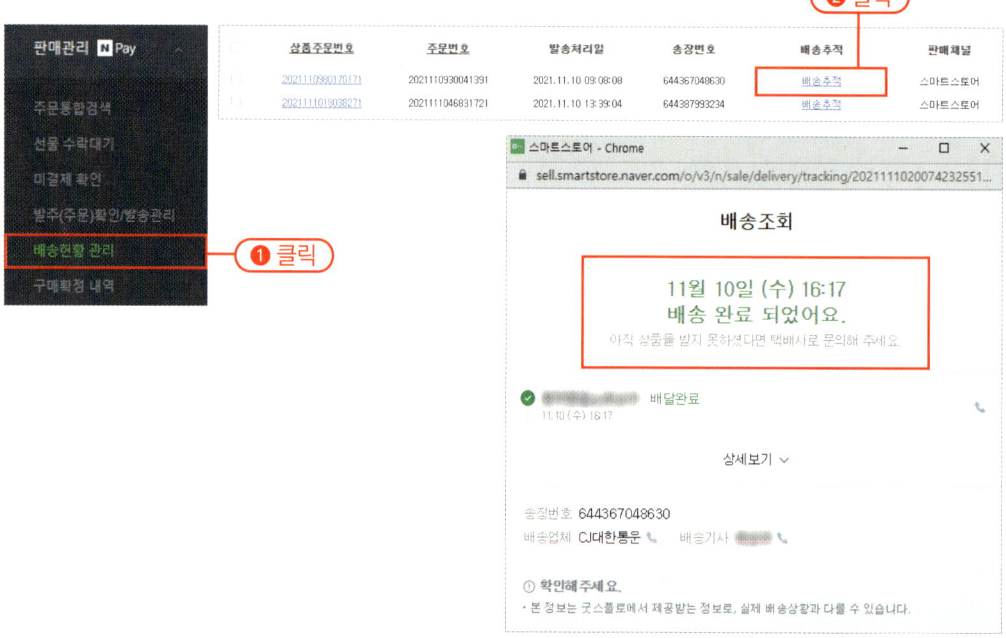

05 위탁배송 상품 배송 처리 방법

도매매에서 등록한 상품의 경우 주문이 들어오면 자동으로 도매매 주문 관리에 수집이 됩니다. 처음에는 조금 어렵게 느껴질 수 있는데 배송 처리 과정을 몇 번 경험하면 매우 쉽고 편리한 시스템이라는 것을 이해할 것입니다.

위탁배송상품 배송 처리를 할 때 가장 편리하게 하는 방법은 e-money 포인트를 미리 적립해 놓는 것입니다. 이렇게 하면 주문이 들어왔을 때 e-money로 바로 결제하여 배송 처리를 할 수 있습니다.

e-money는 도매꾹, 도매매에서 사용하는 사이버머니로 기존의 무통장입금(가상계좌), 실시간 계좌이체, 꾹페이, 신용카드 결제 대신 사용할 수 있습니다. e-money를 충전해 놓으면 주문이 들어올 때마다 판매자가 일일이 결제를 하지 않아도 됩니다. 소비자가 주문을 하면 판매자는 e-money로 결제하면 되기 때문에 배송 처리 과정이 빨라집니다. e-money는 모든 결제 수단과 혼용 결제가 가능합니다.

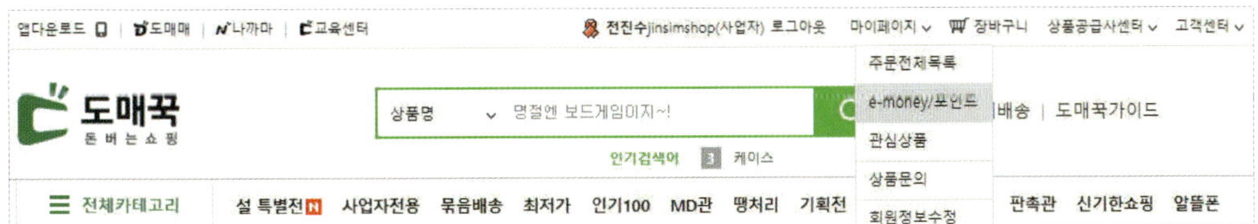

마이페이지의 [e-money/포인트]에서 [e-money 충전하기]를 클릭합니다. 충전 금액을 입력하고 [충전 신청하기]를 클릭하여 최종 e-money를 충전할 수 있습니다. 충전을 했다면 본격적으로 배송 처리를 해 봅시다.

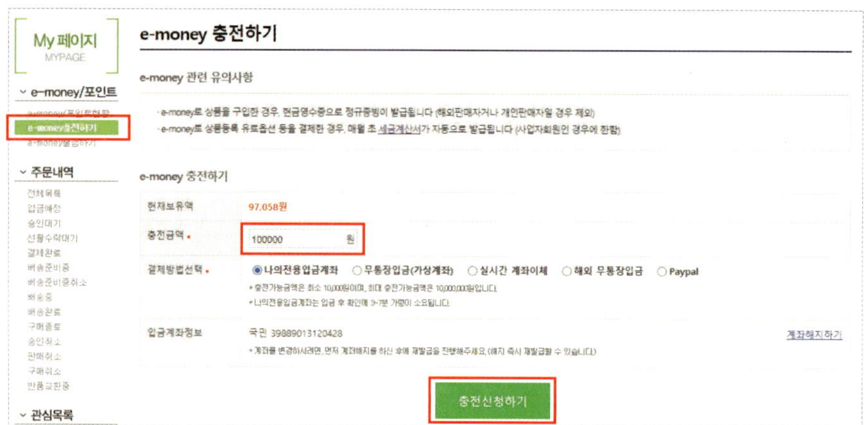

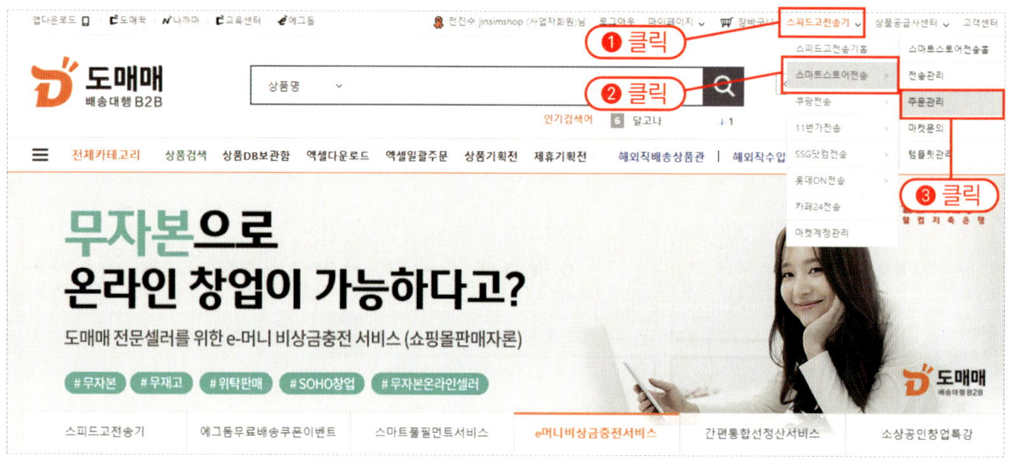

따라해 보세요!

01 도매매 사이트로 이동한 후에 [스피드고전송기]-[스마트스토어 전송]-[주문관리]를 클릭합니다. 스마트스토어 전송 화면으로 이동하면서 최근 주문 항목에 대한 내용을 볼 수 있습니다.

02　아래와 같이 주문 관리 화면이 나오는 것을 볼 수 있습니다. 주문 관리 화면에서는 마켓 신규 주문, 결제 완료, 배송 준비 중, 배송 중, 배송 완료, 구매 종료에 대한 항목들을 확인할 수 있습니다. 주문된 상품을 배송 처리하기 위해 스마트스토어 전송 화면에서 [마켓신규주문]을 클릭합니다.

03　검색 결과 화면에서 스마트스토어의 주문 건이 자동으로 수집된 것을 볼 수 있습니다. 1건의 주문 항목을 체크하고 [e-money 결제]를 클릭합니다. 앞에서 e-money를 충전해 놓은 경우 [결제] 버튼을 클릭하면 바로 결제가 완료됩니다. e-money를 충전하며 결제를 진행할 수도 있으며, 제품별로 [개별 결제하기]를 클릭하여 하나씩 결제도 가능합니다.

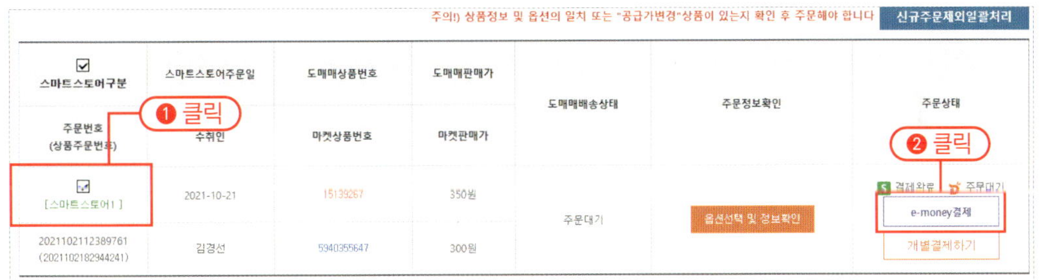

04　결제 진행 화면에서 [확인]을 클릭합니다.

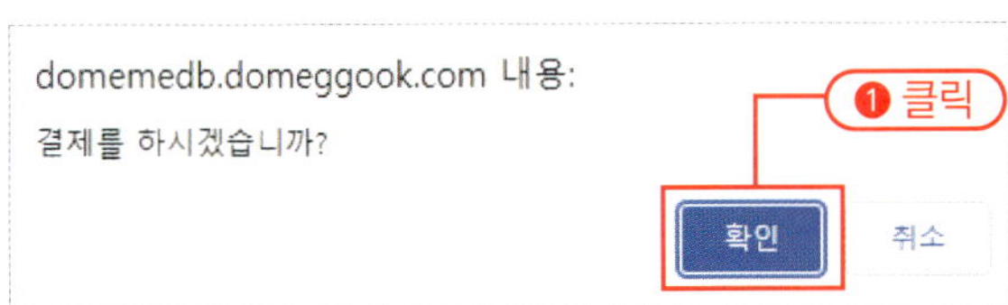

05   주문 처리가 완료된 것을 볼 수 있습니다. [확인]을 클릭합니다.

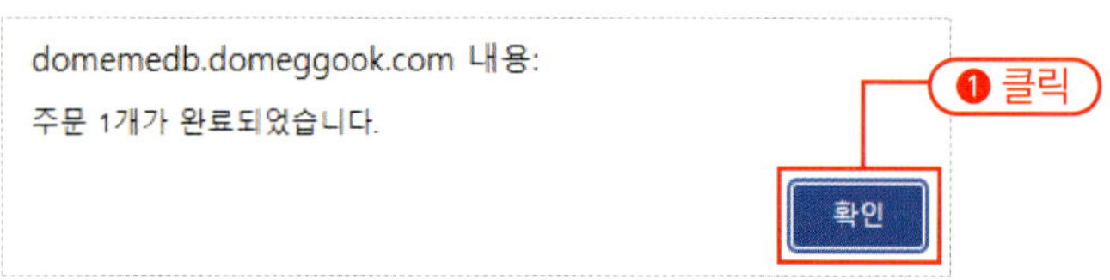

06   결제 완료 항목으로 넘어간 것을 볼 수 있습니다.

07   주문 내역을 확인하기 위해 도매매 사이트의 상단에서 [스피드고전송기] 메뉴를 클릭하고 [스마트스토어 전송]-[주문 관리]를 클릭하면 주문 결제 내역이 나오는 것을 볼 수 있습니다. 상세한 주문 내역을 보기 위해 [주문내역 확인]을 클릭합니다.

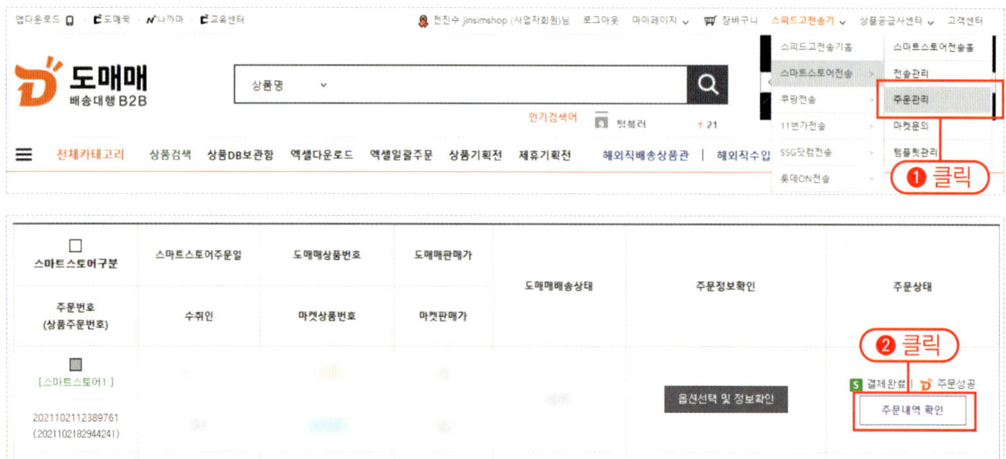

08　주문자의 주소, 연락처, 주문 상품 내역을 볼 수 있습니다.

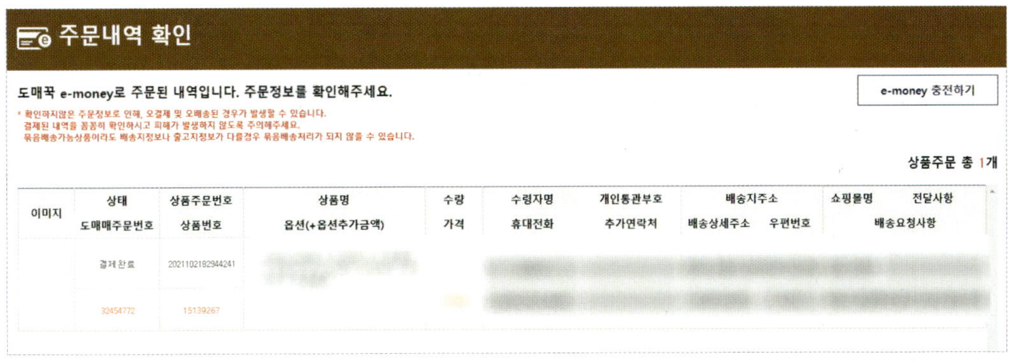

09　운송장 번호를 확인하기 위해 도매매 상단에 있는 마이페이지를 클릭합니다.

10　마이페이지 하단에 자동으로 스마트스토어 주문에 대한 운송장 번호가 기입된 것을 볼 수 있습니다. 도매매 시스템은 정말 편리하게 되어 있습니다. 마이페이지에 쇼핑몰 운영에 필요한 모든 정보가 실시간으로 나옵니다. 운송장 번호를 복사합니다.

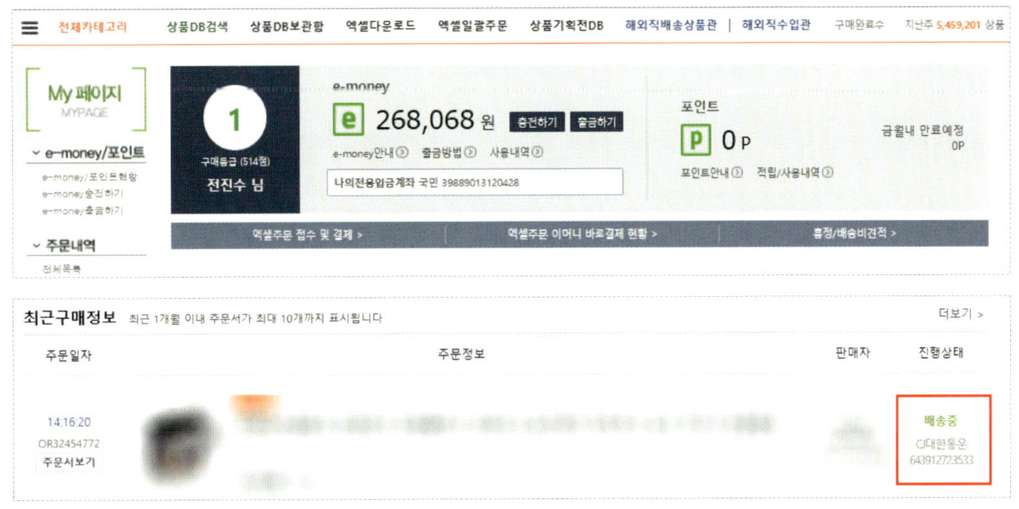

<u>**11**</u> 도매매에서 복사한 운송장 번호를 입력하는 과정을 진행하겠습니다. 스마트스토어 관리자 페이지에 접속한 후에 [판매관리] 메뉴를 클릭하고 [발주 확인/발송관리]를 클릭합니다.

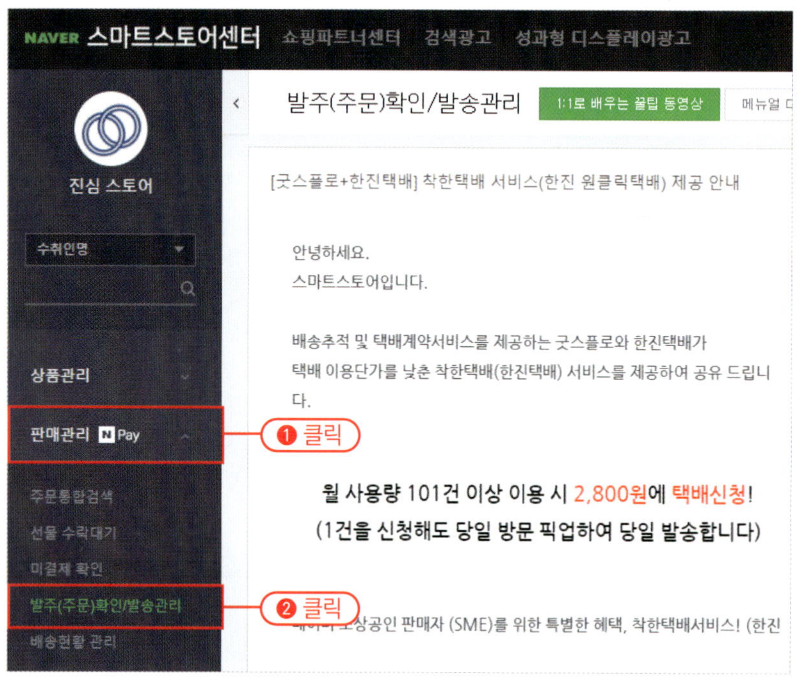

<u>**12**</u> 메뉴로 이동하면 주문 항목이 바로 보입니다. 아래와 같이 신규 접수된 주문 항목에서 송장 번호를 입력하는 곳에 도매매에서 복사한 송장 번호를 붙여넣기합니다. 송장 번호 붙여넣기가 완료되었으면 [발주확인]을 클릭합니다.

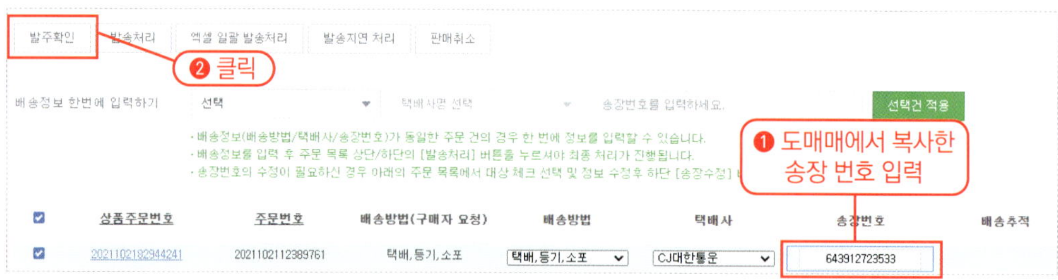

13 앞에서 [발주확인]을 클릭했기 때문에 스마트스토어에서 발송 처리가 진행되는 것을 볼 수 있습니다.

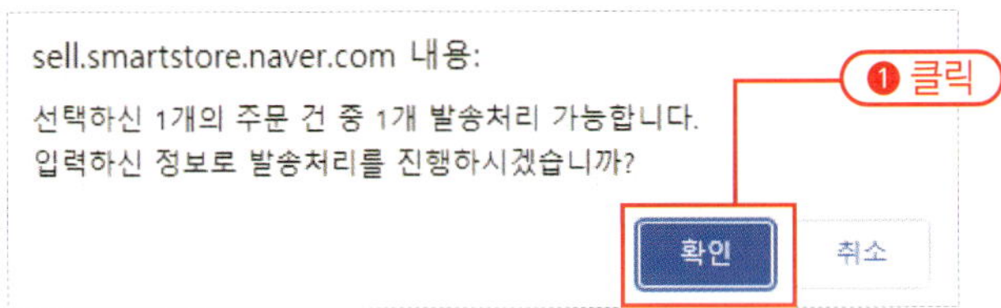

14 발송 처리 팝업 창에서 [확인]을 클릭하면 아래와 같이 발송 처리 완료 팝업 창이 뜹니다. 발송 처리 완료 화면에서 [확인]을 클릭하면 발송이 완료됩니다.

15 스마트스토어 관리자 페이지에서 [배송현황 관리]를 클릭하면 배송 상태를 확인할 수 있습니다.

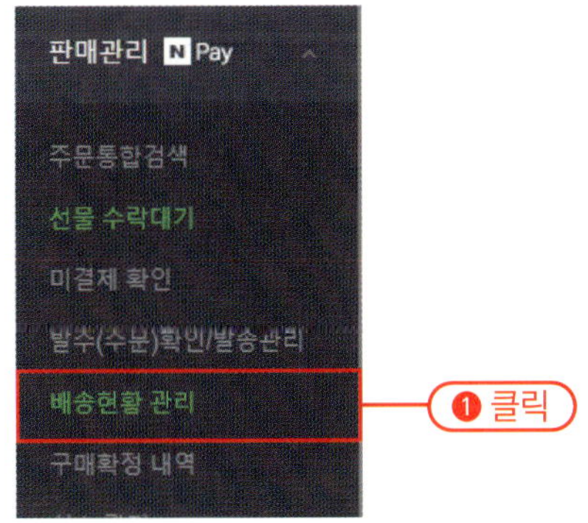

16 주문 상태가 배송 중으로 나오는 것을 볼 수 있습니다.

	상품주문번호	주문번호	발송처리일	주문상태	배송방법	택배사	송장번호
	2021102182944241	2021102112309701	2021.10.21 20:54:59	배송중	택배,등기,소포	CJ대한통운	643912723533

주문 취소가 접수된 경우 진행 방법

06

주문한 고객이 상품 주문을 취소한 경우 관리자 페이지의 취소요청 항목에 숫자가 표시됩니다. 숫자를 클릭하여 취소 사유를 확인하고 상황에 맞게 다음 단계를 처리합니다.

따라해 보세요!

01 구매자가 주문을 취소한 경우 취소요청 항목에 숫자가 있는 것을 확인할 수 있습니다. 표시된 숫자를 클릭합니다.

02 취소 관리 화면으로 이동합니다. 취소 관리 리스트에 취소 접수된 건이 있고 상품 주문 번호를 클릭하여 고객의 정보 및 취소 사유를 확인할 수 있습니다. 내용을 확인한 후에 취소 건을 선택하고 [취소 완료처리]를 클릭합니다.

선택	상품주문번호	주문번호	주문상태 ⓘ	취소 처리상태 ⓘ	결제일	취소요청일
○	2021081360403801	2021081357046101	취소	취소완료	2021.08.13 15:21:24	2021.08.16 09:43:38
○	2021081473709571	2021081465233531	취소	취소완료	2021.08.14 02:13:40	2021.08.15 00:19:54
○	2021081473709581	2021081465233531	취소	취소완료	2021.08.14 02:13:40	2021.08.15 00:19:54
○	2021081473709591	2021081465233531	취소	취소완료	2021.08.14 02:13:40	2021.08.15 00:19:54

03　취소 처리 진행에 대한 팝업 창이 나타납니다. 메시지를 확인한 후에 [확인]을 클릭합니다.

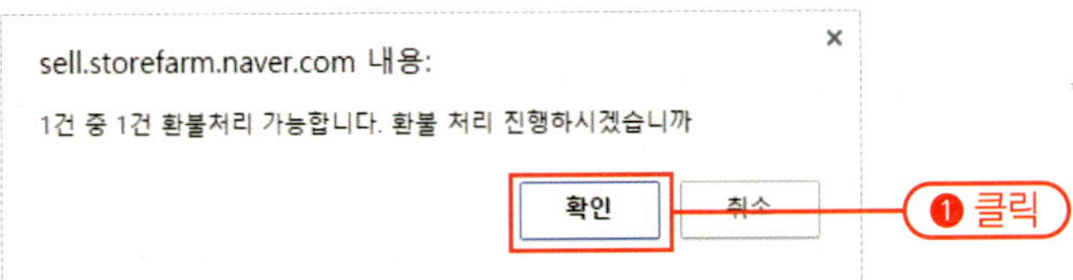

04　이어서 환불 처리가 정상적으로 되었다는 메시지 창이 표시되는 것을 볼 수 있습니다. 메시지를 확인한 후에 [확인]을 클릭하면 취소 처리가 완료됩니다.

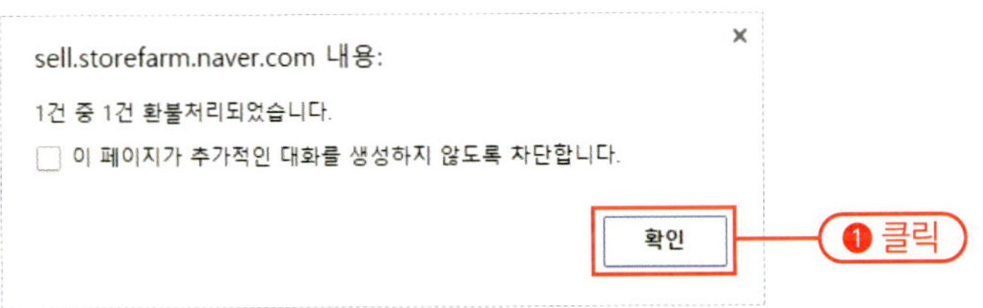

07 구매 확정 내역 확인 및 구매 평 관리

주문한 고객이 구매 확정을 해야 판매 대금에 대한 부분을 입금받을 수 있습니다. 고객의 구매 확정 및 구매 평 관리를 잘해서 재구매 및 매출 증대로 이어지도록 노력해야 합니다.

구매 확정 내역은 [판매 관리] 항목의 [구매 확정 내역]을 클릭하면 볼 수 있습니다. 최근 7일 이내에 구매 확정된 주문 건수가 표시되며 상세 검색 기능을 이용하여 기간, 주문번호 등으로 검색하여 확인할 수 있습니다. 최근 구매 확정된 주문 건부터 위에서부터 노출되며, [전체 주문 엑셀 다운로드]를 클릭하여 구매 확정된 전체 주문 내역을 다운로드하여 보관할 수도 있습니다.

상품주문번호	주문번호	구매확정일 ▼	판매채널	톡톡하기	주문상태
2021111289144681	2021111289641201	2021.11.14 11:13:28	스마트스토어	톡톡하기	구매확정
2021110537293281	2021110539653021	2021.11.08 06:55:43	스마트스토어	톡톡하기	구매확정
2021110157538481	2021110134568961	2021.11.02 13:00:21	스마트스토어	톡톡하기	구매확정
2021102182944241	2021102112389761	2021.10.24 22:55:30	스마트스토어	톡톡하기	구매확정
2021091721031401	2021091714593621	2021.10.06 01:52:00	스마트스토어	톡톡하기	구매확정
2021082573197681	2021082510493141	2021.09.11 01:56:01	스마트스토어	톡톡하기	구매확정
2021082573197671	2021082510493141	2021.09.11 01:56:01	스마트스토어	톡톡하기	구매확정
2021082571190191	2021082599311221	2021.09.05 19:57:35	스마트스토어	톡톡하기	구매확정
2021082567645681	2021082597244681	2021.08.31 08:39:40	스마트스토어	톡톡하기	구매확정
2021082567645671	2021082597244681	2021.08.31 08:39:40	스마트스토어	톡톡하기	구매확정
2021082567645661	2021082597244681	2021.08.31 08:39:40	스마트스토어	톡톡하기	구매확정
2021081970903531	2021081982071281	2021.08.29 03:42:25	스마트스토어	톡톡하기	구매확정

[문의/리뷰 관리] 메뉴에 있는 [리뷰 관리]를 클릭하면 나오는 리뷰 관리 화면에서는 구매자가 작성한 구매 평을 조회하고 구매 평에 대한 댓글 작성이 가능합니다. 구매 평에 욕설 및 비방 글이 있는 경우 신고할 수 있는 기능도 있습니다. 구매 평을 보기 위해 [리뷰내용]을 클릭하면 상세히 볼 수 있는 팝업 창이 나타납니다.

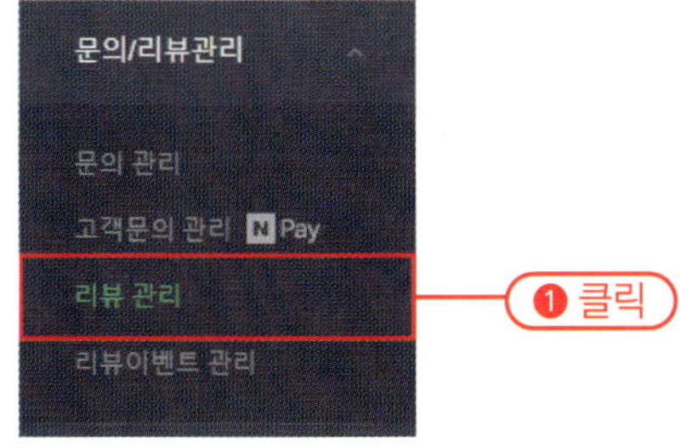

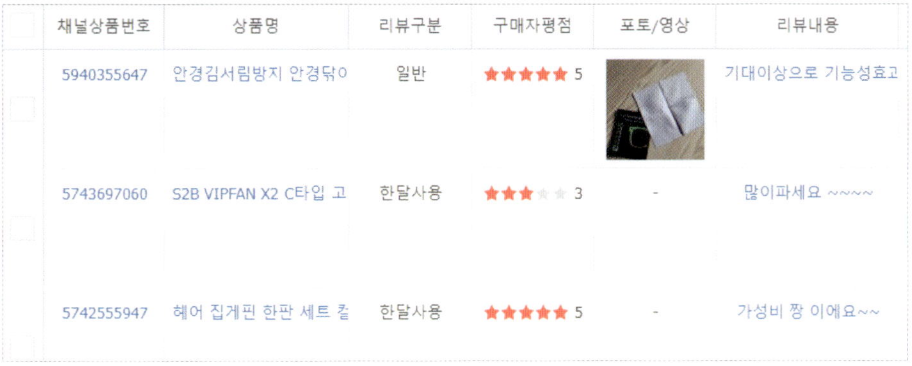

	채널상품번호	상품명	리뷰구분	구매자평점	포토/영상	리뷰내용
	5940355647	안경김서림방지 안경닦이	일반	★★★★★ 5		기대이상으로 기능성효고
	5743697060	S2B VIPFAN X2 C타입 고	한달사용	★★★☆☆ 3	-	많이파세요 ~~~~
	5742555947	헤어 집게핀 한판 세트 칼	한달사용	★★★★★ 5	-	가성비 짱 이에요~~

    구매 평 보기 창에서 구매 평의 내용을 확인할 수 있으며, 구매 고객의 평에 대한 댓글을 달 수 있습니다. 만약 욕설 및 비방 글인 경우는 구매 평 보기 창의 아래에 있는 신고하기 기능을 통해 신고할 수 있습니다.

건강 기능 식품, 의료기기, 축산물, 화장품 등 특정 제품의 경우는 판매자가 갖추어야 할 자격 조건이 있습니다. 예를 들어 건강 기능 식품을 판매하기 위해서는 건강기능식품판매업신고증이 있어야 합니다. 상품군별 판매 자격 요건을 확인하려면 도매매 화면에서 [상품검색] 메뉴를 클릭한 후에 [상품군별 판매자격요건 안내]를 클릭하면 해당 내용을 확인할 수 있습니다.

팝업 창으로 뜨는 화면에서 판매하려고 하는 제품의 필요 자격증을 확인해 보시기 바랍니다.

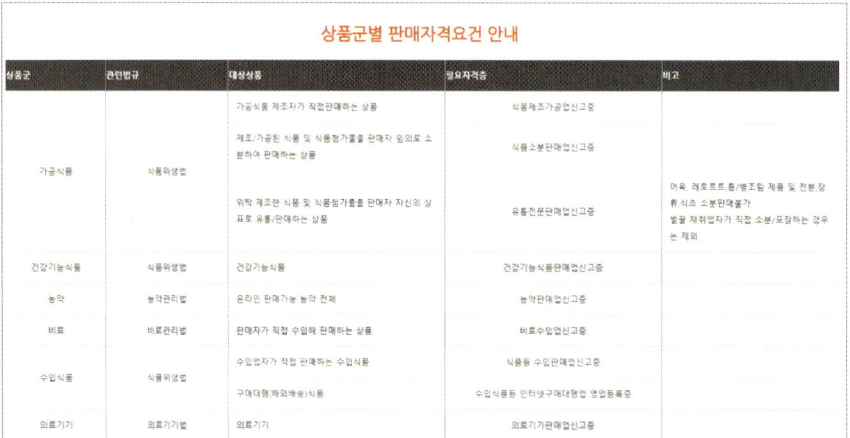

상품군별 판매자격요건 안내

상품군	관련법규	대상상품	필요자격증	비고
가공식품	식품위생법	가공식품 제조자가 직접판매하는 상품	식품제조가공업신고증	어육, 레토르트,튐/병조림 제품 및 전분장류,식초 소분판매불가 벌꿀 채취업자가 직접 소분/포장하는 경우는 제외
		제조/가공된 식품 및 식품첨가물을 판매자 임의로 소분하여 판매하는 상품	식품소분판매업신고증	
		위탁 제조한 식품 및 식품첨가물을 판매자 자신의 상표로 유통/판매하는 상품	유통전문판매업신고증	
건강기능식품	식품위생법	건강기능식품	건강기능식품판매업신고증	
농약	농약관리법	온라인 판매가능 농약 전체	농약판매업신고증	
비료	비료관리법	판매자가 직접 수입해 판매하는 상품	비료수입업신고증	
수입식품	식품위생법	수입업자가 직접 판매하는 수입식품	식품등 수입판매업신고증	
		구매대행(해외배송)식품	수입식품등 인터넷구매대행업 영업등록증	
의료기기	의료기기법	의료기기	의료기기판매업신고증	

축산물	축산물위생관리법	조리하지 않은 생고기류 (생고기, 포장육, 냉장고기, 냉동고기류 모두)	식육판매업신고증 (축산물판매업신고증)	
		식육부산물 상품류 (머리, 뼈, 간, 심장, 비장, 위장, 창자, 꼬리)	식육부산물판매업신고증 (축산물판매업신고증)	
		판매자가 축산가공품을 직접수입해 판매하는 경우	축산물수입판매업신고증 (축산물판매업신고증)	
		판매자가 직접 자사브랜드를 붙여 판매하는 축산물	축산물유통전문판매업신고증 (축산물판매업신고증)	
		양념조리육 판매자(가열/비가열 모두)	식육축석판매가공업신고증 (축산물판매업신고증)	
		성달갈	식용란수집판매업신고증 (축산물판매업신고증)	
화장품	화장품법	판매자가 직접제조하여 판매하는 화장품	직접제조화장품유통판매업등록증 (화장품제조판매업신고증)	
		판매자가 외부위탁을 통해 제품을 생산하여 판매하는 화장품	위탁제조화장품유통판매업등록증 (화장품제조판매업신고증)	
		판매자가 직접 수입하여 판매하는 화장품	수입화장품유통판매업등록증 (화장품제조판매업신고증)	
		구매대행(해외배송) 화장품	수입대행형거래업등록증 (화장품제조판매업신고증)	

Part 05

위탁판매를 위한 스마트스토어 운영 전략

이번 장에서는 위탁판매 기반의 스마트스토어를 어떻게 전략적으로 운영해 매출을 성장시킬 것인지 구체적으로 다룹니다. 성장 마일리지 프로그램과 스타트 제로 수수료를 활용해 초기 비용 부담을 줄이고, 신규 고객을 충성 고객으로 전환하는 혜택 마케팅 전략을 제시합니다. 또한 자동화 기반의 빠른 응대 시스템과 체계적인 리뷰 관리로 신뢰를 자산으로 만드는 방법을 설명합니다. 더불어 브랜드 커넥트 마케팅과 설득력있는 마케팅 메시지 설계를 통해 스토어의 차별화와 지속 가능한 성장을 완성하는 방향을 제시합니다.

ONLINE MARKET
PAY

01 성장 마일리지 프로그램

스마트스토어를 운영하다 보면, 어느 순간부터는 어떻게 더 성장할 수 있을까? 라는 질문을 하게 됩니다. 이때 판매자의 성장을 실제로 돕기 위해 마련된 제도가 바로 성장 마일리지 프로그램입니다. 이 프로그램은 단순한 혜택을 넘어, 다음 단계로 나아가기 위한 연료와 같은 역할을 합니다.

성장 마일리지는 스마트스토어 판매자의 성장을 지원하기 위해 제공되는 포인트로, 비즈머니로 전환해 광고를 집행하거나 고객 마케팅 활동을 위한 포인트 적립에 활용할 수 있습니다. 즉, 스토어를 알리고 고객과 다시 만나는 데 바로 사용할 수 있는 실질적인 지원금이라고 볼 수 있습니다.

스마트스토어 관리자 페이지에서 [판매자 정보]-[판매자 지원]-[성장 마일리지 프로그램] 메뉴를 클릭하면 아래와 같은 화면이 나옵니다. 화면의 하단에서 신청하기를 할 수 있습니다.

성장 마일리지 프로그램 구성

성장 마일리지는 '비즈머니'로 전환하여 광고를 집행할 수 있으며, 고객 마케팅 활동을 위한 포인트 적립으로도 활용 가능합니다.

성장 단계의 스마트스토어 판매자에게 최대 130만원의 성장 마일리지를 지원합니다.
성장 마일리지는 [판매자 등급]과 [전월 거래액 기준]을 모두 충족할 경우 지급됩니다.

새싹 등급이면서, 전월 거래액이 80만원 이상 300만 원 미만일 경우, 30만 성장 마일리지 지급
파워 등급이면서, 전월 거래액 300만원 이상 1,000만 원 미만일 경우, 100만 성장 마일리지 지급

성장 마일리지 프로그램 신청

구분	조건	현황
	신청 조건	
백화점/아울렛 보유여부	미보유	충족
사업자 유형	국내 사업자(개인/간이)	충족
판매자 상태	정상	충족
판매자 등급	새싹(30만 마일리지) 파워(100만 마일리지)	충족(새싹)

신청하기

이 프로그램은 성장 단계에 있는 판매자를 대상으로 하며, 조건을 충족할 경우 최대 130만 원의 성장 마일리지를 지원받을 수 있습니다. 다만, 아무나 받을 수 있는 것은 아니고, 판매자 등급과 전월 기래액 기준을 동시에 충족해야 합니다.

먼저 새싹 등급 판매자의 경우, 전월 거래액이 80만 원 이상 300만 원 미만이라면 30만 원의 성장 마일리지가 지급됩니다. 이제 막 성장을 시작한 판매자가 광고와 마케팅을 통해 한 단계 도약할 수 있도록 돕는 구조입니다.

한편, 파워 등급 판매자라면 전월 거래액이 300만 원 이상 1,000만 원 미만일 경우 100만 원의 성장 마일리지를 받을 수 있습니다. 이미 일정 성과를 낸 판매자가 더 빠르게 성장할 수 있도록 지원 규모도 커집니다.

성장 마일리지 프로그램은 매월 2일 오전 10시부터 말일까지 신청할 수 있으며, 매월 1일은 판매자 등급 산정일이기 때문에 신청이 불가능합니다. 신청은 대표자와 사업자등록번호를 기준으로 관리되며, 각 판매등급별로 1회만 신청할 수 있습니다.

다만, 스토어의 판매 등급이 새싹에서 파워로, 또는 파워에서 새싹으로 변경된 경우에는 재신청이 가능합니다. 반대로, 동일한 대표자와 사업자등록번호로 같은 판매등급에서 중복 신청하는 것은 제한됩니다. 또한, 과거에 스타트 제로 수수료 프로그램을 지원받은 이력이 있다면 성장 마일리지 프로그램 신청이 제한됩니다.

운영 상태에 따라서도 신청이 제한될 수 있습니다. 예를 들어, 마이너스 정산금이 발생했거나, 신청일 기준 1년 이내 스토어 이용 정지 이력이 있는 경우, 또는 부정 거래 내역이 감지된 경우에는 신청이 어려울 수 있습니다. 신청 이후라도 전월 주문 건에 대한 직권 취소가 과도하게 발생하면 승인 자체가 거부될 수 있으므로 주의가 필요합니다.

한편, 굿서비스 점수 이의신청을 통해 판매자 등급이 변경된 경우에는 기존 신청을 취소한 뒤 다시 신청할 수 있도록 예외가 마련되어 있습니다.

프로그램 신청 시에는 반드시 대표자 본인 인증이 필요하며, 인증 방식은 대표자 휴대전화 인증과 네이버 ID 인증만 가능합니다. 그 외의 인증 수단은 제공되지 않습니다.

02 스타트 제로 수수료 활용

스타트 제로 수수료는 사업 초기 국내 판매자를 대상으로 신청 후 승인된 스토어에 한해 주문 관리 수수료를 최대 12개월, 매출 연동 수수료를 최대 6개월 동안 0%로 지원하여 초기 운영 부담을 줄이고 안정적인 성장을 돕는 판매자 지원 프로그램입니다.

스마트스토어 관리자 페이지에서 [판매자 정보]-[판매자 지원]-[판매자 지원 프로그램] 메뉴를 클릭하면 아래와 같은 화면이 나옵니다. 화면의 하단에서 신청하기를 할 수 있습니다.

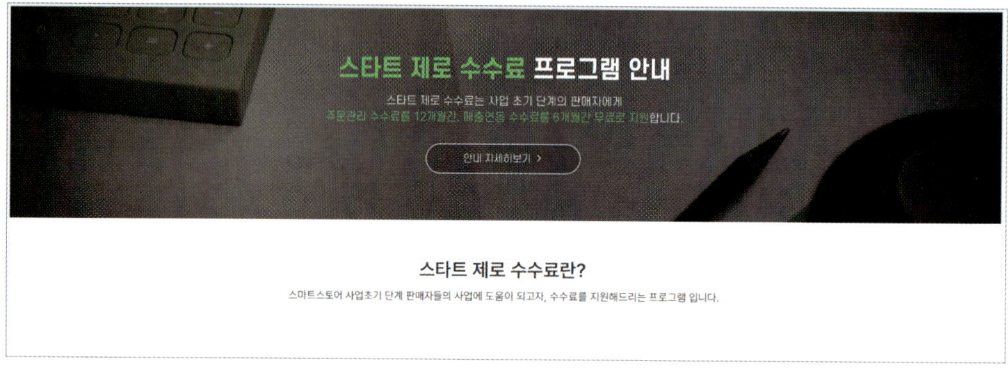

사업자 유형	국내 사업자
사업자 가입 승인일	간이 과세자 최근 20개월 미만, 일반 과세자 최근 13개월 미만
사업자 상태	정상
사업자 판매자 등급	새싹, 씨앗
국세청 가맹점 등급	영세, 중소1

[신청 승인 조건]

구분	주문 관리 수수료 지원	매출 연동 수수료 지원
지원 기간	승인일 기준 익일부터 최대 12개월간 지원	승인일 기준 익일부터 최대 6개월간 지원
지원 내용	주문 관리 수수료 0% 적용	매출 연동 수수료 0% 적용
지원 한도	매월 순결제 금액 500만원까지	한도 없음

[지원내용]

NOTE

지금까지 살펴본 두 가지 판매자 지원 프로그램은 스마트스토어 운영자라면 반드시 알고 활용해야 할 매우 중요한 제도이며, 초기 운영 단계에서 이를 제대로 활용하느냐에 따라 성장 속도와 안정성이 크게 달라질 수 있습니다. 필자의 경우 역시 스마트스토어를 처음 시작하던 시기에 이러한 지원 프로그램을 적극적으로 활용하면서 불필요한 비용 부담을 줄이고, 상품과 운영에 더 집중할 수 있었고, 그 결과 비교적 안정적인 성장의 기반을 마련할 수 있었습니다. 특히 초기에는 작은 수수료와 비용 하나하나가 크게 느껴지는 만큼, 이런 제도를 미리 알고 활용하는 것만으로도 심리적·현실적 여유가 생깁니다. 앞으로 스마트스토어를 운영하시거나 막 시작하신 분들이라면 이와 같은 판매자 지원 프로그램을 놓치지 말고 꼭 확인하여, 자신의 스토어 성장에 실질적인 도움이 되길 바랍니다.

한 걸음 더! 운영 Tip

스타트 제로수수료 자주 묻는 질문

Q. 신청 가능 여부는 어떻게 알 수 있나요?

· 스타트 제로수수료 신청 메뉴에서 확인하실 수 있으며, 신청항목별 조건이 모두 충족되어야 신청할 수 있습니다.

Q. 신청 시 대표자 휴대전화 외 다른 수단으로 본인인증을 할 수 있나요?

· 대표자 휴대전화 본인인증과 '네이버 아이디'로 인증이 가능합니다.

Q. 개인 판매회원에서 사업자 판매회원으로 전환한 사업자입니다. 가입승인일 기준이 어떻게 되나요?

· 개인 판매회원으로 최초 가입한 일자가 가입승인일입니다.

Q. 스타트 제로수수료를 신청할 당시는 신청 조건이 되었으나, 현재 판매등급이 3등급인데, 지원받지 못하나요?

· 신청한 이후의 가입 승인일 초과 / 판매등급 변경은 승인, 지원에 영향을 주지 않습니다.

Q. 스타트 제로수수료를 지원받은 스토어를 양도하여 지원이 종료되었습니다. 다른 스토어로 변경하여 계속 지원받을 수 있나요?

· 양도양수 승인 완료된 스토어의 지원은 다음 달부터 종료되며 복구, 재시작, 다른 스토어로 재지원, 재신청할 수 없습니다.

03 신규 고객을 충성 고객으로 만드는 혜택 마케팅

혜택 마케팅은 신규 고객을 단순한 방문자에서 반복 구매로 이어지는 충성 고객으로 전환하는 핵심 전략으로, 스마트스토어 혜택 관리 기능을 활용해 전체고객, 첫구매고객, 재구매고객 등 고객 유형별로 쿠폰과 포인트를 맞춤 설정하고, 할인 방식, 발급 기간, 유효기간 적용 상품을 세밀하게 운영하며, 알림받기와 타겟팅 그룹을 통해 관심 고객에게 적절한 혜택을 전달함으로써 구매 진입 장벽을 낮추고 재방문과 신뢰를 높여 단순 할인 이상의 고객 경험을 만들고 궁극적으로 매출 성장과 충성 고객 확보를 동시에 이끌어내는 매우 중요한 마케팅 방법입니다.

스마트스토어 관리자 페이지에서 혜택 등록 메뉴를 클릭하면 다양한 혜택을 제공할 수 있는 메뉴가 나옵니다.

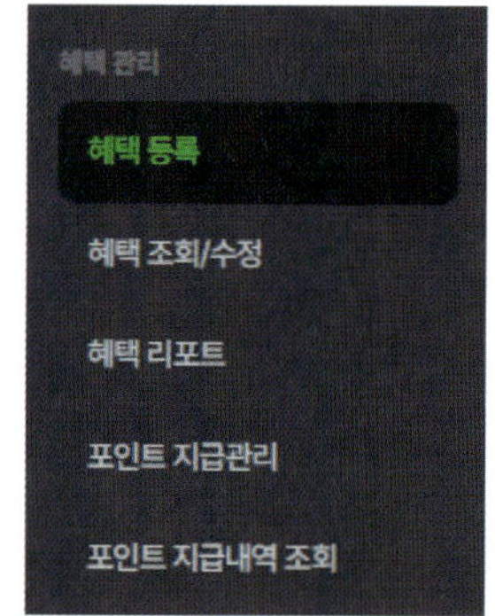

타켓팅 대상	상세
전체고객	조건없이 스토어에 방문하는 모든 고객 혹은 네이버플러스멤버십 고객에게 혜택을 제공할 수 있습니다.
첫구매고객	최근 2년간 구매 이력(결제기준)이 없는 고객에게 혜택 적용됩니다.
재구매고객	최근 6개월(180일) 동안 구매 이력(구매확정 기준)이 있는 고객에게 혜택 적용됩니다.
알림받기	알림받기 동의 고객에게 쿠폰을 첨부하여 메시지를 보내거나, 아직 알림받기 동의하지 않은 고객에게 혜택 적용됩니다.
타겟팅	타겟팅 그룹은 거래내역과 관심여부 조건으로 생성할 수 있습니다.

따라해 보세요!

01　혜택을 등록하기 위해 혜택 등록 메뉴를 누르고 혜택 이름을 입력하고 혜택 중에 전체 고객을 클릭합니다.

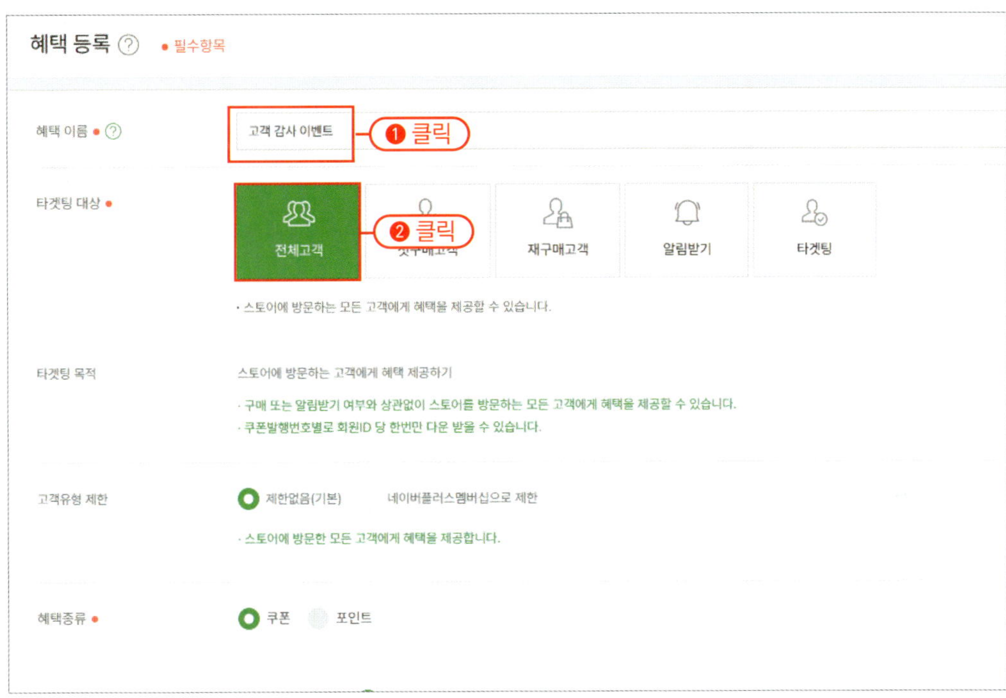

02　혜택 종류를 쿠폰으로 설정하고 혜택상품지정에서 내스토어 상품전체를 설정하면 설정에 값에 맞게 방문 고객에서 혜택이 제공됩니다. 모든 설정이 완료되면 확인 버튼을 클릭합니다.

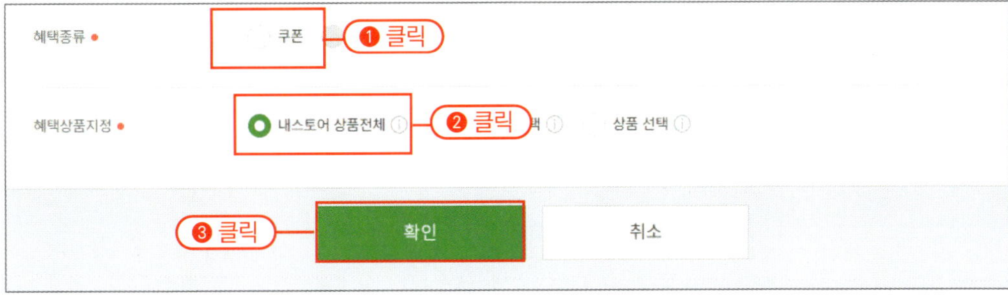

03 제공되는 혜택 내역을 보는 팝업창이 나옵니다. 내용을 확인하고 확인 버튼을 클릭합니다.

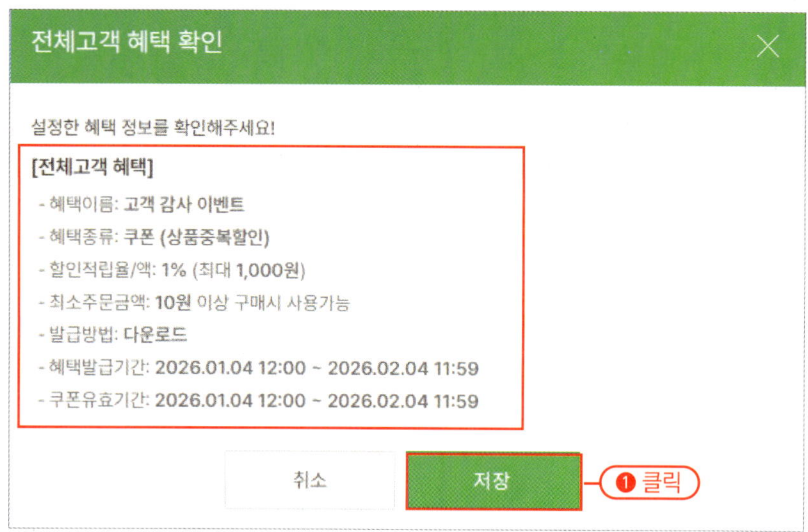

04 혜택 제공 리스트가 나오는 것을 볼 수 있습니다.

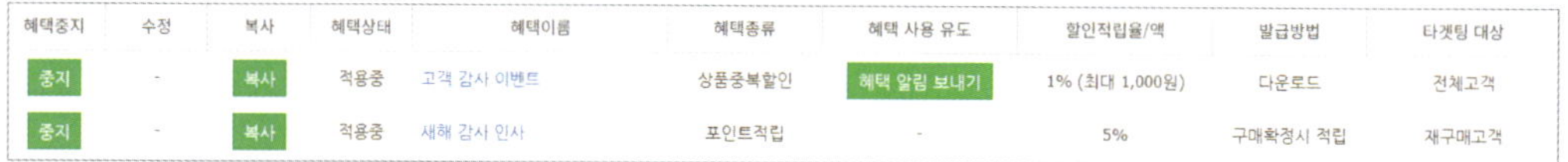

혜택중지	수정	복사	혜택상태	혜택이름	혜택종류	혜택 사용 유도	할인적립율/액	발급방법	타겟팅 대상
중지	-	복사	적용중	고객 감사 이벤트	상품중복할인	혜택 알림 보내기	1% (최대 1,000원)	다운로드	전체고객
중지	-	복사	적용중	새해 감사 인사	포인트적립	-	5%	구매확정시 적립	재구매고객

앞서 살펴본 혜택 마케팅을 잘 활용해 고객에게 진정성 있는 혜택을 제공한다면, 한 번의 구매로 끝나는 신규 고객이 아닌 꾸준히 찾아오는 충성 고객으로 자연스럽게 이어질 수 있으며, 작은 혜택 하나가 브랜드에 대한 신뢰와 만족을 쌓아 결국 안정적인 매출과 지속적인 성장을 만들어내는 계기가 되길 바랍니다.

04 빠른 응대가 매출을 만든다, 자동화로 쌓는 고객 신뢰의 힘

　스마트스토어 운영에서 고객이 가장 크게 느끼는 만족 요소 중 하나는 바로 응대 속도입니다. 주문 후 배송 일정, 배송 현황, 교환·반품, 주문 취소나 배송지 변경처럼 반복적으로 발생하는 질문에 얼마나 빠르고 정확하게 답변하느냐에 따라 고객의 신뢰도는 크게 달라집니다. 이때 쇼핑챗봇과 AI FAQ 설정을 활용하면 평균 배송일 안내, 배송 현황 확인, 인기 상품 추천 등 자주 묻는 질문을 자동으로 응대할 수 있어 운영자는 시간 부담을 줄이고 고객은 즉각적인 답변을 받을 수 있습니다.

　고객은 기다리지 않아도 된다는 경험만으로도 스토어에 대한 신뢰를 느끼게 되고, 이러한 신뢰는 재구매와 추가 구매로 자연스럽게 이어집니다. 결국 자동화된 빠른 응대는 단순한 편의 기능이 아니라, 고객 만족을 높이고 매출을 키우는 중요한 운영 전략이며, 스토어의 성장을 가속화하는 보이지 않는 경쟁력이 됩니다.

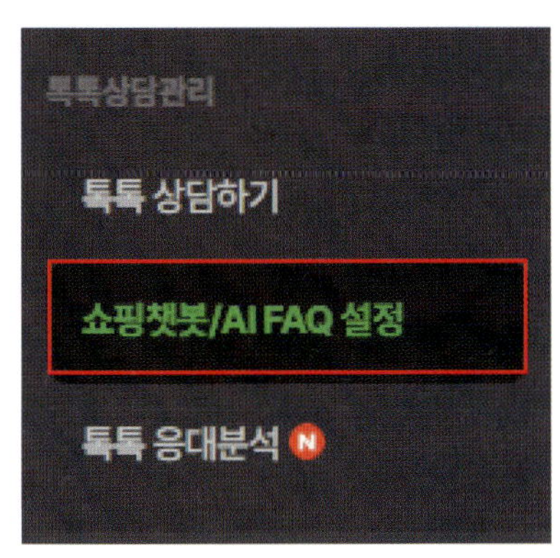

[고객에게 보여지는 화면 미리보기]

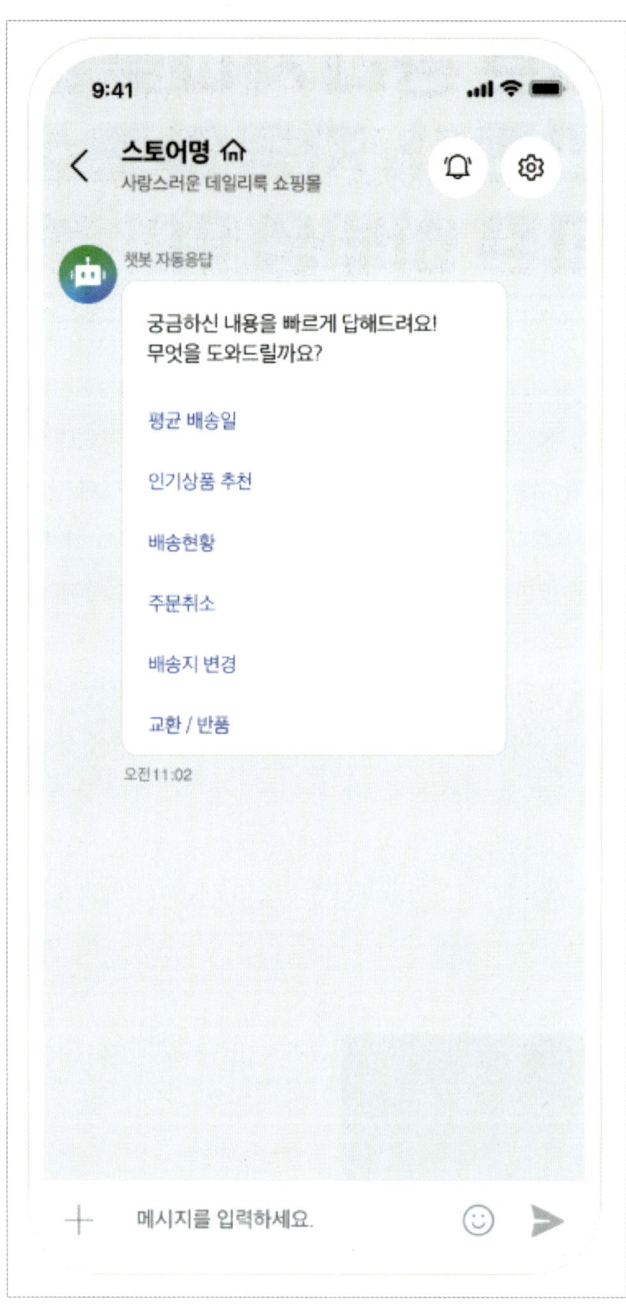

9:41
스토어명
사랑스러운 데일리룩 쇼핑몰
챗봇 자동응답
궁금하신 내용을 빠르게 답해드려요!
무엇을 도와드릴까요?
평균 배송일
인기상품 추천
배송현황
주문취소
배송지 변경
교환 / 반품
오전11:02
메시지를 입력하세요.

[챗봇 자동응답 화면]

05 리뷰 관리 하나로 매출이 달라진다, 진정성이 만든 5배 성장의 경험

스마트스토어를 운영하며 필자가 가장 크게 체감한 성장 포인트는 다름 아닌 리뷰 관리였습니다. 실제로 리뷰가 있는 상품은 없는 상품보다 판매 확률이 5배 이상 높고, 포토·동영상 리뷰가 많아질수록 구매 전환율이 눈에 띄게 올라갑니다. 필자의 스토어 역시 초기에 리뷰가 거의 없을 때는 방문 대비 주문이 적었지만, 첫 리뷰 1개를 확보하고 하나하나 정성스럽게 답글을 달기 시작하면서 분위기가 달라졌습니다. 리뷰가 5개 이상 쌓이자 고객들은 리뷰를 꼼꼼히 읽지 않아도 믿고 사도 되는 상품으로 인식했고, 이 시점부터 매출이 빠르게 증가해 최대 5배 이상 성장하는 경험을 하게 되었습니다.

이후에는 상품 리뷰 작성 포인트를 설정해 자연스럽게 리뷰 작성을 유도하고, 사진이나 동영상, 실제 사용 후기가 담긴 리뷰를 중심으로 정기적인 리뷰 이벤트를 운영하며 스토어를 더욱 활성화했습니다. 단순히 리뷰 수를 늘리는 것이 아니라, 유용한 리뷰에 감사의 답변을 남기고 고객의 경험에 공감하는 진정성 있는 소통을 이어간 것이 핵심이었습니다. 그 결과 리뷰는 단순한 평가를 넘어 또 다른 판매 콘텐츠가 되었고, 이벤트를 통해 참여한 고객들은 다시 돌아오는 나의 고객이 되었습니다. 결국 리뷰 관리는 기술이나 요령보다도 운영자의 진심이 담길 때 가장 큰 힘을 발휘하며, 꾸준한 리뷰 관리와 이벤트 운영은 신뢰를 쌓고 지속적인 매출 성장을 만들어 주는 가장 확실한 전략임을 몸소 경험하게 되었습니다.

스마트스토어 관리자 페이지에서 문의 관리 메뉴 또는 리뷰 관리 메뉴를 클릭하여 관리할 수 있습니다. 실습으로는 리뷰이벤트 관리 메뉴를 등록해 보겠습니다.

따라해 보세요!

01 리뷰이벤트 관리 메뉴를 클릭합니다.

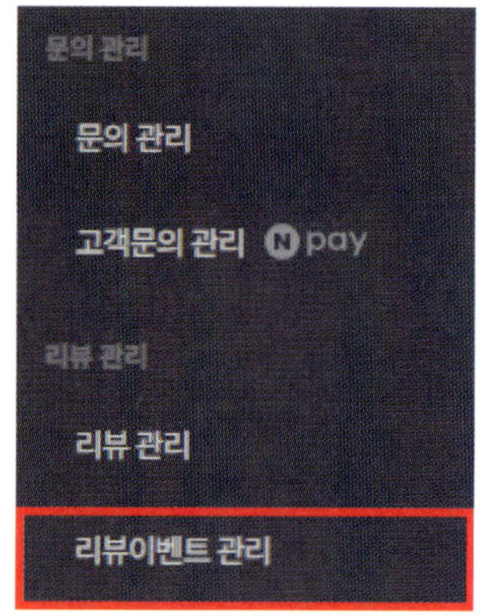

02 화면에서 리뷰이벤트 등록을 합니다.

리뷰이벤트 등록은 몇 가지 필수 항목만 순서대로 입력하면 누구나 쉽게 진행할 수 있습니다. 먼저 이벤트 제목을 15자 이내로 간단하고 명확하게 작성해 고객이 한눈에 이벤트 내용을 이해할 수 있도록 합니다. 다음으로 이벤트 적용 대상을 설정하는데, 보통 스토어에서 판매 중인 전체 상품에 적용되며 도서 상품과 의료기기는 자동으로 제외되거나 설정 시 유의가 필요합니다. 이후 이벤트 기간을 선택하는데, 시작일은 등록일 다음 날부터 가능하고 종료일은 시작일 기준 최대 31일까지 설정할 수 있으며, 시작일이 지나면 내용 수정이 불가능하므로 신중하게 결정해야 합니다.

03 이벤트 종료일이 정해지면 발표일을 설정하는데, 종료일로부터 3일에서 10일 사이로 선택하며 이 기간 안에 베스트 리뷰를 미리 선정해 두어야 합니다. 다음으로 선정할 베스트 리뷰 수를 입력하고, 각 리뷰 작성자에게 지급할 포인트 혜택 금액을 설정하면 이벤트 총 예산이 자동으로 계산됩니다. 이때 비즈월렛 또는 네이버 지원 포인트 잔액이 충분해야 이벤트 등록이 가능하며, 발표일에 잔액이 부족하면 일부 리뷰만 선정될 수 있습니다.

04 마지막으로 어떤 리뷰를 받고 싶은지 이벤트 내용을 30자 이내로 작성하고, 기본형 또는 강조형 중 이벤트 배너 스타일을 선택하면 설정이 완료됩니다. 이렇게 등록된 리뷰 이벤트는 스토어 이벤트 게시판과 상품 상세 페이지, 리뷰 작성 화면에 자동 노출되어 고객의 참여를 유도하고, 자연스럽게 유용한 리뷰를 쌓아 판매 활성화로 이어지게 됩니다.

사전 준비 / 사업 시작 / 디자인 실습 / 필수 기능 이해 / 스마트스토어 운영 전략 / 광고 설정 / 쿠팡 연동

05 이벤트가 등록된 것을 볼 수 있습니다.

리뷰 이벤트 등록

	수정/보기	이벤트번호	이벤트제목	진행상태	기획전포함…	기획전노출시작일	기획전노출…
	수정	891797	고객 감사 리뷰 이벤트	진행예정	N	-	-

> **NOTE**
>
> 스토어를 지속적으로 성장시키기 위해서는 단순히 상품만 잘 판매하는 것을 넘어, 스토어에 마련된 다양한 시스템을 적극적으로 활용해 신규 고객과 기존 고객을 꾸준히 깨우고 소통하는 것이 중요합니다. 고객 혜택, 리뷰 이벤트, 자동 응대, 타겟팅 마케팅처럼 이미 준비된 좋은 기능들을 잘 활용하면 고객의 관심을 자연스럽게 다시 불러오고, 적절한 혜택을 통해 구매로 이어지게 할 수 있습니다. 이러한 과정은 한 번의 이벤트로 끝나는 것이 아니라, 작은 기획이라도 꾸준히 이어갈 때 효과가 누적되며, 결국 스토어는 단기 매출이 아닌 장기적인 신뢰와 단골 고객을 확보한 건강한 구조로 성장하게 됩니다.

06 브랜드 커넥트 마케팅

네이버 브랜드 커넥트는 브랜드가 크리에이터와 협업할 때 겪는 복잡한 과정을 한 번에 해결해 주는 플랫폼입니다. 블로거, 인스타그래머, 유튜버 등 다양한 크리에이터를 조건에 맞게 쉽게 찾고, 제안서 발송부터 일정·콘텐츠 관리까지 체계적으로 운영할 수 있습니다.

공동구매와 쇼핑 커넥트 기능을 통해 판매 실적이 자동 집계되고, 실제 판매된 만큼만 비용을 정산하는 성과형 마케팅도 가능합니다. 원고료나 제휴비 역시 플랫폼 안에서 간편하게 결제·정산할 수 있어 번거로운 절차가 줄어듭니다. 즉, 감에 의존하던 크리에이터 마케팅을 데이터와 시스템 기반으로 효율적으로 운영할 수 있게 돕는 서비스입니다.

① 브랜드 커넥트 시작을 위한 개설

브랜드 커넥트 가입은 브랜드 커넥트 사이트에 접속해 회원가입을 진행한 뒤 스페이스 만들기 버튼을 클릭하고, 운영 중인 사이트의 기본 정보를 입력해 개설을 완료한 후 개설 동의 내용에 동의하면 되며, 중간에 톡톡 연동과 기본 연동 절차를 거치면 최종적으로 캠페인 관리 화면에 접속할 수 있습니다.

따라해 보세요!

01 브랜드 커넥트 사이트에 접속하여 [브랜드 커넥트 시작하기] 버튼을 클릭합니다.

https://brandconnect.naver.com/about/partner

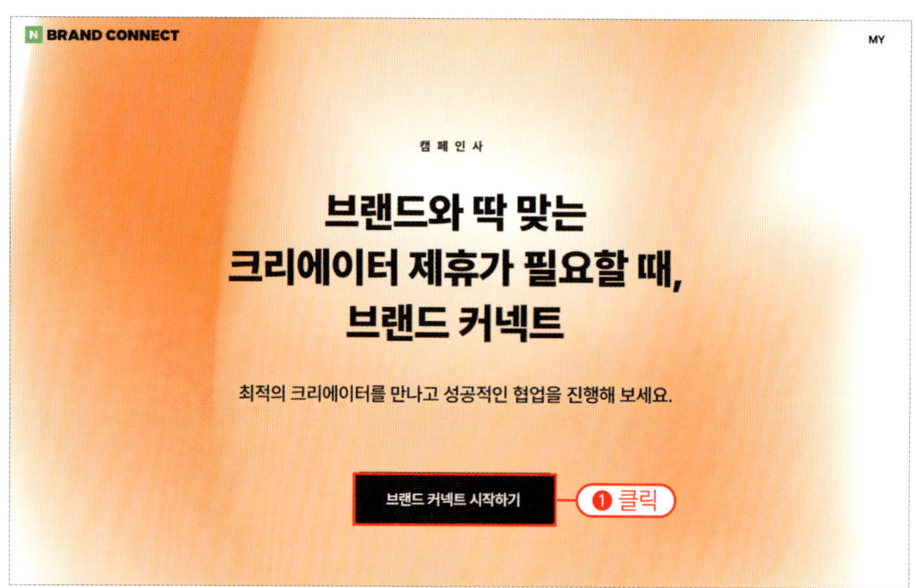

02 브랜드 커넥트에 가입을 진행하면 아래 화면과 같이 스페이스 만들기 버튼이 나옵니다. 스페이스 만들기 버튼을 클릭합니다.

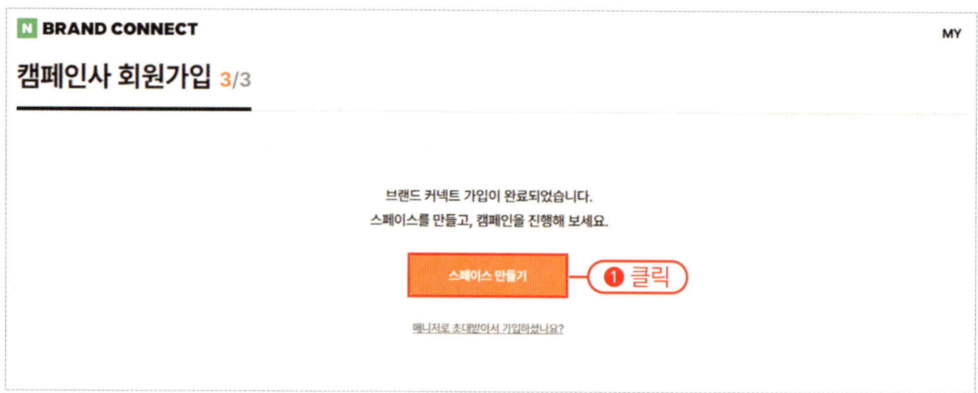

03　운영하는 사이트에 대한 기본 정보를 입력하고 개설하기 버튼을 클릭하면 완료됩니다.

스페이스 개설하기

스페이스 개설 Tip

- 브랜드, 팀, 사업부, 회사 단위로 스페이스를 개설하고 제휴 업무를 함께 관리해 보세요.
- 스페이스를 개설한 사람은 통합 매니저(최상위 권한 보유자)로 지정되며, 다른 회원(네이버 아이디)을 스페이스 매니저로 초대할 수 있습니다.
- 변경 가능성이 낮은 대표 담당자(팀장, 부장, 브랜드 매니저 등)가 스페이스를 개설하는 것을 권장합니다.

캠페인사 유형

⊙ 대행사	⦿ 광고주

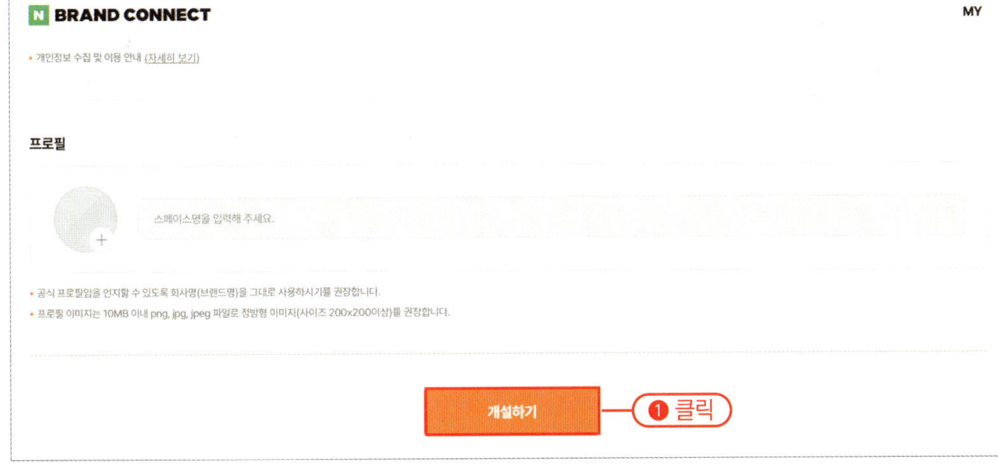

04   개설 동의 내용이 나옵니다. 동의하기 버튼을 클릭합니다.

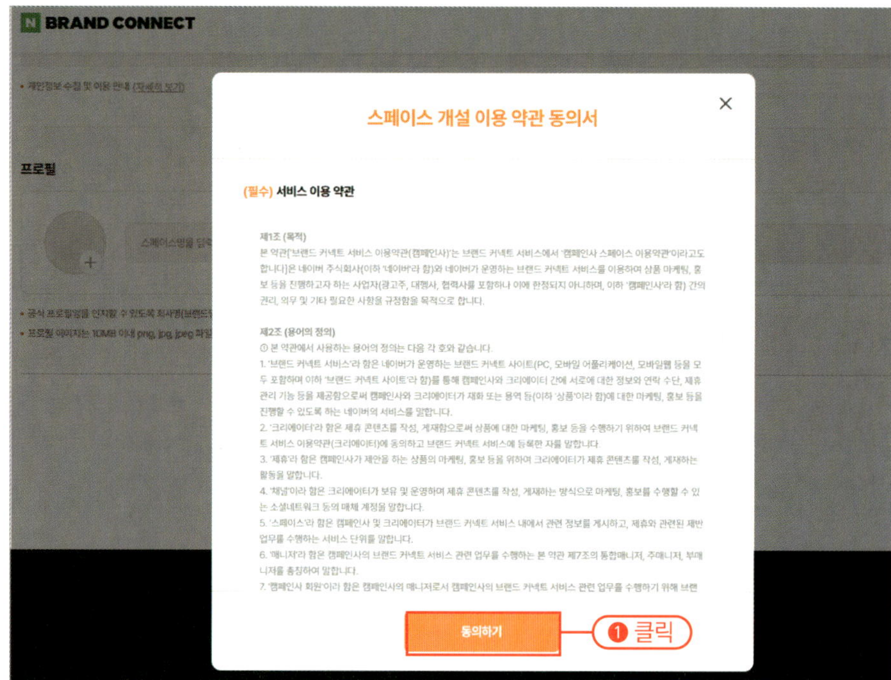

05   개설이 완료되면 캠페인 관리 화면에 접속되는 것을 볼 수 있습니다. 중간 단계에서 톡톡 연동 및 기본 연동 과정이 있습니다.

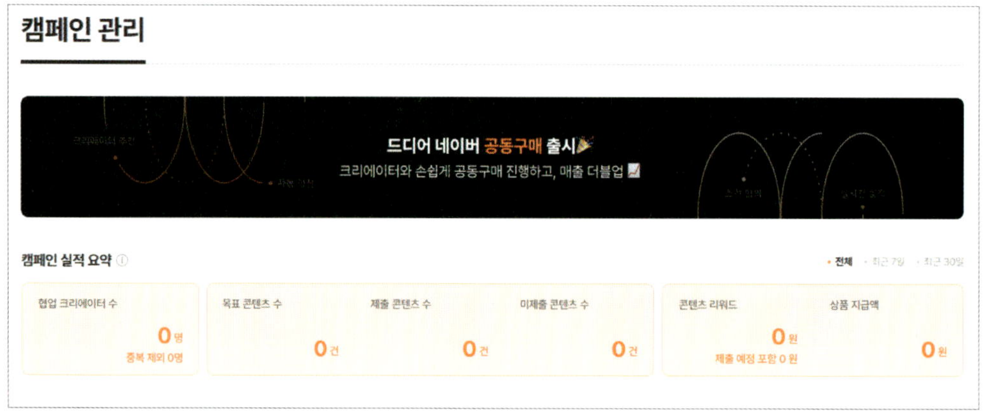

② 공동구매 실전 프로세스

브랜드 커넥트의 공동구매는 브랜드가 단독 최저 할인가와 매력적인 수수료 등 크리에이터가 참여하고 싶어질 조건으로 제안서를 만들고, 상품 카테고리에 적합하며 판매력이 검증된 크리에이터를 추천받아 선정한 뒤 크리에이터별 세부 조건과 진행 상품을 협의해 확정하고, 확정된 조건에 따라 크리에이터가 자신의 채널에서 공동구매를 홍보·판매하며, 판매 과정에서 발생한 실적은 스마트스토어와 연동되어 시간 단위로 자동 집계되어 브랜드와 크리에이터가 함께 확인할 수 있고, 판매 종료 후에는 캠페인사가 정산 금액을 확정해 결제만 하면 브랜드 커넥트가 크리에이터에게 정산금을 자동으로 지급하는 구조로 이루어져 있습니다.

[공동구매 프로세스 1단계]

매력적인 조건으로 공동구매 제안서를 만들어 보세요.

단독 최저 할인가, 매력적인 판매 수수료율, 그 외 크리에이터가 함께하고 싶어질 솔깃한 제안을 담아 보세요!

[공동구매 프로세스 2단계]

내 상품을 잘 판매할 크리에이터를 선정해 주세요.

어떤 크리에이터와 함께할지 고민되시나요? 브랜드커넥트가 상품 카테고리에 딱 맞는, 판매력 높은 크리에이터를 추천해 드립니다.

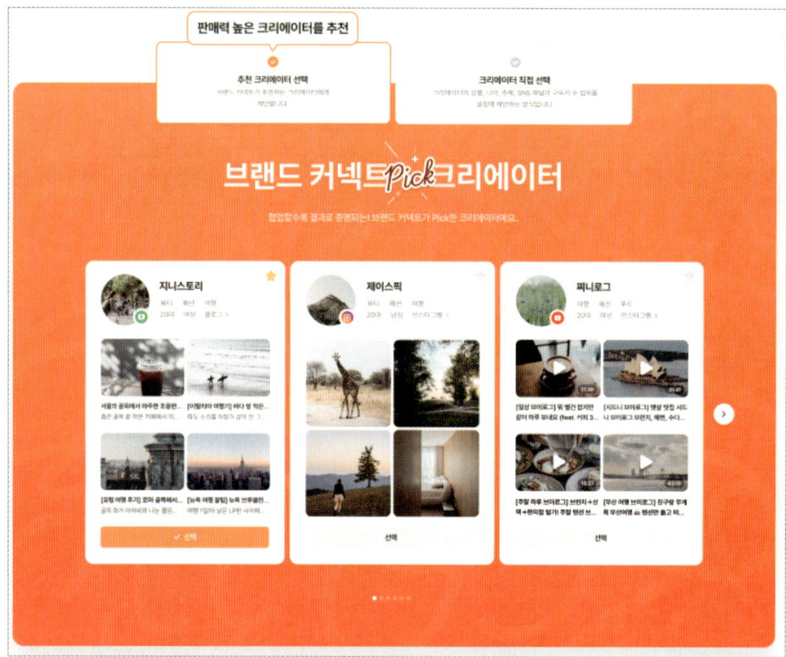

[공동구매 프로세스 3단계]

크리에이터별 세부 조건을 협의하고 확정합니다.

실제 진행할 조건과 상품을 등록하고 크리에이터와 협의해 공동구매 진행 사항을 최종 확정합니다.

[공동구매 프로세스 4단계]

크리에이터 채널에서 공동구매를 진행해요.

협의된 조건에 따라 크리에이터가 자신의 채널에서 공동구매를 홍보하고 판매를 시작합니다.

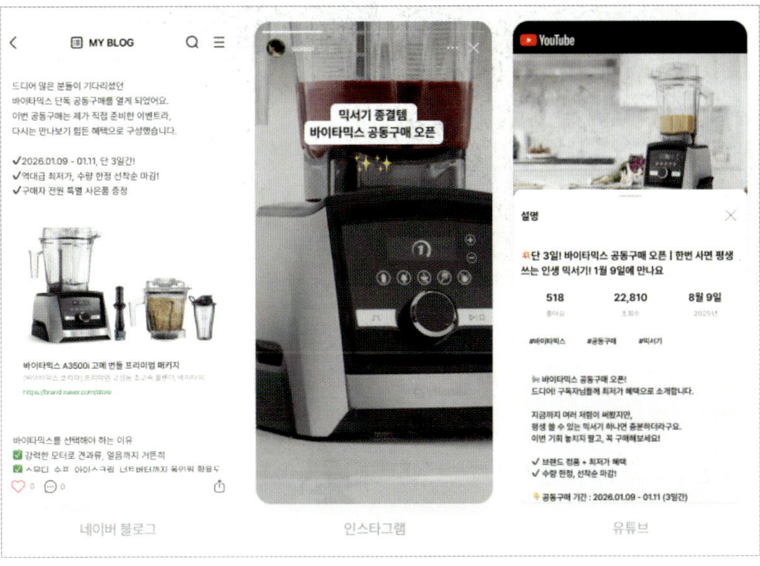

네이버 블로그　　　　　인스타그램　　　　　유튜브

[공동구매 프로세스 5단계]

판매 실적을 자동으로 집계 및 공유합니다.

판매 실적이 시간 단위로 집계되며, 스토어사와 크리에이터 모두 직접 확인할 수 있어요.

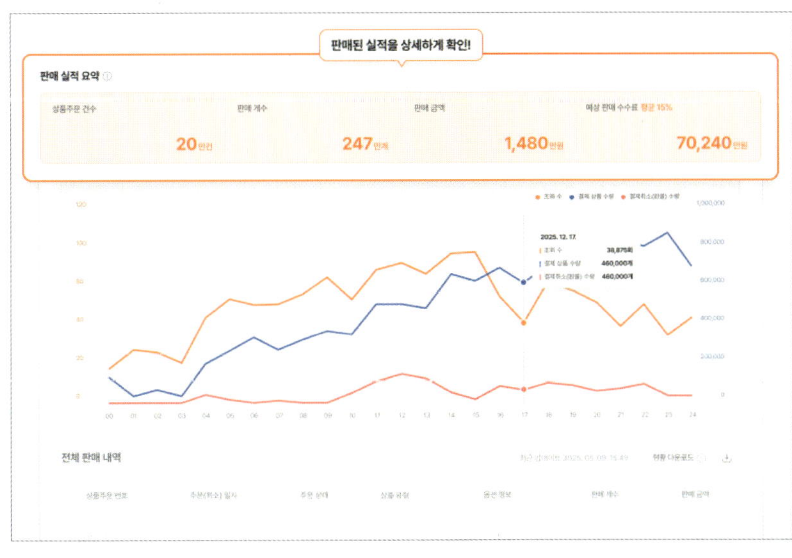

[공동구매 프로세스 6단계]

판매 종료 후, 결제만 하면 정산까지 알아서!

캠페인사가 정산금을 확정하고 결제만 하면, 브랜드 커넥트가 크리에이터에게 자동 지급합니다.

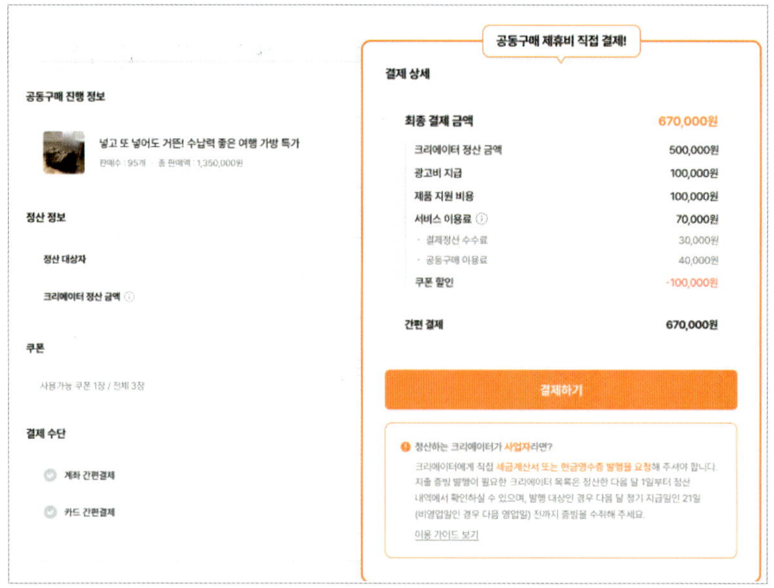

브랜드 커넥트는 크리에이터의 영향력을 활용해 스토어 상품을 더 많은 고객에게 효과적으로 알릴 수 있는 강력한 마케팅 도구로, 판매력이 검증된 크리에이터와의 제휴를 통해 단순한 노출을 넘어 실제 구매로 이어지는 구조를 만들 수 있습니다. 또한 공동구매와 쇼핑 커넥트를 활용하면 판매 성과에 따라 비용이 집행되는 효율적인 성과형 매출 성장이 가능하며, 복잡한 운영과 정산은 시스템에 맡기고 브랜드는 전략과 상품 경쟁력에 집중할 수 있습니다. 독자 여러분도 브랜드 커넥트를 적극 활용하여 스토어 매출을 한 단계 끌어올리는 성과를 꼭 만들어 보시기 바랍니다.

　　돈이 들어오는 무재고 위탁판매 쇼핑몰

마케팅 메시지

온라인 쇼핑몰을 운영하다 보면 신규 고객 유치만큼이나 중요한 것이 기존 고객과의 지속적인 소통입니다. 아무리 좋은 상품을 판매하더라도 고객이 우리 스토어를 잊어버린다면 재구매로 이어지기 어렵기 때문입니다. 이런 상황에서 스마트스토어의 톡톡 마케팅 메시지 기능은 매출을 극대화할 수 있는 핵심 도구가 됩니다. 톡톡 마케팅 메시지는 스토어에 연결된 톡톡 채팅창을 통해 알림받기에 동의한 고객들에게 직접 광고 메시지를 전달할 수 있는 기능입니다. 이메일이나 문자 메시지와 달리 고객이 이미 우리 스토어에 관심을 보이고 동의한 상태이기 때문에 훨씬 높은 도달률과 반응률을 기대할 수 있습니다. 신상품 출시 소식, 특별 할인 이벤트, 쿠폰 혜택 등을 적시에 전달함으로써 휴면 고객을 다시 활성화하고 재구매율을 높일 수 있는 것입니다. 효과적인 마케팅 메시지 발송을 위한 5단계 프로세스마케팅 메시지를 성공적으로 발송하기 위해서는 체계적인 준비 과정이 필요합니다.

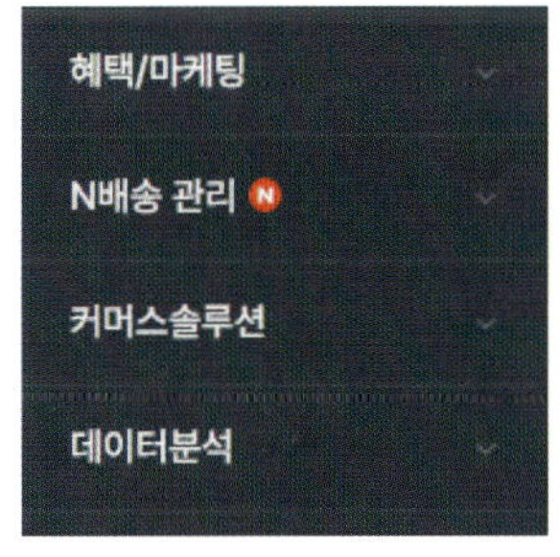

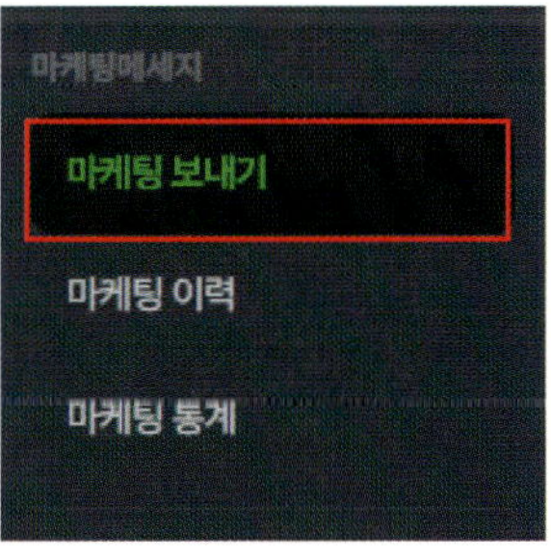

스마트스토어는 이를 위해 5단계 프로세스를 제공하며, 각 단계를 모두 완료해야만 다음 단계로 진행할 수 있습니다. 마지막까지 모든 설정을 마친 후에는 바로 전송하거나 임시 저장하여 나중에 발송할 수도 있습니다.

첫 번째, 발송 스토어를 정하는 단계입니다. 여러 스토어를 운영하는 판매자라면 어느 스토어 명의로 메시지를 보낼지 선택해야 합니다. 선택한 스토어의 알림받기에 동의한 고객들에게만 메시지가 전송되므로 신중하게 결정해야 합니다. 이때 중요한 것은 톡톡의 전송 가능 수입니다. 마케팅 대상자 수보다 전송 가능 수가 적을 경우에는 전송 가능한 수만큼만 랜덤으로 발송되니 미리 확인이 필요합니다. 스토어 선택을 변경하고 싶다면 다시 스토어 확정 버튼을 눌러야 최종 반영됩니다.

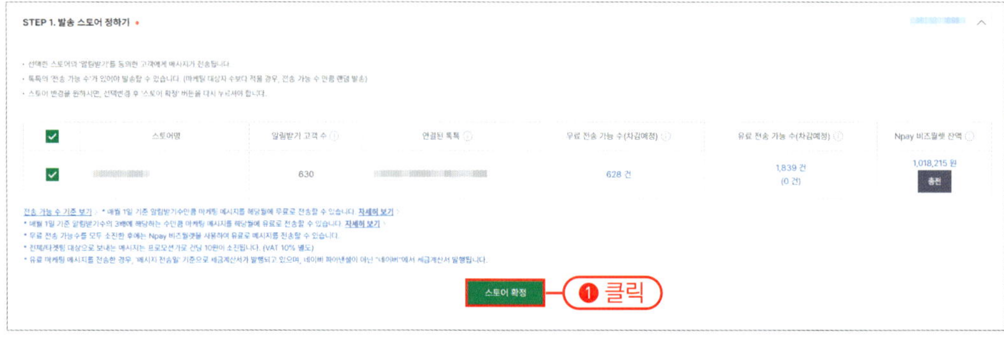

① 클릭

돈이 들어오는 무재고 위탁판매 쇼핑몰

두 번째, 목표를 설정하는 단계입니다. 모든 고객에게 무작정 메시지를 보내는 것보다 우리 상품에 관심 있는 타겟 고객을 선별하는 것이 훨씬 효과적입니다. 어떤 고객에게 마케팅할지 타겟팅할 수 있으며, 설정하지 않을 수도 있습니다. 다만 타겟팅한 대상이라도 첫 번째 단계에서 선택한 스토어의 알림받기에 동의했고 정상 상태의 회원이어야만 메시지를 받을 수 있다는 점을 기억해야 합니다. 대상을 선택한 후에는 반드시 목표 확정 버튼을 눌러야 하며, 목표를 변경할 때도 마찬가지입니다. 목표 확정 후 제공되는 고객 수는 예상 수치이므로 실제 전송 시점에는 달라질 수 있습니다. 한 가지 주의할 점은 직접 설정에서 특정 성별이나 연령을 선택했을 때 전송 대상자가 10명 이하라면 개인정보 보호를 위해 전송이 불가능하다는 것입니다.

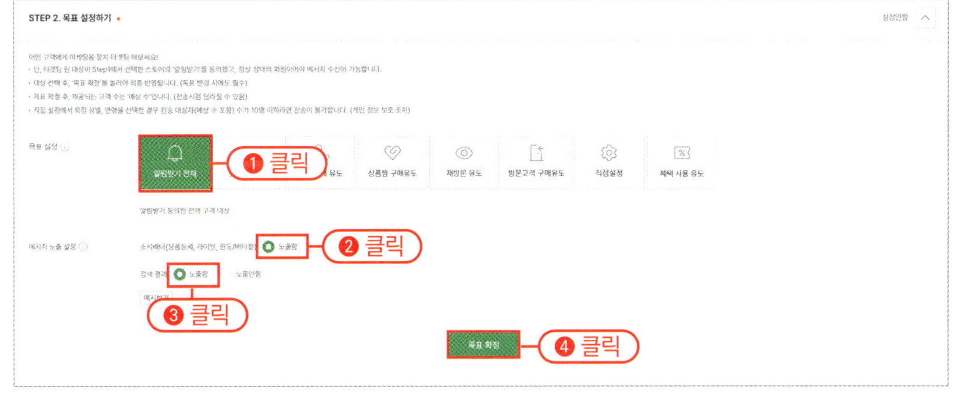

세 번째, 메시지 발송 일시를 예약하는 단계입니다. 즉시 발송할 수도 있고, 특정 날짜와 시간을 지정하여 예약 발송할 수도 있습니다. 고객이 메시지를 확인하기 좋은 시간대를 고려하여 설정하면 더 높은 효과를 기대할 수 있습니다.

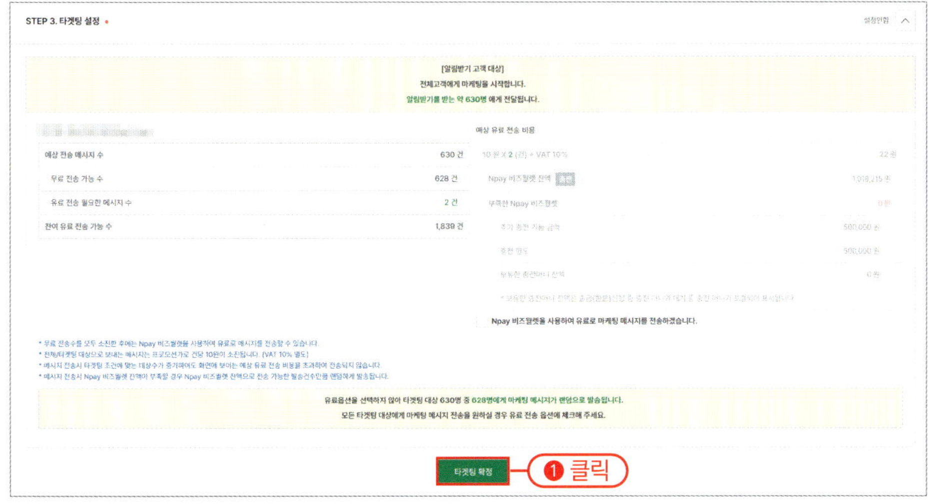

네 번째, 혜택을 첨부하는 단계입니다. 단순히 상품을 알리는 것보다 쿠폰 같은 실질적인 혜택을 함께 제공하면 고객의 구매 전환율이 훨씬 높아집니다. 두 번째 단계에서 확정한 대상이 사용할 수 있는 쿠폰을 첨부할 수 있으며, 1개만 첨부 가능합니다. 혜택을 첨부하지 않을 수도 있지만, 첨부한다면 반드시 혜택 확정 버튼을 눌러야 최종 반영됩니다.

이때 절대 잊지 말아야 할 주의사항이 있습니다. 전송 전에 혜택을 중지하지 말아야 한다는 것입니다. 또한 톡톡 마케팅 메시지를 저장한 이후 혜택을 변경할 경우, 변경된 혜택에 적합한 새로운 혜택 유형을 다시 설정해야 합니다. 메시지를 전송하기 전에 톡톡 마케팅 메시지 편집 툴에서 혜택 유형과 변경된 쿠폰을 꼭 확인하고 저장 버튼을 클릭해야 합니다.

다섯 번째, 마지막으로 톡톡 마케팅 메시지를 편집하는 단계입니다. 템플릿 유형을 선택하여 메시지 본문을 작성할 수 있습니다. 고객의 마음을 움직이는 매력적인 문구와 이미지를 활용하여 우리 스토어만의 개성 있는 메시지를 만들어 보세요. 메시지 작성이 완료되면 톡톡 편집창에 있는 저장 버튼을 눌러야 최종 반영됩니다. 실제로 전송하기 전에는 테스트 전송 기능을 활용하여 메시지가 제대로 표시되는지 미리 확인하는 것이 좋습니다.

5단계 고객 등급 관리로 충성 고객을 만들고 매출을 극대화하는 전략

온라인 쇼핑몰 운영에서 가장 중요한 지표 중 하나는 고객생애가치(Customer Lifetime Value)입니다. 단 한 번 구매하고 떠나는 고객보다 꾸준히 재구매하는 충성 고객 한 명이 스토어에 가져다주는 가치가 훨씬 크기 때문입니다. 스마트스토어의 고객 등급 관리 기능은 바로 이런 충성 고객을 체계적으로 관리하고 육성할 수 있는 강력한 도구입니다.

고객 등급 관리는 최소 1단계부터 최대 5단계까지 고객 등급을 설정할 수 있도록 지원합니다. 판매자가 스토어의 특성과 고객층에 맞춰 자유롭게 등급 체계를 구성할 수 있는 것입니다. 예를 들어 평균 객단가가 높고 재구매 주기가 긴 상품을 판매한다면 3단계 정도로 간단하게 운영할 수 있고, 재구매가 빈번한 생활용품이나 식품을 판매한다면 5단계로 세밀하게 관리할 수도 있습니다.

❶ 자동화된 등급 산정 시스템

고객 등급 관리의 가장 큰 장점은 자동화입니다. 한 번 설정해 두면 매월 1일 정오 전까지 등급 산정이 자동으로 완료되어 적용됩니다. 판매자가 일일이 고객별 구매 이력을 확인하고 등급을 조정할 필요가 없는 것입니다. 설정된 등급은 다음 달 1일부터 적용되며, 별도로 설정을 변경하지 않으면 매월 자동으로 갱신됩니다.

등급을 산정하는 기준은 크게 두 가지입니다. 바로 주문금액과 주문횟수입니다. 최근 일정 기간 동안 구매확정한 주문 건을 기준으로 하며, 이번 달 말일까지 구매확정된 거래가 반영됩니다. 판매자는 이 두 가지 기준 중 스토어 특성에 맞는 것을 선택하여 등급 체계를 만들 수 있습니다.

예를 들어 고가 상품을 판매하는 스토어라면 주문금액 기준이 적합할 것이고, 저가 상품이지만 재구매가 잦은 상품을 판매한다면 주문횟수 기준이 더 효과적일 것입니다. 어떤 기준을 선택하든 중요한 것은 고객의 실질적인 기여도를 정확하게 반영할 수 있어야 한다는 점입니다.

❷ 효과적인 5단계 등급 체계 구성 전략

성공적인 고객 등급 관리를 위해서는 등급 체계를 전략적으로 설계해야 합니다. 가장 기본적이면서도 중요한 원칙은 하위 등급이 상위 등급보다 달성하기 쉬워야 하고, 상위 등급으로 올라갈수록 혜택이 많아져야 한다는 것입니다. 이는 너무나 당연한 이야기지만, 실제로 설정할 때 간과하기 쉬운 부분입니다.

실제 스토어 운영 사례를 통해 구체적으로 살펴보겠습니다. 한 스토어는 주문횟수를 기준으로 4단계 등급 체계를 구성했습니다.

실버 등급은 1회 이상 3회 미만 구매한 고객이 해당됩니다. 이제 막 우리 스토어에서 첫 구매를 한 신규 고객부터 2회 구매한 고객까지가 여기 속합니다. 이들에게는 3%의 포인트 적립 혜택을 제공합니다. 예상 고객 수는 676명으로 가장 많은 비중을 차지합니다. 이는 자연스러운 현상입니다. 대부분의 고객은 한두 번 구매하고 떠나기 때문에 하위 등급에 가장 많은 고객이 분포하게 됩니다.

골드 등급은 3회 이상 5회 미만 구매한 고객입니다. 실버에서 한 단계 올라온 고객들로, 우리 스토어에 대한 신뢰가 어느 정도 쌓인 단계입니다. 이들에게는 5%의 포인트 적립 혜택을 제공하여 실버보다 2% 더 많은 혜택을 누릴 수 있게 합니다. 예상 고객 수는 94명으로 실버의 약 14% 수

준입니다.

VIP 등급은 5회 이상 10회 미만 구매한 고객입니다. 이미 여러 번 재구매를 한 충성 고객층으로, 7%의 포인트 적립 혜택을 제공합니다. 예상 고객 수는 54명으로 더욱 줄어듭니다. 하지만 이들은 스토어의 핵심 고객층이라고 할 수 있습니다.

VVIP 등급은 10회 이상 구매한 최상위 고객입니다. 우리 스토어의 진정한 팬이자 브랜드 앰버서더라고 할 수 있는 분들입니다. 이들에게는 10%의 포인트 적립이라는 최고 수준의 혜택을 제공합니다. 예상 고객 수는 19명에 불과하지만, 이 19명이 스토어에 가져다주는 매출 기여도는 결코 작지 않을 것입니다.

등급별 혜택 설정

고객등급은 최소 1단계 ~ 최대 4단계까지 설정 가능합니다.

하위 등급이 상위 등급 조건보다 달성하기 쉽도록, 상위 등급으로 올라갈수록 혜택이 많아지도록 조정해주세요.

사용여부	등급명	등급 조건	등급별 혜택	예상 고객수 ⓘ	수정
🟢	S SILVER	1회 이상 ~ 3회 미만 구매 고객	· 포인트 적립 - 적립금액 3%	676명	수정
🟢	G GOLD	3회 이상 ~ 5회 미만 구매 고객	· 포인트 적립 - 적립금액 5%	94명	수정
🟢	V VIP	5회 이상 ~ 10회 미만 구매 고객	· 포인트 적립 - 적립금액 7%	54명	수정
🟢	V VVIP	10회 이상 구매 고객	· 포인트 적립 - 적립금액 10%	19명	수정

취소　저장

❸ 등급별 혜택 설정의 묘미

등급별 혜택으로는 포인트 적립뿐만 아니라 다양한 옵션을 제공할 수 있습니다. 등급 전용 쿠폰을 발행할 수도 있고, 상위 등급 고객에게는 신상품을 먼저 공개하거나 특별 세일에 우선 참여 기회를 줄 수도 있습니다. 무료 배송 혜택을 차등 적용하거나, 포장 서비스를 업그레이드해 줄 수도 있습니다.

중요한 것은 혜택의 실질적인 가치입니다. 고객이 체감할 수 있을 만큼 충분히 매력적이어야 하지만, 동시에 스토어 운영에 부담이 되지 않는 수준이어야 합니다. 위의 사례처럼 포인트 적립률을 3%에서 10%까지 점진적으로 높이는 방식은 고객에게는 명확한 혜택을 제공하면서도 스토어 입장에서는 충성 고객에게 집중 투자하는 효율적인 전략입니다.

Part 06

스마트스토어 광고 설정

스마트스토어에 등록한 상품을 광고하기 위해서 네이버 키워드 광고와 쇼핑 광고를 이용할 수 있습니다. 키워드 광고와 쇼핑 광고는 유료로 진행되는 광고이며, 네이버 광고센터에 별도로 가입을 해야 사용할 수 있습니다. 상품을 등록한 후에 기다리기만 하면 원하는 수입을 만들기까지 시간이 오래 걸릴 수 있습니다. 다각도로 유입량을 늘리고자 하는 노력을 꼭 해야 합니다.

ONLINE MARKET
PAY

검색 광고 이해하기

01

검색 광고는 이용자가 특정 검색어를 검색할 때 검색어와 연관된 광고를 보여 주고, 이용자 반응에 따라 더욱 정교하게 정보를 제공하며 광고주의 웹사이트, 상품, 전문 콘텐츠로 연결해 주는 방식입니다.

① 네이버 검색 광고의 특징

① **정교한 타깃팅** : 특정 정보를 찾기 위해 검색하는 이용자에게 관련성이 높은 비즈니스 정보를 노출하여 직접적인 방문을 유도합니다.

② **합리적인 광고 비용** : 광고주의 예산에 맞춰 광고비를 직접 설정할 수 있고, 광고 클릭 수 또는 키워드 조회 수를 기반으로 광고비를 지불합니다.

③ **정확한 효과 분석** : 광고 시스템 내 다양한 보고서를 통해 성과를 즉시 확인할 수 있고, 프리미엄 로그 분석을 통해 더욱 상세한 지표 분석이 가능합니다.

④ **검증된 플랫폼** : 가장 많은 사람과 정보가 모이는 네이버에서 비즈니스를 홍보할 수 있습니다.

② 마케팅 목적에 맞게 선택할 수 있는 다양한 광고 방식

1) 사이트 검색 광고

네이버 통합검색 및 네이버 내/외부의 다양한 영역에 텍스트와 사이트 링크를 노출하는 기본형 검색 광고입니다.

[네이버 통합검색에서 검색된 사이트]

2) 쇼핑 검색 광고

네이버쇼핑의 검색 결과 화면 등에 상품 이미지와 정보를 노출하는 판매 유도형 검색 광고입니다.

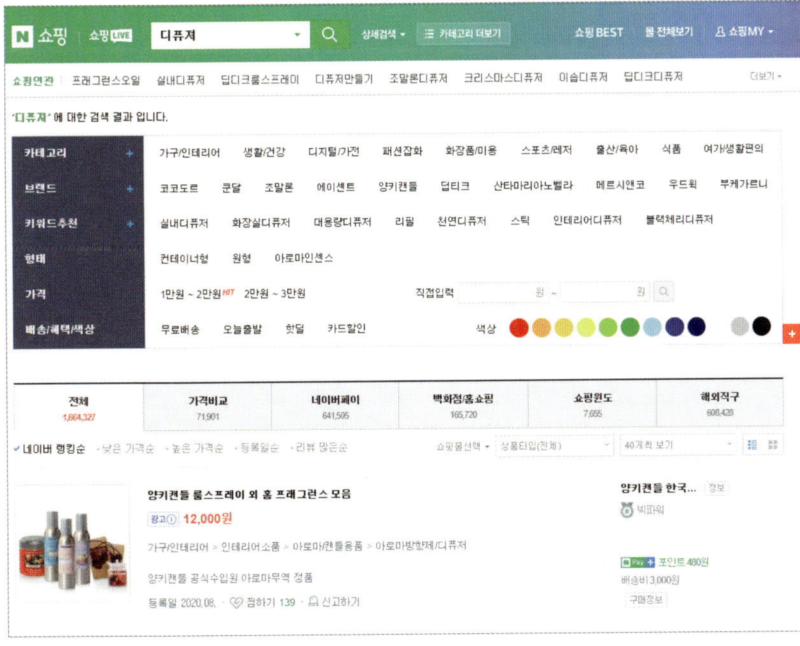

[네이버쇼핑에서 검색된 상품]

3) 브랜드 검색 광고

네이버 통합검색 결과 상단에 브랜드와 관련된 다양한 정보와 이미지를 함께 노출하는 브랜드 콘텐츠형 검색
광고입니다.

[네이버 통합검색에서 브랜드 영역에 노출된 광고]

02 스마트스토어 쇼핑 광고 등록하기

앞에서 네이버 광고에 대한 전체적인 내용을 살펴보았습니다. 지금부터는 네이버에 광고주로 등록하고 광고를 진행하는 방법에 관해 설명하겠습니다.

1 네이버 광고센터 가입하기

광고를 진행하기 전에는 꼭 광고 예산과 기간을 미리 설정해 봅니다. 광고를 시작했으면 최소 3개월은 광고를 진행해야 효과를 볼 수 있습니다. 3개월 동안 광고 진행을 했을 때의 분석 데이터를 통해 접속 키워드, 연령, 구매 건수 등 다양한 데이터를 분석할 수 있으며, 분석된 데이터를 기반으로 다음 설계를 할 수 있습니다.

주의할 점은 초기에 광고비를 많이 써서 아이템을 사입하거나 운영비를 쓰지 못하고 문을 닫는 사례를 조심해야 한다는 점입니다. 처음에는 최소의 비용으로 광고를 집행하며 광고에 대한 이해도를 높이는 것이 중요하며, 유료 광고 외에도 다양한 유입을 만들기 위한 노력을 해야 합니다. 대표적으로 블로그 글쓰기 및 인스타그램 운영 등이 무료로 유입을 만들 수 있는 채널입니다.

따라해 보세요!

01 네이버 광고 페이지에 접속합니다. 검색을 해서 접속하거나 도메인 주소를 입력하고 바로 접속합니다(https://searchad.naver.com).

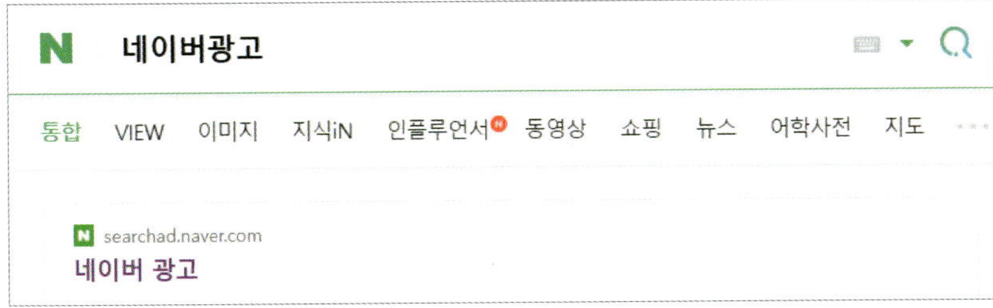

02 네이버 광고 페이지에 가입하기 위해 [신규가입]을 클릭합니다.

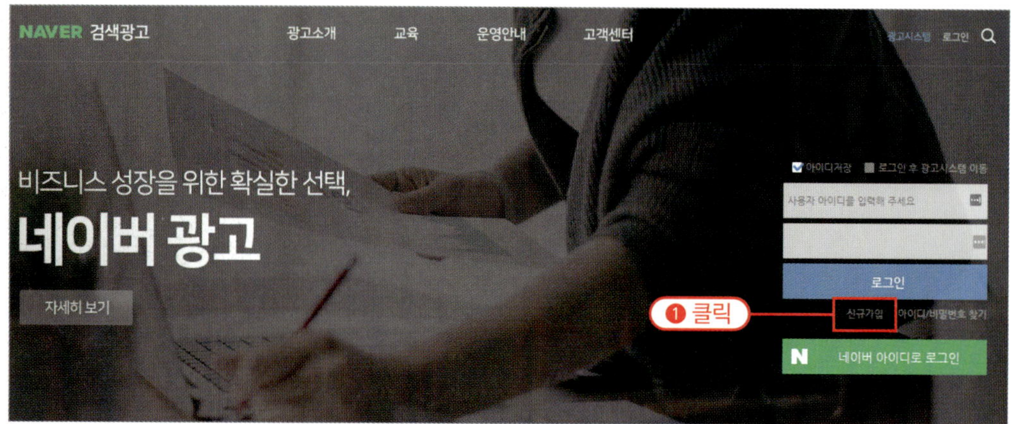

03 네이버 아이디 또는 검색광고 아이디로 회원가입을 진행합니다. [네이버 아이디로 회원가입]을 클릭합니다.

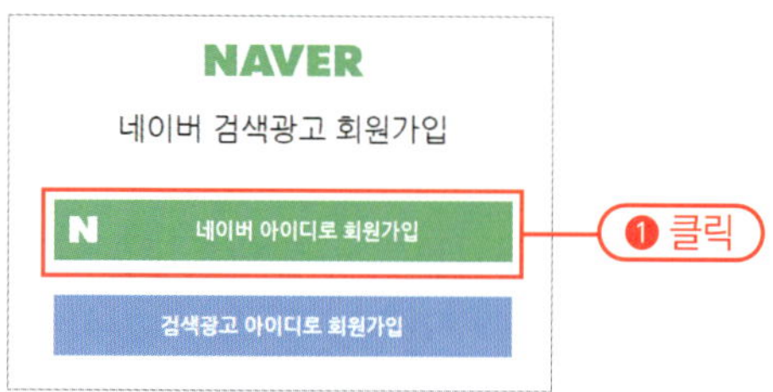

04 네이버 아이디로 신규 회원가입 시 주의사항 안내를 읽어 보고 [확인]을 클릭합니다.

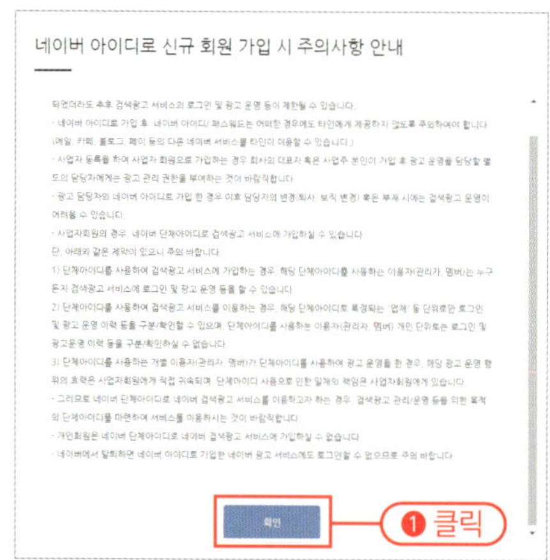

05 네이버 아이디와 비밀번호를 입력하고 [로그인]을 클릭합니다.

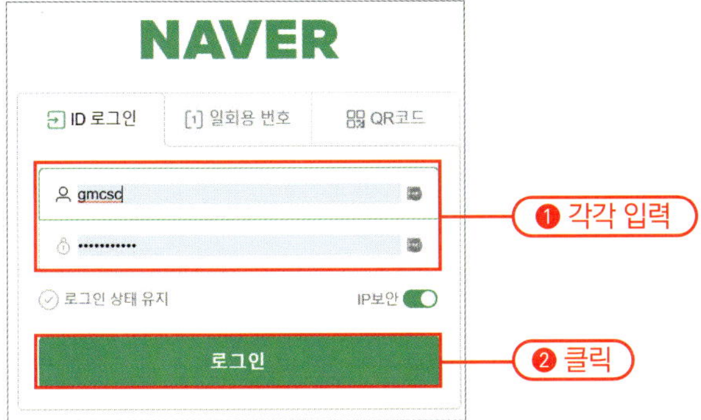

06 약관 동의 화면에서 [동의함]에 체크합니다.

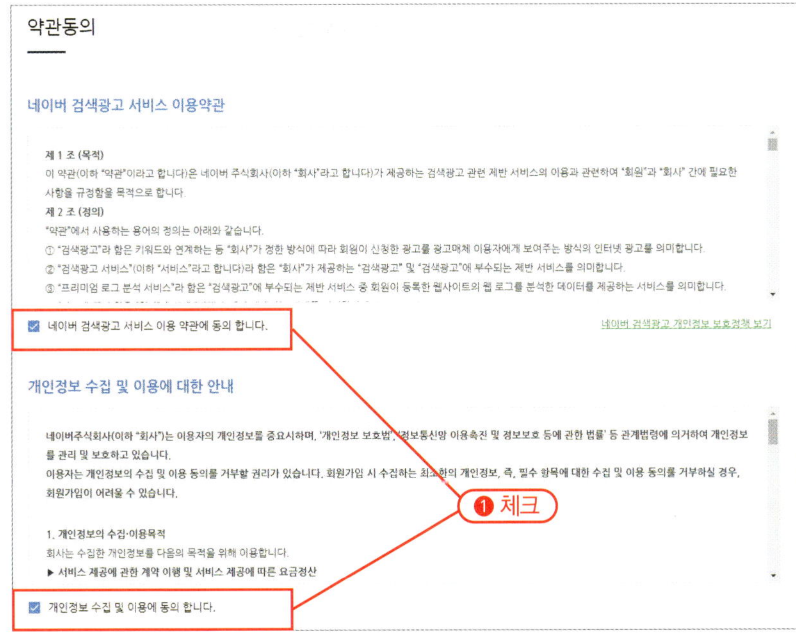

07 가입 유형 선택 화면에서 사업자등록증이 있으면 사업자 광고주를 선택하고 사업자등록증이 없는 경우 개인 광고주를 선택합니다.

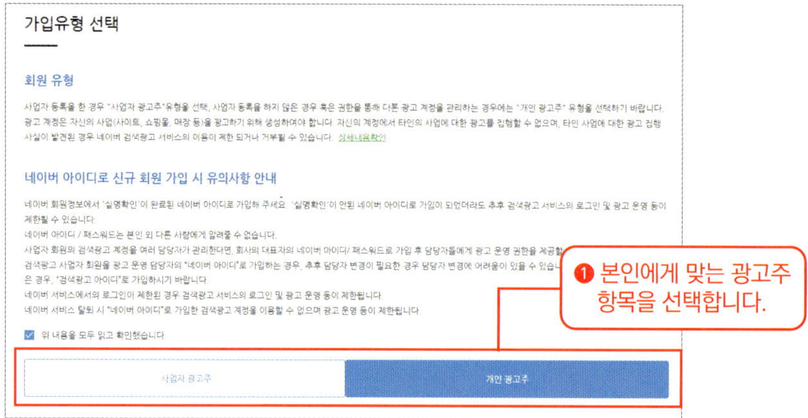

08 회원 정보를 입력합니다.

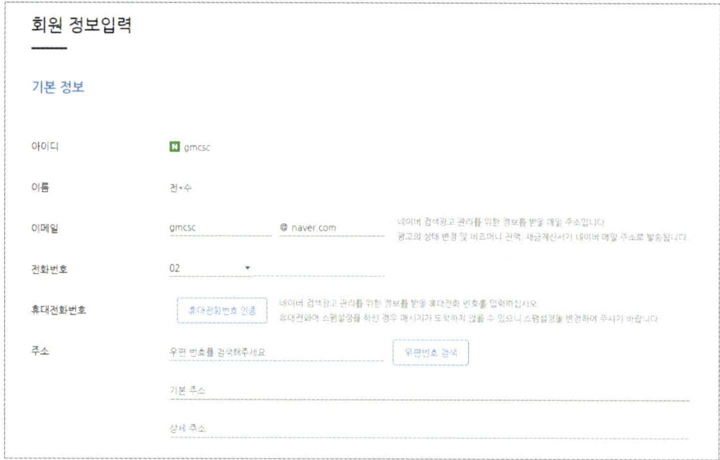

09 홍보성 메일 및 문자, 톡톡에 대한 수신 여부를 선택하고 [가입]을 클릭합니다.

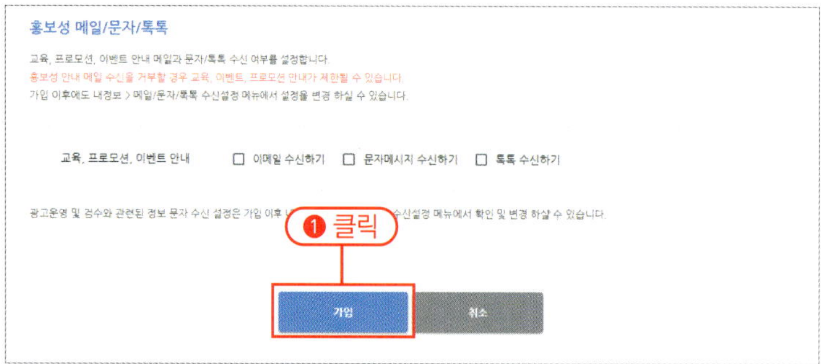

② 스마트스토어 쇼핑 광고 등록

따라해 보세요!

01 네이버 광고센터에 접속한 후 [네이버 아이디로 로그인]을 클릭합니다.

한 걸음 더! 운영 Tip

광고 대행 서비스 이용 시에 '네이버 검색광고 제휴사' 등을 사칭하고 광고주에게 접근하여 금전적 피해를 주는 사례가 수차례 확인되고 있습니다. 광고를 하려 할 때, 아래 내용을 주의 깊게 확인하여 어떤 피해도 입지 않기 바랍니다.

❶ 광고주는 대행사에 네이버 검색광고 운영에 대한 수수료를 지불하지 않아도 됩니다. 네이버 검색광고 공식 대행사는 별도의 비용 없이 대행 서비스를 이용할 수 있습니다. 단, 대행사에서 검색광고 집행 외에 부가적인 서비스를 받는 경우에는 대행사에 따라 추가 비용이 발생할 수 있습니다.

❷ 네이버 검색광고는 클릭당 과금되는 상품으로, 월정액제로 판매되지 않고 광고 위약금이 발생하지도 않습니다. 따라서 매월 얼마의 비용을 지불하면 광고를 계속 운영해 주겠다고 말하고, 광고 집행 취소 시 이에 대한 과도한 위약금을 요구하는 대행사와의 계약을 주의하세요.

❸ 네이버 검색 결과에서 특정한 광고, 지도 영역, 블로그, 지식인 등을 임의로 상단에 고정 노출하는 것은 불가능합니다. 네이버 검색광고는 광고주의 실시간 입찰을 통해 노출 순위가 정해지며, 블로그 등의 서비스는 실시간 이용자의 반응을 통해 위치가 정해집니다. 따라서 상단 고정 노출을 보장할 수 없으며, 이를 빌미로 광고비를 요구하는 대행사가 있다면 계약에 주의하세요.

❹ 네이버 검색광고에는 광고 비용 면제 상품이 존재하지 않습니다. 홈페이지 제작, 관리 또는 서버 비용 등만 내면 광고 비용은 면제되는 이벤트라며 특정 기간 월정액을 요구하는 업체에 대행을 맡길 경우, 금전적 피해를 입을 수 있습니다. 광고 계약 시 이를 주의하세요.

네이버 검색광고는 공식 대행사를 제외한 업체와 어떠한 계약, 제휴 관계도 맺지 않습니다. 공식 대행사 리스트는 네이버 광고 공식 대행사 홈페이지(https://saedu.naver.com/adguide/manage/adAgency.naver)를 통해 확인하시기 바라며, 네이버 혹은 네이버 제휴 업체를 사칭하는 곳과 계약을 맺어 피해를 입는 일이 없도록 각별히 주의하기 바랍니다!

02 아이디와 비밀번호를 입력하고 로그인합니다.

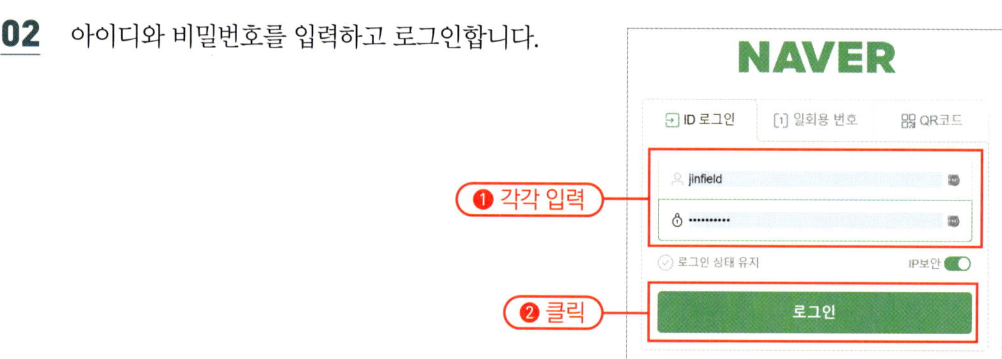

03 검색광고 관리자 페이지에서 [광고시스템] 메뉴를 클릭합니다.

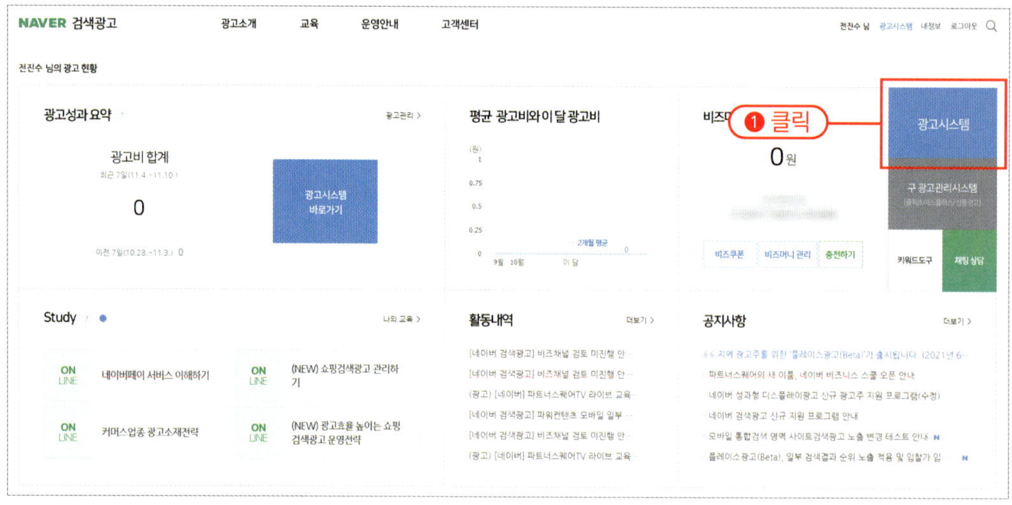

04　광고 관리 화면에서 [광고 만들기]를 클릭합니다.

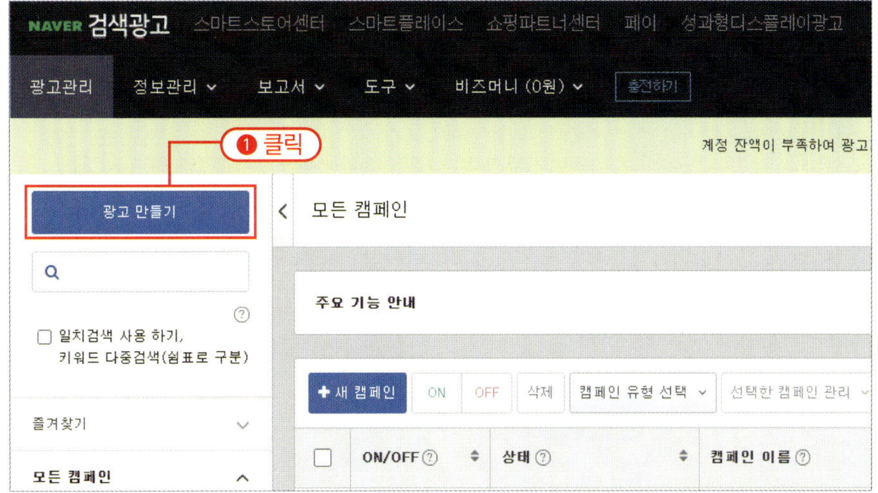

05　캠페인 만들기 화면에서 [쇼핑검색 유형]을 선택합니다.

06 광고 캠페인 이름과 하루 예산을 설정한 후에 [저장하고 계속하기]를 클릭합니다.

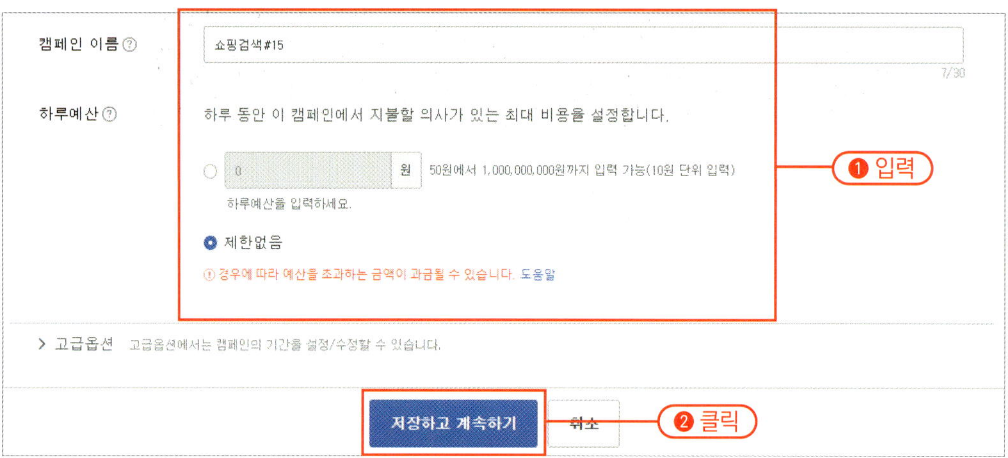

07 그룹 유형에서 [쇼핑몰 상품형]을 선택하고 [저장하고 계속하기]를 클릭합니다.

08 광고 그룹 이름과 쇼핑몰을 선택하고 기본 입찰가와 하루 예산을 설정한 후에 [저장하고 계속하기]를 클릭합니다.

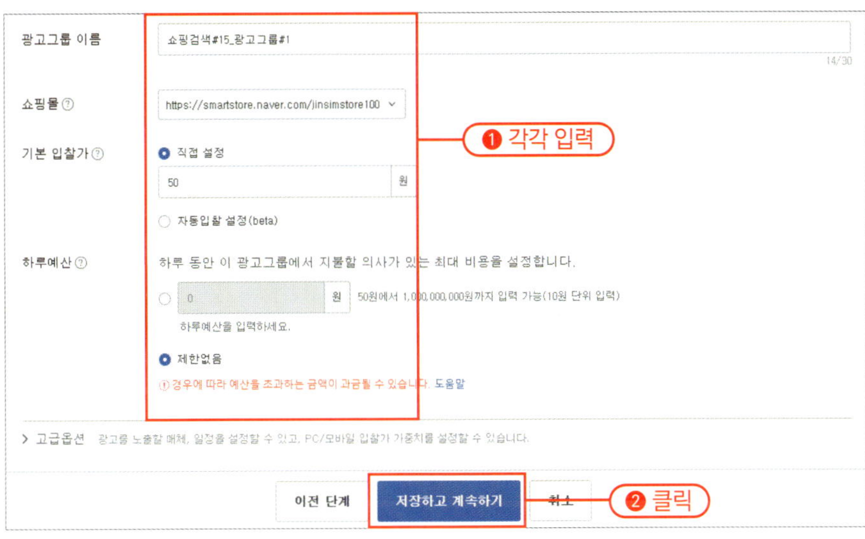

09 광고 만들기 화면에서 상품명과 네이버쇼핑 카테고리에 체크한 상태에서 [검색하기]를 클릭합니다.

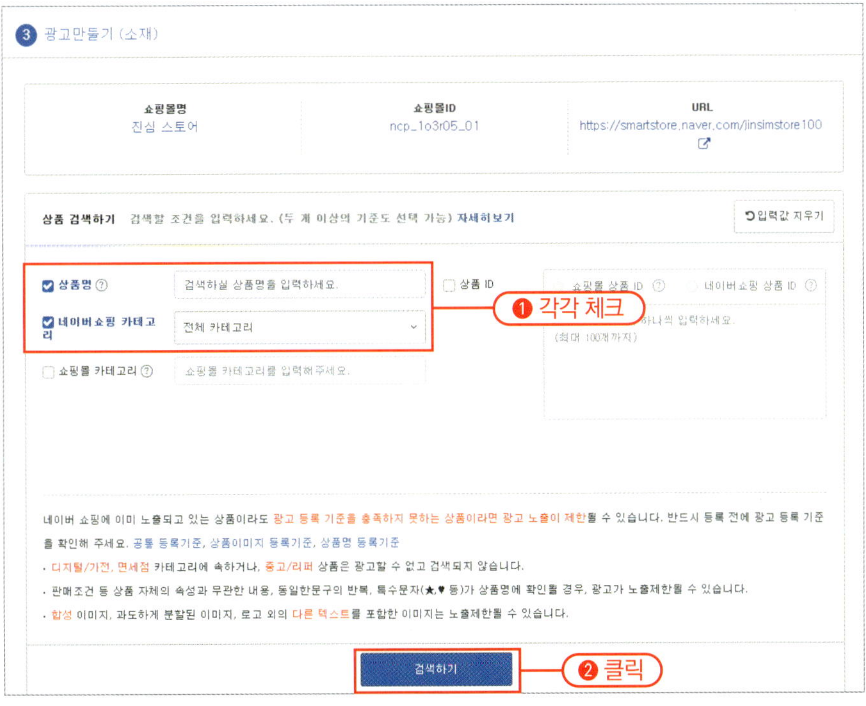

10 검색된 상품에서 광고를 진행하려고 하는 상품을 추가합니다.

11 선택한 상품에 대해 광고를 진행하기 위해 [광고 만들기]를 클릭합니다.

12   광고 설정이 완료된 것을 볼 수 있습니다.

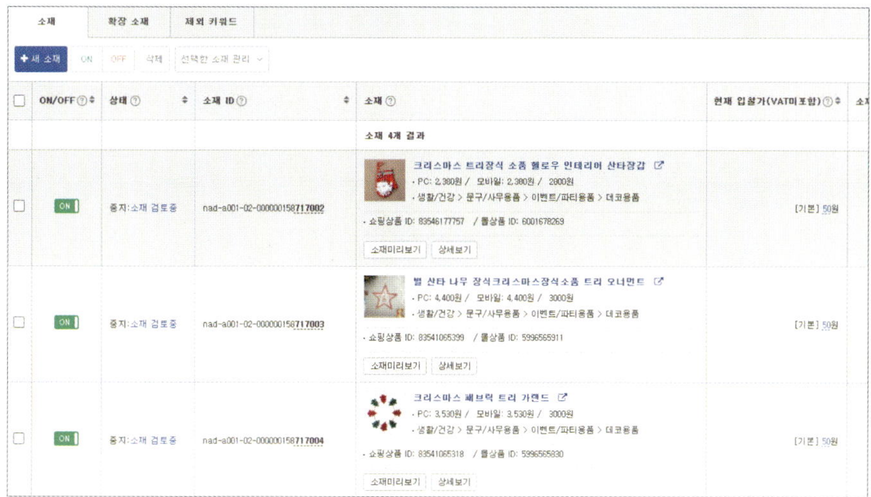

13   소재의 입찰가를 변경해야 하는 경우 해당 상품을 선택하고 [선택한 소재 관리]를 클릭한 후에 [입찰가 변경]을 클릭합니다.

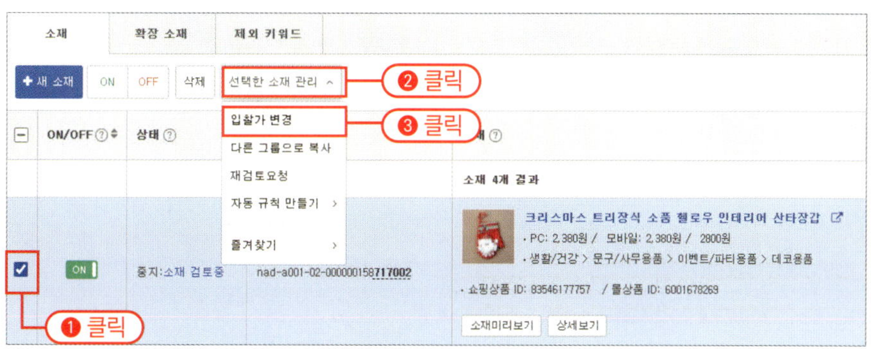

14   [선택한 소재의 입찰가를 모바일 검색 1위 평균 입찰가로 변경]을 선택하고 [변경사항 확인]을 클릭하여 입찰가를 변경하며 광고를 진행할 수 있습니다.

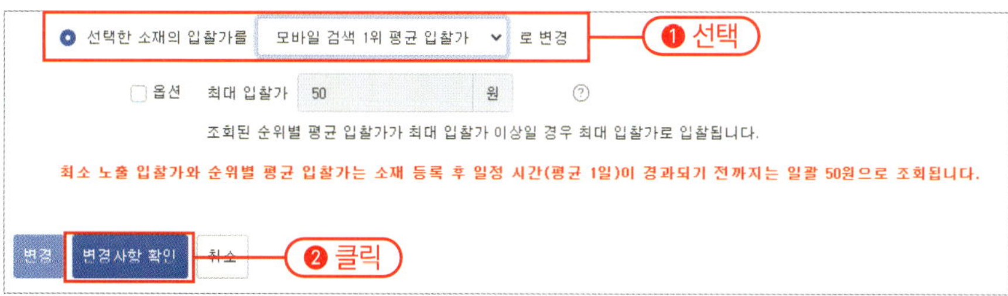

입찰가를 변경하는 방법에는 총 7가지가 있습니다. 항목별로 특징을 살펴보겠습니다.

❶ 선택한 키워드들의 입찰가를 70원으로 변경 : 최소 70원부터 최대 100,000원까지 10원 단위로 입력하여 입찰할 수 있습니다.

❷ 선택한 키워드들의 입찰가를 각 그룹의 기본 입찰가로 변경 : 키워드가 등록된 광고 그룹의 기본 입찰가를 선택한 키워드의 입찰가로 변경합니다.

❸ 선택한 키워드들의 입찰가를 10% 증액 : 현재 키워드 입찰가를 일정 비율 혹은 일정 금액으로 증액합니다.

❹ 선택한 키워드들의 입찰가를 10% 감액 : 현재 키워드 입찰가를 일정 비율 혹은 일정 금액으로 감액합니다.

❺ 선택한 키워드들의 입찰가를 PC최소노출 입찰가로 변경 : 최소 노출 입찰가 또는 중간 입찰가로 입찰가를 변경합니다.

❻ 선택한 키워드들의 입찰가를 PC 통합검색 1위 평균 입찰가로 변경 : 조회 시점 전주의 일요일부터 과거 28일(4주간) 동안의 PC 통합검색 순위별 평균 입찰가로 입찰가를 변경합니다.

❼ 선택한 키워드의 입찰가를 모바일 검색 1위 평균 입찰가로 변경 : 조회 시점 전부의 일요일부터 과거 28일(4주간) 동안의 모바일 검색 순위별 평균 입찰가로 입찰가를 변경합니다.

[입찰가]

15 광고가 정상적으로 진행되기 위해서는 비즈머니를 충전해야 합니다. 검색광고 페이지의 상단에서 [충전하기]를 클릭합니다.

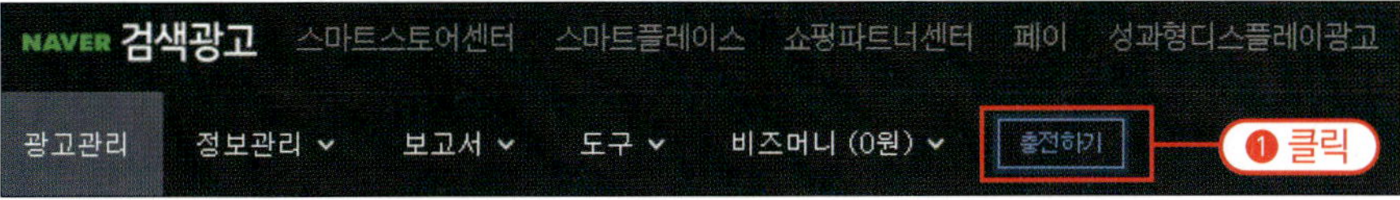

16 원하는 충전 방식을 선택하고 충전을 완료하면 광고가 진행됩니다.

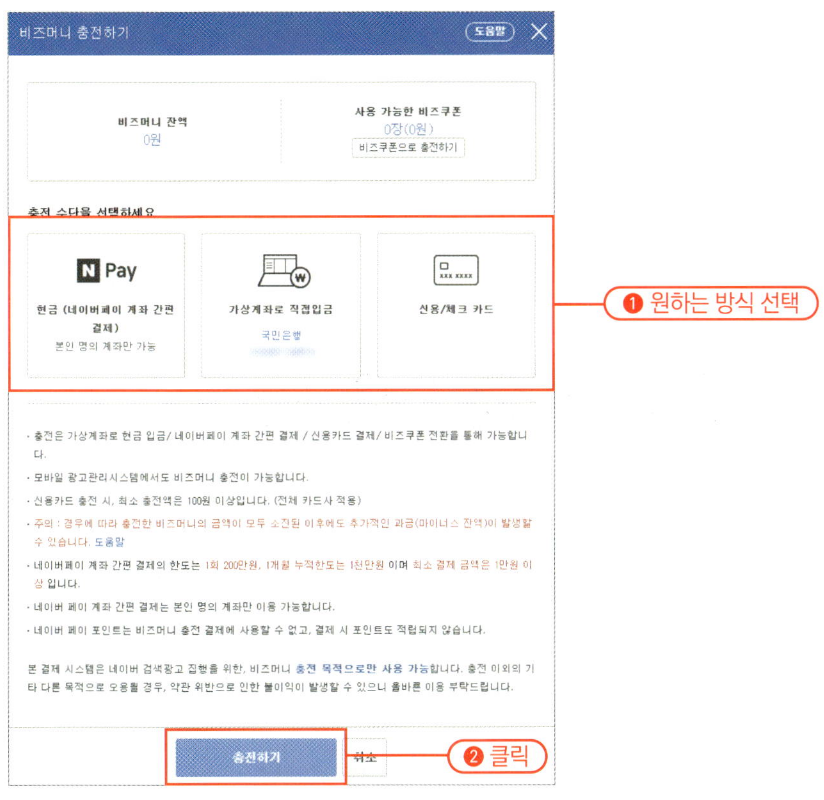

03 스마트스토어 검색 광고 등록하기

검색 광고 등록은 판매자가 원하는 키워드를 등록하고 광고할 수 있는 설정으로 광고 등록과 노출이 되는 데는 비용이 발생하지 않고, 클릭 시에만 과금되는 CPC 광고 방식입니다. 광고는 언제든지 중지할 수 있으며, 원하는 시간에만 노출하는 기능을 통해 탄력적으로 광고 운용이 가능합니다.

따라해 보세요!

01 앞에서 진행했던 것과 같이 [광고 만들기]를 클릭합니다.

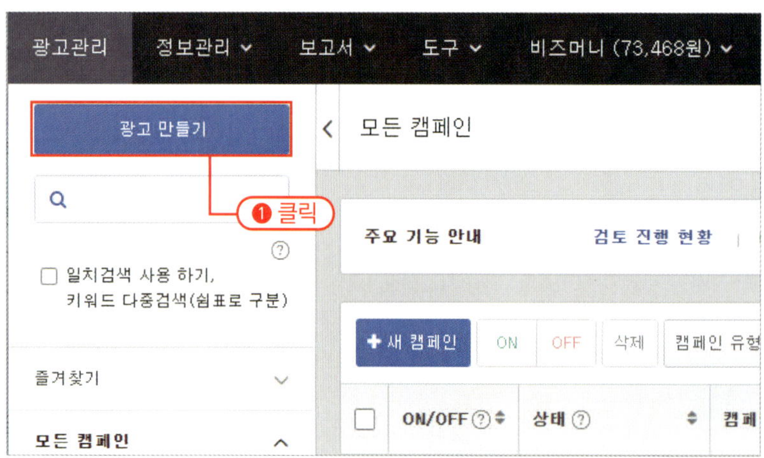

02 캠페인 유형에서 [파워링크 유형]을 선택합니다.

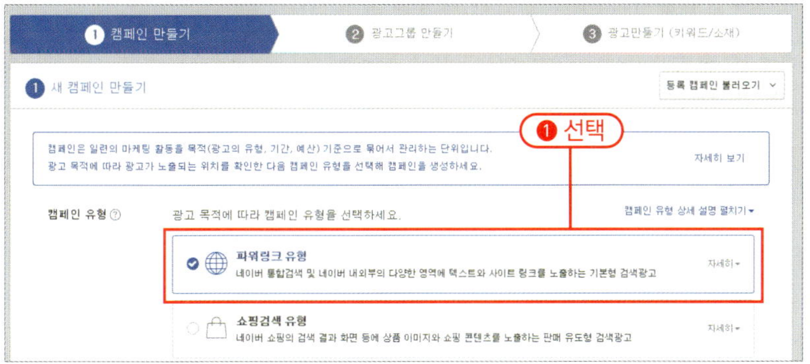

03 캠페인 이름 입력 및 하루 예산을 설정하고 [저장하고 계속하기]를 클릭합니다.

- **캠페인 이름** : 캠페인명 입력
- **기간** : [고급옵션]을 클릭하여 광고를 노출할 기간을 설정
- **하루 예산** : 하루 동안 캠페인에 지불할 비용의 상한선을 설정

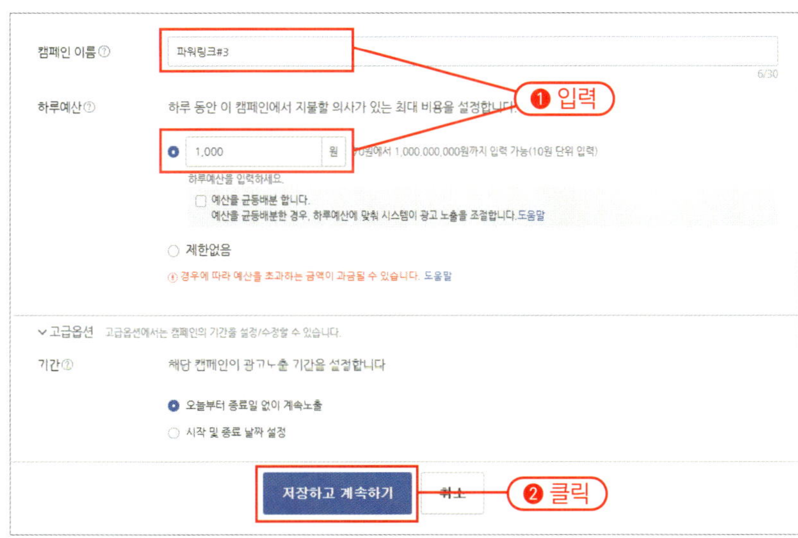

💬 **NOTE**

- 하루 예산이란, 하루 예산으로 10만 원을 설정한다면 "오늘 하루 동안 캠페인 비용이 10만 원을 넘어가면 광고 노출을 잠시 중단하고 내일부터 다시 집행하겠습니다"라는 것을 의미합니다.

- '예산을 균등배분합니다'란, 광고 예산을 0시부터 24시까지 하루 동안 고르게 배분하여 사용하는 것을 의미합니다. 즉 광고를 24시간 동안 고르게 노출하기 원한다면 체크 박스를 선택하면 됩니다.

04 광고 만들기의 두 번째 단계는 광고 그룹 만들기입니다. 광고 그룹에서는 광고 그룹 이름, 웹사이트, 입찰가를 입력하고 [저장하고 계속하기]를 클릭합니다.

- **광고 그룹 이름** : 광고 그룹명 입력
- **웹사이트** : 광고 그룹에 연결할 웹사이트 URL을 선택합니다. 신규 등록도 가능합니다. 단, 광고 그룹에 한 번 설정한 URL은 수정이 불가능하니 반드시 신중히 입력해야 합니다.
- **기본 입찰가** : 그룹에 속한 모든 키워드의 입찰가를 설정할 수 있습니다. 단, 키워드 입찰가가 설정된 경우 해당 입찰가로 광고에 반영됩니다.

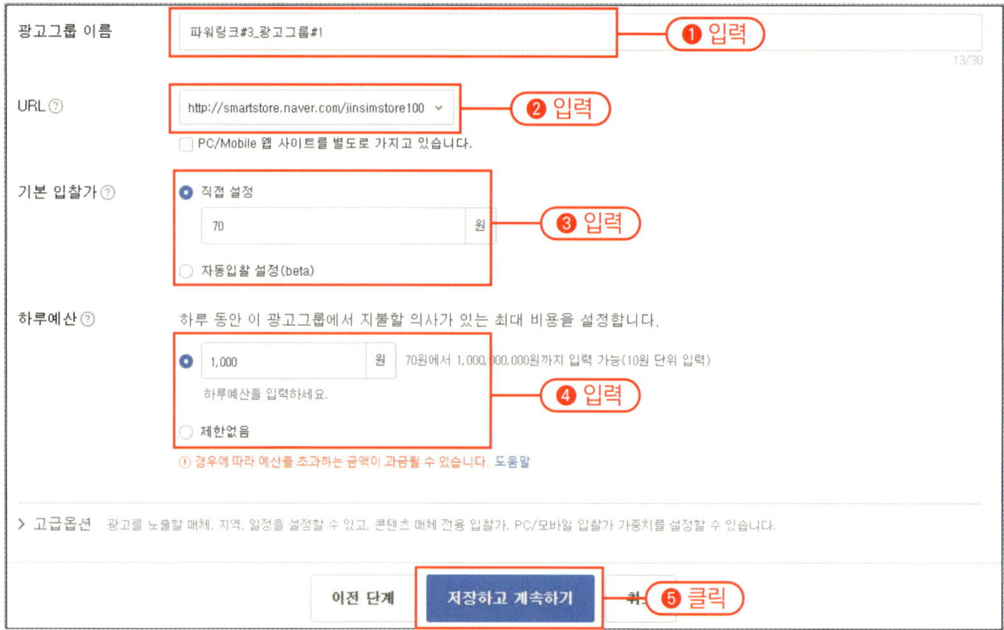

NOTE

'PC/Mobile 웹사이트를 별도로 가지고 있습니다'란, PC 사이트 URL과 모바일 사이트 URL을 구분하여 등록해야 할 때 사용하는 것입니다. 만일 PC/모바일 연동이 가능하다면 별도로 나누어 입력하지 않아도 됩니다. PC와 모바일 성과를 정교하게 관리하고 싶은 경우에는 별도의 캠페인이나 그룹으로 분리, 등록하여 관리하세요. 한 번 등록한 URL은 변경할 수 없습니다.

05　광고 만들기의 마지막 단계인 키워드/소재 만들기 단계입니다. 키워드를 입력합니다. 왼쪽 [선택한 키워드]에 한 줄씩 원하는 키워드를 입력합니다.

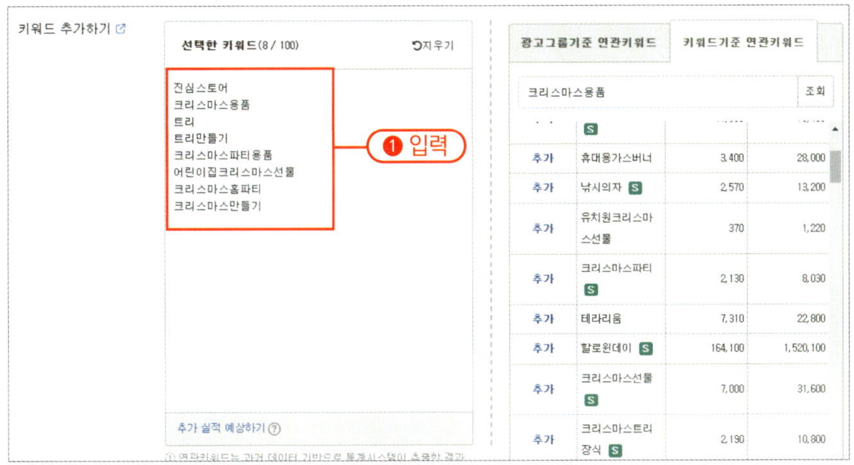

06　소재 만들기 항목에서 제목, 설명, 연결 URL을 입력합니다. 제목과 설명 입력 시 '키워드 삽입' 기능을 활용하면 편리합니다. '키워드 삽입'이란 소재(제목, 설명)에 키워드를 자동으로 삽입해 주는 기능입니다. 키워드 삽입 기능을 활용하면, 제목이나 설명에 볼드(굵은 글씨) 처리된 키워드가 삽입되어 주목도를 높일 수 있습니다. 또한 소재는 해당 광고 그룹 내 모든 키워드에 공통으로 적용되기 때문에 적절하게 키워드 삽입 기능을 사용한다면 키워드별로 소재를 차별화할 수 있습니다. 내용을 입력한 후에 [광고 만들기]를 클릭합니다.

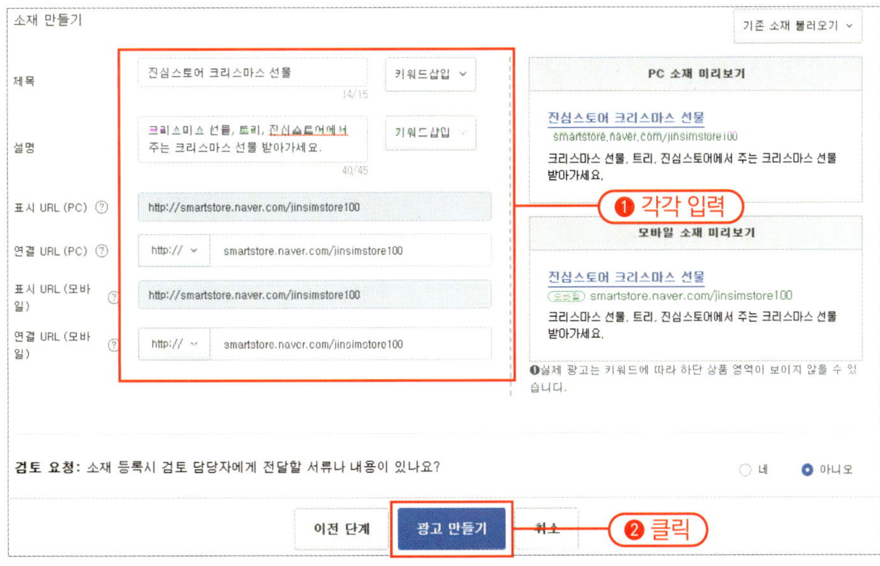

07 등록한 광고 그룹 정보와 키워드를 확인합니다.

[광고 그룹 정보]

08 광고 등록이 완료되었다면 이제 네이버 검색 광고 내부 기준에 따라 광고 검토가 진행됩니다. 등록한 광고에 유해한 콘텐츠가 없는지, 이용자가 클릭했을 때 여러분의 사이트로 문제없이 잘 연결되는지 등을 확인합니다.

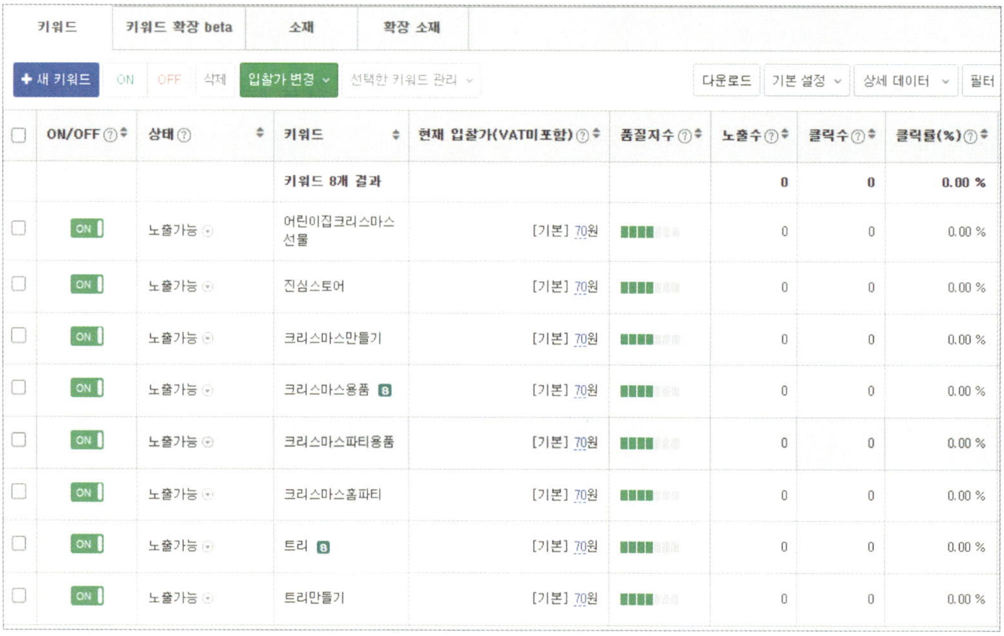

	ON/OFF ⑦ ⇕	상태 ⑦ ⇕	키워드 ⇕	현재 입찰가(VAT미포함) ⑦ ⇕	품질지수 ⑦ ⇕	노출수 ⑦ ⇕	클릭수 ⑦ ⇕	클릭률(%) ⑦ ⇕
			키워드 8개 결과			0	0	0.00 %
☐	ON	노출가능 ⊙	어린이집크리스마스선물	[기본] 70원	■■■■	0	0	0.00 %
☐	ON	노출가능 ⊙	진심스토어	[기본] 70원	■■■■	0	0	0.00 %
☐	ON	노출가능 ⊙	크리스마스만들기	[기본] 70원	■■■■	0	0	0.00 %
☐	ON	노출가능 ⊙	크리스마스용품 Ⓢ	[기본] 70원	■■■■	0	0	0.00 %
☐	ON	노출가능 ⊙	크리스마스파티용품	[기본] 70원	■■■■	0	0	0.00 %
☐	ON	노출가능 ⊙	크리스마스홈파티	[기본] 70원	■■■■	0	0	0.00 %
☐	ON	노출가능 ⊙	트리 Ⓢ	[기본] 70원	■■■■	0	0	0.00 %
☐	ON	노출가능 ⊙	트리만들기	[기본] 70원	■■■■	0	0	0.00 %

[등록한 키워드]

광고 용어 정리

❶ 노출 수(Impression) : 일정 기간 동안 광고가 노출된 횟수

❷ 클릭 수(Clicks) : 일정 기간 동안 광고가 클릭된 횟수

❸ 클릭률(CTR, Click Through Rate) : 노출 수 대비 클릭 수(클릭률 = 클릭 수 / 노출 수)

❹ 총비용(Cost) : 일정 기간 동안 광고를 통해 지출한 비용(광고비)

❺ 평균 클릭 비용(CPC, Cost Per Click) : 클릭 1건당 지출한 광고비(평균 클릭 비용 = 광고비 / 클릭 수)

❻ 광고 수익률(ROAS, Return On Ad Spending) : 광고비 대비 매출(광고 수익률 = 매출 / 광고비)

❼ 전환율(CVR, Conversion Rate) : 광고를 클릭한 이용자가 광고주가 원하는 특정 행동을 한 비율 (전환율 = 전환 수 / 클릭 수)

❽ 전환당 비용(CPA, Cost Per Action) : 전환 한 번에 대한 광고비(전환당 비용 = 광고비 / 전환 수)

❾ 광고 품질 지수(QI, Quality Index) : 광고의 품질을 나타내는 지수로 클릭초이스 광고 노출 순위 에 영향을 주는 지표

---

09 입찰가 변경을 하기 위해 등록한 키워드 전체를 선택하고 [입찰가 변경]-[입찰가 일괄 변경]을 클릭합니다.

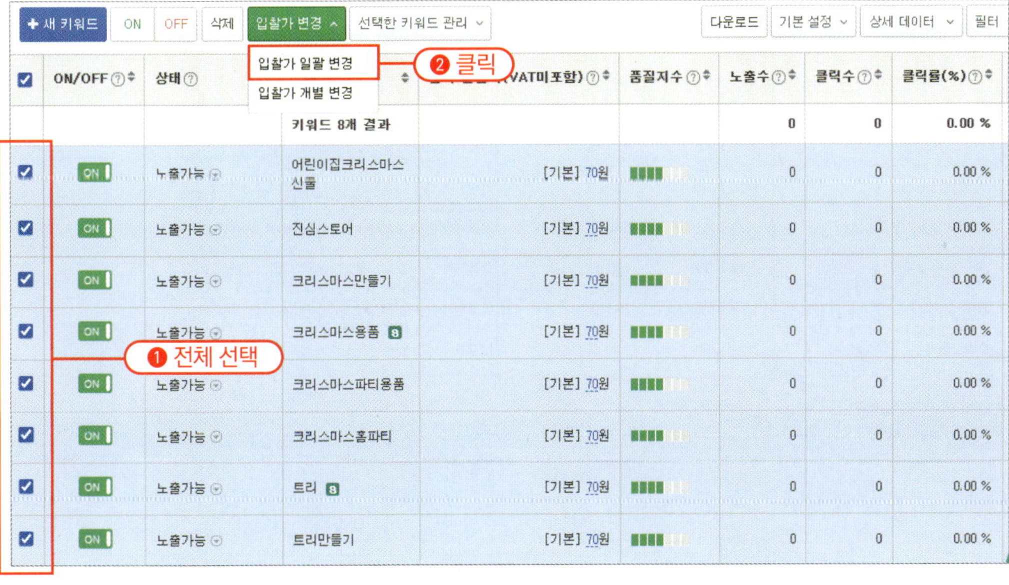

10 입찰가 항목에서 [선택한 키워드의 입찰가를 PC 통합검색 1위 평균 입찰가로 변경]을 선택한 후에 [변경사항 확인]을 클릭합니다.

11 입찰가가 변경된 내용을 확인합니다. 입찰가 결과 화면을 보면 현재 설정 금액과 새로운 설정 금액이 나오는 것을 볼 수 있습니다. 네이버 PC 통합검색 1위 평균 입찰가로 변경할 경우 해당 키워드를 검색하면 네이버에서 1위에 노출이 됩니다. 비고 항목에 나온 비율은 현재 설정되어 있는 입찰가 70원 대비 새로운 설정에 해당하는 입찰가 변동에 대한 비율이 표시되어 있습니다. 새로운 설정 입찰가로 적용하려면 [변경]을 클릭합니다.

키워드	현재 설정	새로운 설정	비고
어린이집크리스마스선물	[기본] 70원	1,880원	입찰가가 현재 입찰가의 2,686% 입니다. [자세히 보기]
진심스토어	[기본] 70원	150원	입찰가가 현재 입찰가의 214% 입니다. [자세히 보기]
크리스마스만들기	[기본] 70원	1,960원	입찰가가 현재 입찰가의 2,800% 입니다. [자세히 보기]
크리스마스용품	[기본] 70원	730원	입찰가가 현재 입찰가의 1,043% 입니다. [자세히 보기]
크리스마스파티용품	[기본] 70원	870원	입찰가가 현재 입찰가의 1,243% 입니다. [자세히 보기]
크리스마스홈파티	[기본] 70원	1,550원	입찰가가 현재 입찰가의 2,214% 입니다. [자세히 보기]
트리	[기본] 70원	1,130원	입찰가가 현재 입찰가의 1,614% 입니다. [자세히 보기]
트리만들기	[기본] 70원	790원	입찰가가 현재 입찰가의 1,129% 입니다. [자세히 보기]

12 실제 키워드에 적용된 것을 볼 수 있습니다.

13 광고 소재를 추가하기 위해 확장 소재를 클릭합니다. [새 확장 소재] 항목에서 [파워링크 이미지]를 클릭하여 노출된 이미지를 선택합니다.

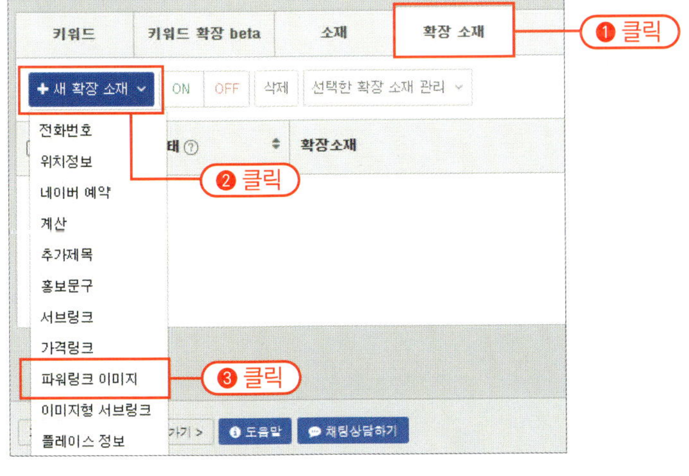

14 이미지를 선택하여 불러온 후에 [저장 후 닫기]를 클릭하면 적용됩니다.

15 확장 소재에 이미지가 들어가는 것을 볼 수 있습니다.

한 걸음 더! 운영 Tip

파워링크 이미지는 아래와 같이 노출되는 이미지입니다.

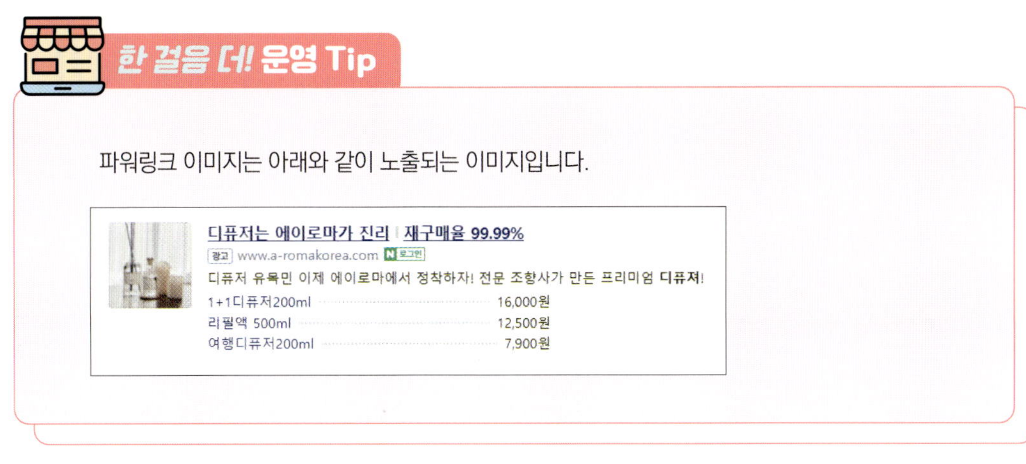

16 다양한 확장 소재를 제공하고 있습니다. 하나하나 클릭하며 진행하려고 하는 광고에 맞는 소재를 선택하여 적용합니다.

[가격 링크 확장 소재]

[홍보 문구 확장 소재]

검색 광고 입찰 관련 용어

광고주는 직접 원하는 키워드를 선택하여 고객이 1회 클릭 시(방문 시) 허용되는 최대 금액을 입찰가로 설정합니다. 입찰가와 품질 지수를 반영하여 순위를 결정하고 보통 10순위 이내에 포함되는 경우에 고객이 검색 포털에서 해당 키워드를 검색할 때 광고주의 광고가 노출되고, 노출된 광고를 고객이 클릭하는 경우에는 광고주에게 클릭당 비용(CPC)이 부과됩니다.

- **최대 클릭 비용:** 최대 클릭 비용은 광고주가 자신의 광고가 한 번 클릭될 때 지급할 의사가 있는 최대 금액을 의미합니다. 광고주는 자신의 예산에 따라 최대 클릭 비용을 입력함으로써 자신의 노출 순위를 조정할 수 있습니다. 하지만 이것이 순위를 결정하는 절대적인 요소는 아닙니다. 여기서 알아야 할 사항은 예를 들어 '원피스'라는 키워드에 200원이라는 최대 클릭 비용을 입력하면 클릭당 200원이 무조건 과금되는 것이 아니라는 점입니다.

- **품질 지수:** 리스팅된 광고의 품질을 반영하는 지수입니다. "키워드 검색을 통한 의도와 요구를 얼마나 잘 나타내고 있는가?"를 반영하여 측정한 척도입니다.

- **순위 지수:** 최대 클릭 비용 X 품질 지수 = 순위 지수입니다. 순위 지수가 높은 순서대로 광고의 노출 순위가 결정됩니다. 순위 지수의 조정을 통해 원하는 순위에 광고를 노출할 수 있습니다.

- **광고비(실제 클릭 비용):** 광고주가 각 클릭에 대해 실제로 지급하는 금액을 의미합니다. 실제 클릭 비용은 차순위 광고의 순위 지수를 자신의 품질 지수로 나눈 값에 10원을 더하여 산정됩니다. 실제 클릭 비용은 입력한 최대 클릭 비용을 절대 초과하지 않습니다. '실제 클릭 비용 = (차순위 광고의 순위 지수/자신의 품질 지수) + 10원'입니다.

광고주	입찰가	품질 지수	순위 점수	지불 CPC
AA	750원	6	4,500	510원
BB	1,000원	3	3,000	610원
CC	600원	3	1,800	260원
DD	250원	3	750	150원

AA 광고주의 실제 지불 CPC = (후순위 BB의 순위 점수/광고주 AA의 품질 지수) + 10원 = 510원
BB 광고주의 실제 지불 CPC = (후순위 CC의 순위 점수/광고주 BB의 품질 지수) + 10원 = 610원

여기까지 오신 것을 진심으로 축하드립니다!

도매 사이트 연동부터 스피드고전송기 활용, 스마트스토어 상품 등록, 디자인 설정, 주문 및 배송 처리, 마케팅 전략과 광고 운영까지 온라인 쇼핑몰 창업의 전체적인 흐름을 모두 이해하셨습니다. 이것만으로도 이미 대부분의 예비 창업자보다 훨씬 앞서 있습니다.

하지만 진짜 성장은 지금부터 시작입니다. 배운 내용을 머릿속에만 두지 말고 반복하고 직접 실행하면서 내 것으로 완전히 습득하는 과정이 꼭 필요합니다. 처음 상품을 등록할 때, 첫 주문이 들어올 때, 첫 리뷰가 달릴 때 그 작은 경험들이 쌓여 어느새 안정적인 매출로 이어지게 됩니다. 꾸준한 실행이 가장 강력한 공부입니다.

스마트스토어에서 어느 정도 자신감이 생기셨다면 이제는 다양한 채널과 앱으로 시야를 넓혀보시길 권장합니다. 쿠팡, 11번가, 지그재그, 에이블리, 카카오쇼핑 등 수많은 마켓이 여러분을 기다리고 있습니다. 처음에는 낯설게 느껴질 수 있지만 걱정하지 않으셔도 됩니다. 대부분의 마켓은 지금까지 배운 프로세스와 구조가 매우 유사하기 때문에 적응하는 데 생각보다 훨씬 적은 시간이 걸립니다. 채널이 늘어날수록 수익의 파이프라인도 함께 넓어집니다.

여러분이 꿈꾸는 온라인 사업의 성공을 온 마음으로 응원합니다. 지금 이 순간을 기억하며 힘차게 도전해 나가세요!

Part 07

사업 확장!
쿠팡 연동하기

위탁판매에 대한 전체적인 내용을 이해했다면 이제는 판매 채널을 확장할 차례입니다. 판매하는 아이템에 따라 주력 채널이 다를 수는 있지만, 가능하면 많은 판매 채널을 갖고 있는 것이 판매자로서는 유리합니다. 스마트스토어에서만 판매하는 것보다, 쿠팡, 11번가, G마켓 등 다양한 채널로 확장하여 판매한다면 해당 채널만 이용하는 고객에게도 나의 제품을 보여 줄 수 있어서, 판매 확률을 높일 수 있습니다.

ONLINE MARKET
PAY

01 쿠팡에서 판매 준비하기

판매자의 입장에서는 많은 고객이 있고 판매가 활발히 이루어지는 채널에 입점을 안 할 이유가 없습니다. 그렇지만 최소한 판매 여건에 대해서는 알아보는 것이 좋습니다. 그중에 꼭 알아봐야 하는 것이 수수료일 것입니다. 쿠팡의 현재 수수료는 네이버 스마트스토어 다음으로 저렴합니다.

① 쿠팡 수수료 이해

쿠팡은 수수료에 대한 부분이 조금 복잡합니다. 수수료가 일반 수수료, 배송비 수수료, 판매자 서비스 이용료로 구분됩니다.

일반 수수료는 옆의 수수료 표와 같이 판매하는 상품군에 따라 다릅니다. 예를 들어 출산/유아 카테고리 제품을 판매했다면 카테고리 수수료는 10%에 부가세 별도 1%를 추가하여 11%가 됩니다. 여기에 배송비 수수료 3%와 부가세 별도 0.3%가 추가되어 총 14.3%가 됩니다.

대분류	중분류	소분류	기준 수수료
가전디지털	기본 수수료	-	7.8%
	게임	성인용게임(19)	6.8%
		휴대용게임	6.8%
		PC게임	6.8%
		TV/비디오게임	6.8%
	냉난방가전	냉난방에어컨	5.8%
	냉방가전	멀티형에어컨	5.8%
		벽걸이형에어컨	5.8%
		스탠드형에어컨	5.8%
		이동식 스탠드형에어컨	5.8%
	카메라/카메라용품	기타카메라	6%
		디지털카메라	5.8%
		초소형/히든카메라	6%
		카메라렌즈	5.8%
		캠코더/비디오카메라	6%
		DSLR/SLR카메라	5.8%
	태블릿PC/액세서리	태블릿PC	5%
	생활가전	냉장고	5.8%
		세탁기	5.8%
	빔/스크린	빔/프로젝터	5.8%
	영상가전	영상액세서리	5.8%
		TV	5.8%
		VTR/DVD플레이어	5.8%
	컴퓨터/게임	컴퓨터	5%
	컴퓨터주변기기	3D프린터	5.8%
		기타프린터	5.8%
		레이져복합기	5.8%
		레이져프린터	5.8%
		모니터	4.5%
		복사기	5.8%
		스캐너	5.8%
		잉크젯복합기	5.8%
		잉크젯프린터	5.8%
		포토프린터	5.8%
		마우스/키보드	6.5%
		유무선공유기	6.5%
		태블릿/노트북악세사리	6.4%
		기타	6.4%
가구/홈인테리어	기본 수수료	-	10.8%
도서	기본 수수료	-	10.8%
음반	기본 수수료	-	10.8%
문구/사무용품	기본 수수료	-	10.8%
	문구/팬시용품	광학용품	8.8%
	사무용지류	포토전용지	7.8%
출산/유아	기본 수수료	-	10%
	기저귀/물티슈	기저귀크림/파우더	9.8%
	영유아물티슈	영유아물티슈	8.2%
	영유아식품	-	7.8%
	분유	유아분유	6.4%
	기저귀	배변훈련팬티	6.4%
		수영장기저귀	6.4%
		일회용기저귀	6.4%
		천기저귀	6.4%
스포츠/레저용품	기본 수수료	-	10.8%
	골프용품	골프거리측정기/GPS	7.6%
		골프클럽	7.6%
		골프풀세트	7.6%
	자전거용품	성인용자전거	7.6%
		아동용자전거	7.6%
	스포츠의류	-	10.5%
	스포츠신발	-	10.5%
뷰티	기본 수수료	-	9.6%

　　많은 분들이 질문하시는 내용인 판매자 서비스 이용료는 2개의 카테고리로 나눠집니다. 일반 카테고리와 가전/컴퓨터/디지털 카테고리로 구분합니다. 일반 카테고리는 배송비를 제외하고 월 매출이 100만 원 이상일 때 월 1회 5만 원을 부과합니다. 가전/컴퓨터/디지털 카테고리 상품은 월 매출이 500만 원 이상일 때 월 1회 5만 원을 부과합니다. 예를 들어 판매자가 컴퓨터 카테고리에서 500만 원 이상의 매출이 나왔다면 일반 수수료 + 판매자 서비스 이용료(5만 원) + 배송비 수수료를 내게 되는 것입니다.

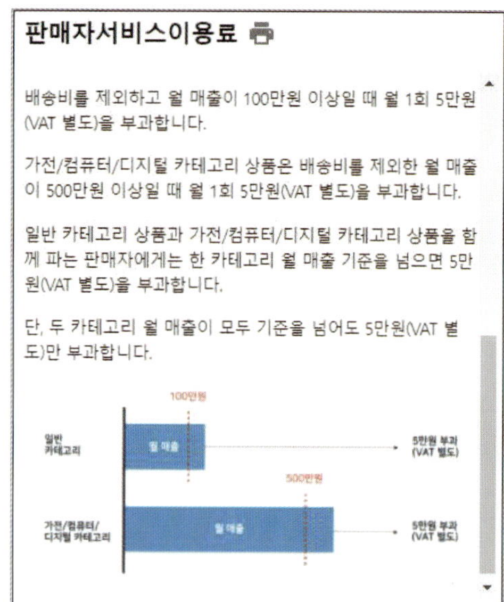

[출처 : 쿠팡 서비스센터]

② 쿠팡 판매자 가입하기 및 관리자 접속

 따라해 보세요!

01 쿠팡 판매자로 가입하기 위해서는 쿠팡 마켓플레이스 홈페이지(https://marketplace.coupangcorp.com)에 접속하여 [판매자 가입하기] 메뉴를 클릭하고 가입을 진행해야 합니다.

02 쿠팡 판매자 아이디, 비밀번호, 이름, 이메일 주소를 입력하고 판매자 핸드폰 인증을 받으면 기본 가입 단계가 완료됩니다. 가입한 후에 사업자등록증을 업로드하면 판매를 시작할 수 있습니다.

03 가입이 완료된 후에 관리자 페이지로 접속하기 위해서는 쿠팡윙 페이지로 이동해야 합니다. 쿠팡윙 페이지(https://wing.coupang.com/login)에 접속한 후에 가입한 아이디와 비밀번호를 입력하고 로그인하면 관리자 페이지로 접속됩니다.

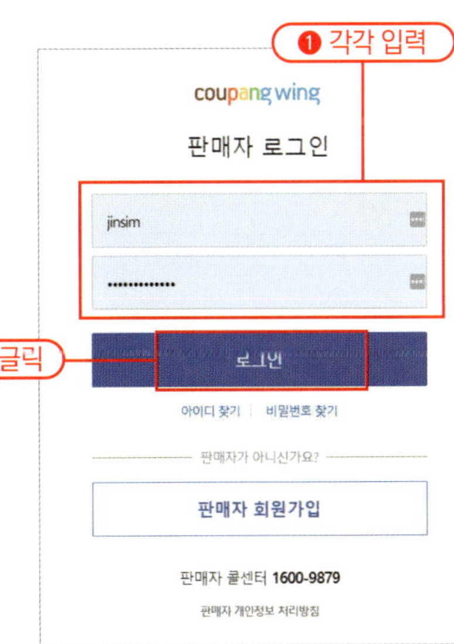

<u>**04**</u> 아래와 같이 관리자 페이지에 접속되는 것을 볼 수 있습니다.

관리자 페이지에서 마이샵을 클릭하여 간단하게 스마트스토어처럼 개인 쇼핑몰을 구성할 수 있습니다. 마이샵이란 판매자가 판매 중인 다양한 상품을 한 번에 볼 수 있는 페이지입니다. 한 명의 판매자는 한 개의 마이샵만 가질 수 있습니다.

마이샵을 꾸미면 아래와 같이 마이샵 주소가 만들어집니다. 해당 주소로 홍보할 수 있습니다. 주소는 **https://store.coupang.com/link/쿠팡ID**로 만들어집니다. 만약 아이디가 jinsimstore라면 주소는 아래와 같이 만들어집니다.

https://store.coupang.com/link/jinsimstore

쿠팡에서 판매 시작하기

02

도매매를 연동하여 쿠팡에서 판매하기 위한 기본 설정을 모두 마쳤습니다. 이제부터는 상품을 전송하고 쿠팡에서 판매가 되었을 때 배송 처리하는 방법을 살펴보겠습니다.

① 도매매와 쿠팡 연동하기

따라해 보세요!

01　도매매의 스피드고전송기를 활용하여 제품을 전송하기 위해 쿠팡에서 API 키를 발급받아 도매매에 입력해야 합니다. 쿠팡윙을 통해 관리자 페이지에 접속한 후에 [판매자정보]-[추가판매정보]를 클릭하고 페이지에서 OPEN API 키 발급 항목의 [발급] 버튼을 클릭하면 API 키가 생성되는 것을 볼 수 있습니다. 쿠팡에서 API 생성은 성공하였으며 해당 키를 도매매에 입력하면 연동 과정은 완료됩니다.

02 쿠팡의 API 키를 도매매에 입력하기 위해 도매매로 이동하고, [스피드고전송기]-[마켓계정관리]를 클릭합니다.

03 마켓계정관리 페이지에서 쿠팡 항목에 업체 코드, AccessKey, SecretKey, 쿠팡 Wing ID를 입력하고 페이지 하단에 있는 [저장]을 클릭하여 연동을 완료합니다.

② 스피드고전송기로 쿠팡에 상품 전송하기

📢 따라해 보세요!

01　도매매에서 쿠팡에 판매하려고 하는 상품을 검색한 후에 DB 보관함에 담고 한 번에 전송하겠습니다. 검색어에 인테리어를 입력하고 [검색]을 클릭합니다.

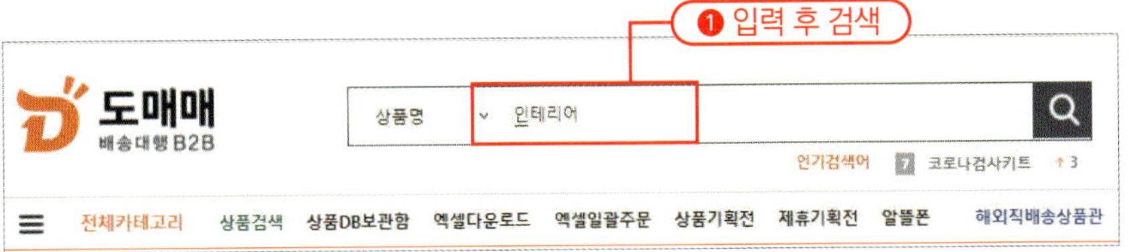

02　검색 결과에서 쿠팡으로 전송하려고 하는 상품을 체크하고 [선택상품DB담기]를 클릭합니다.

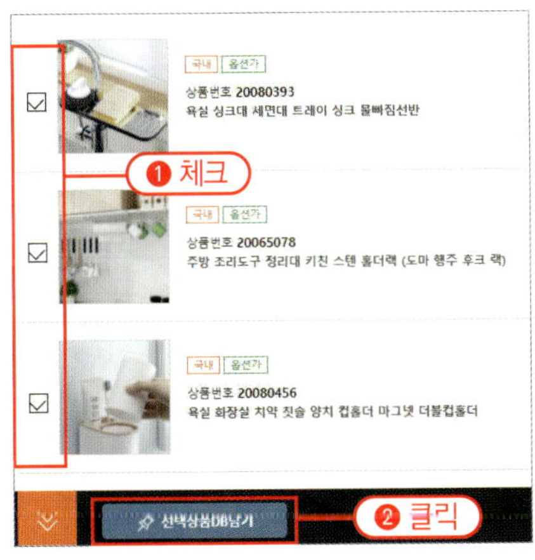

03　선택한 상품을 DB에 담았다는 팝업 창이 뜨는 것을 볼 수 있습니다. 해당 화면에서 추가로 상품을 더 담기 위해 [이 페이지에 머무르기]를 클릭합니다.

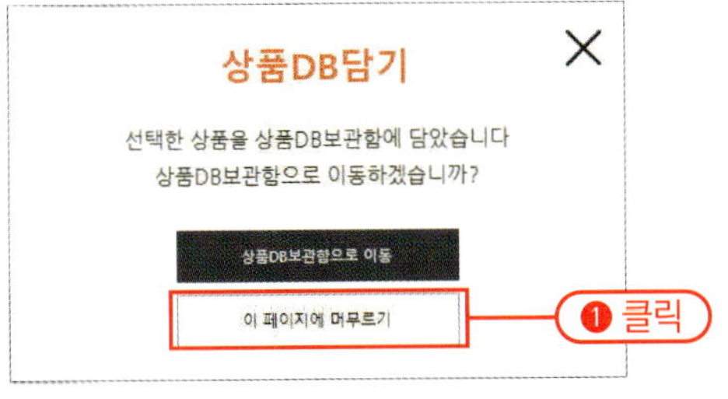

04 추가로 전송할 상품을 선택한 후에 [선택상품DB담기]를 합니다. 같은 과정을 반복하며 판매할 상품을 DB보관함으로 이동합니다.

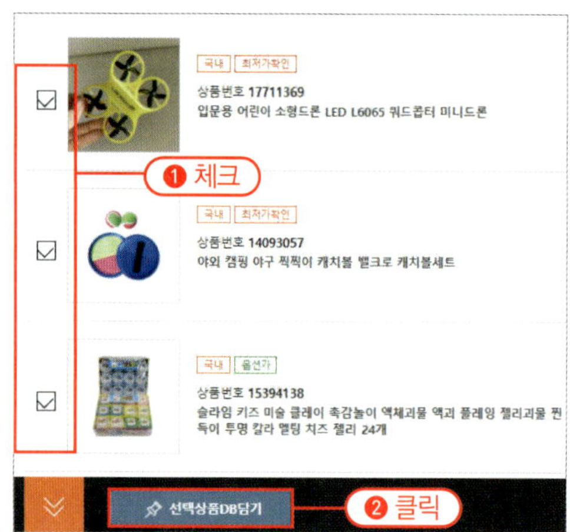

05 이번에는 [상품DB보관함으로 이동]을 클릭합니다.

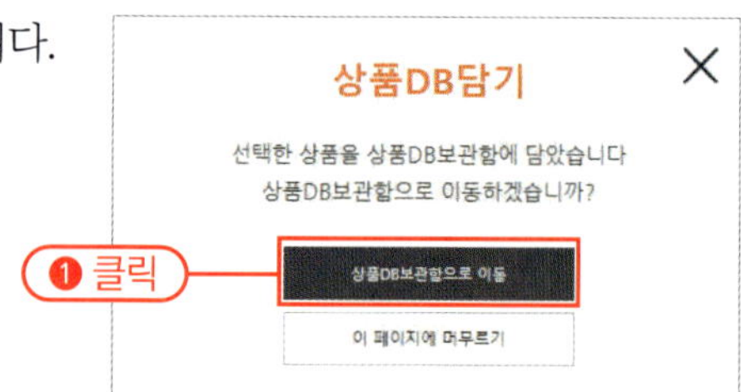

06 쿠팡으로 전송하기 위해 DB보관함으로 이동한 상품이 있는 것을 볼 수 있습니다. 쿠팡으로 전송할 상품을 선택한 후에 [스피드고전송]을 클릭합니다.

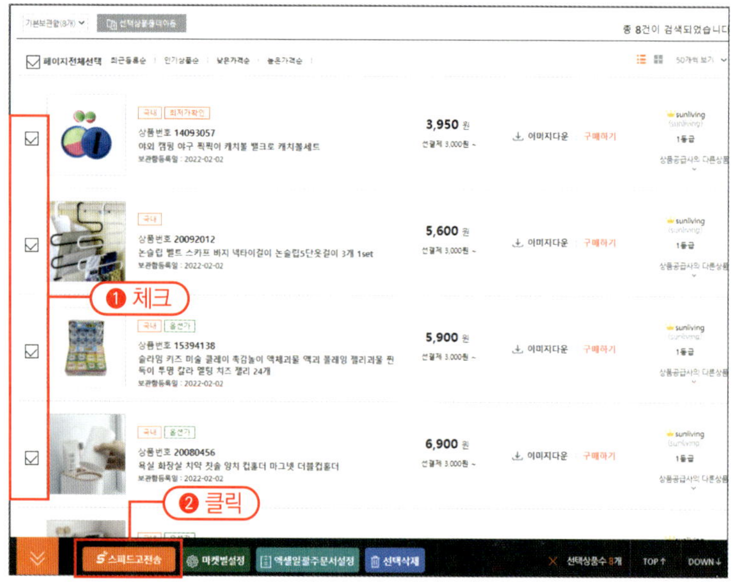

07　스피드고 전송 정보 설정 화면이 나오는 것을 볼 수 있습니다. 솔루션 선택 화면에서 [쿠팡 전송]을 선택합니다.

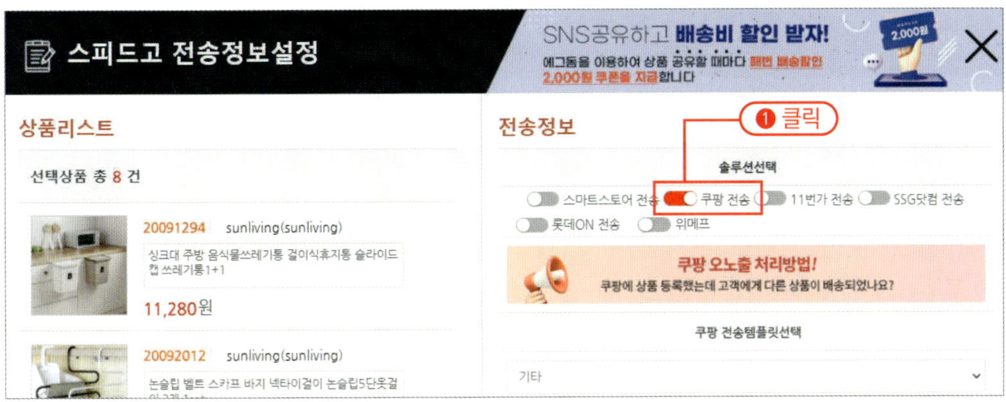

08　스피드고 전송 정보 설정 화면의 하단으로 이동하면 판매가요율 및 할인가를 정하는 화면 이 나옵니다. 해당 내용을 입력한 후에 [스피드고전송]을 클릭합니다.

09 도매매에서 쿠팡으로 상품 전송이 완료된 것을 볼 수 있습니다. 실제로 잘 전송되었는지 쿠팡 판매자센터로 접속하여 확인합니다.

10 쿠팡 판매자센터로 접속한 후에 [상품관리]-[상품 조회/수정]을 클릭하면 조금 전에 전송된 상품이 상품 목록에 있는 것을 확인할 수 있습니다. 등록된 상품ID를 클릭하여 쿠팡 고객 구매 페이지에 상품이 노출되는 것을 확인합니다.

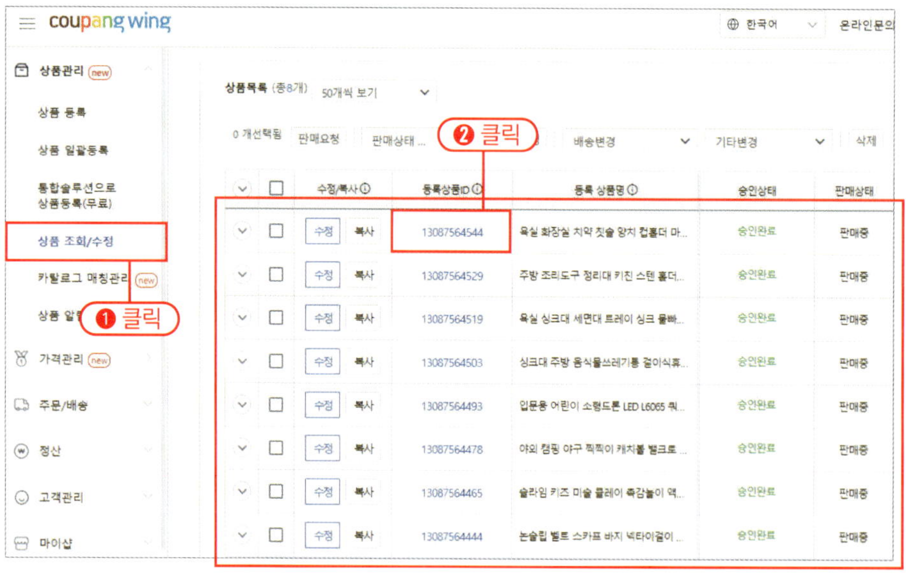

③ 쿠팡 주문 배송 처리 방법

주문 확인은 도매매에서 확인해도 되고, 쿠팡에서 확인한 후에 도매매로 이동해도 됩니다. 마켓을 2개 이상 운영할 때는 도매매의 스피드고전송기를 메인으로 하여 전체 마켓의 주문 정보를 한눈에 확인하는 방법으로 운영하는 것을 추천합니다.

따라해 보세요!

01 쿠팡 주문 내역을 확인하기 위해 [스피드고전송기]-[쿠팡전송]-[주문관리]를 클릭합니다

02 쿠팡의 최근 주문 내역이 나오는 것을 볼 수 있습니다. 항목 중에 [마켓신규주문]을 클릭합니다.

03 신규주문 1건에 대한 상세한 정보가 나오는 페이지로 이동합니다. 주문 건을 체크하고 [e-money 결제]를 클릭합니다.

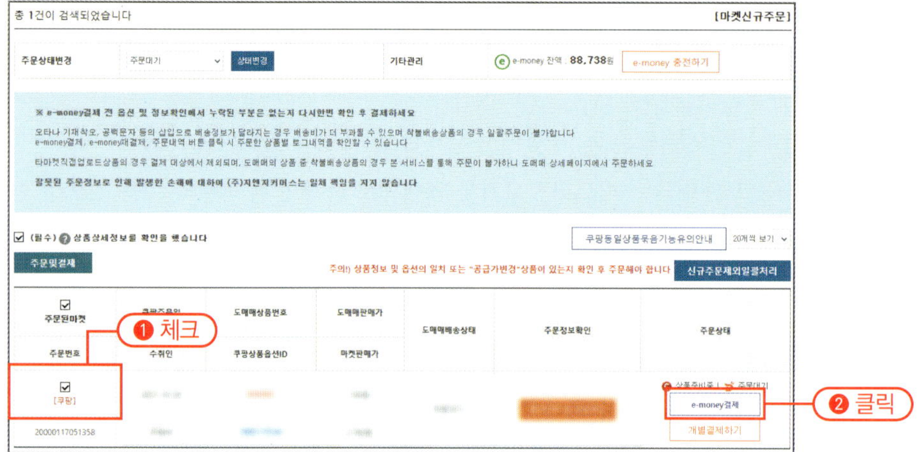

04 쿠팡 주문 1건에 대한 결제 확인 팝업 창이 나옵니다. [확인]을 클릭합니다.

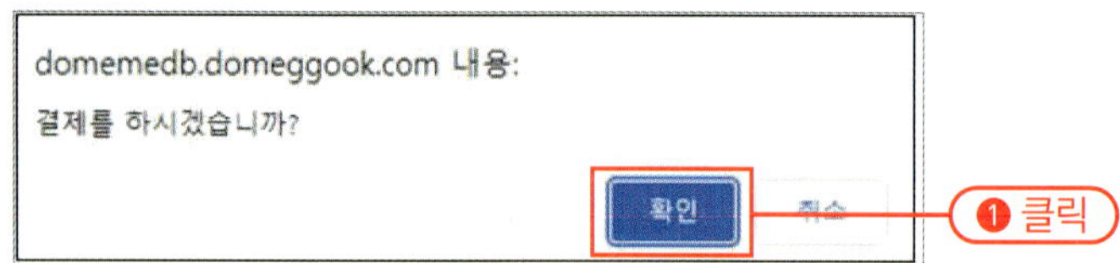

05 　도매매에 주문 결제가 완료되는 것을 볼 수 있습니다. [확인]을 클릭합니다.

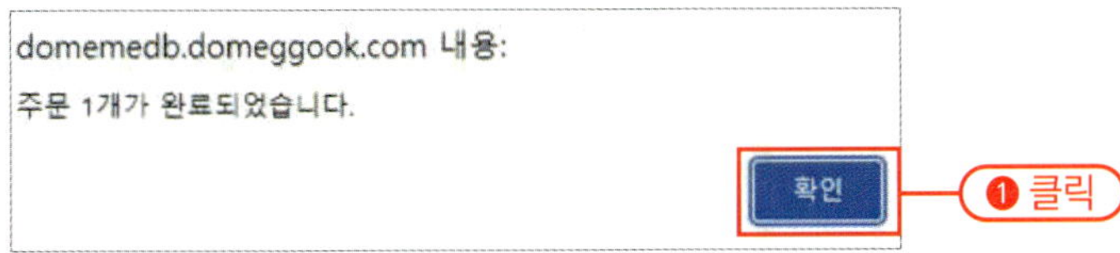

06 　도매매에서 주문 건에 대해 오전에 결제를 하면 오후 1~2시 사이에 운송장 번호를 확인할 수 있습니다. 판매자 카카오톡으로도 운송장 번호가 동시에 전송되기 때문에 휴대폰에서 운송장 번호 입력도 가능합니다. 운송장 번호를 확인하기 위해 도매매 사이트 상단에 있는 [마이페이지]를 클릭하고 [전체목록]을 클릭하면 최근 주문에 대한 운송장 번호가 출력된 것을 볼 수 있습니다. 해당 운송장 번호를 복사하여 쿠팡 판매자 센터에서 배송 처리를 하면 됩니다.

07 쿠팡 판매자센터 화면에서 [주문/배송]-[배송 관리]를 클릭한 후에 도매매에서 복사한 운송장 번호를 쿠팡의 운송장 번호 항목에 붙여넣기하고 [선택물품 배송]을 클릭하여 배송 처리를 완료합니다.

08 배송 완료에 관한 팝업 창에서 [확인]을 클릭하면 배송 처리가 완료됩니다.

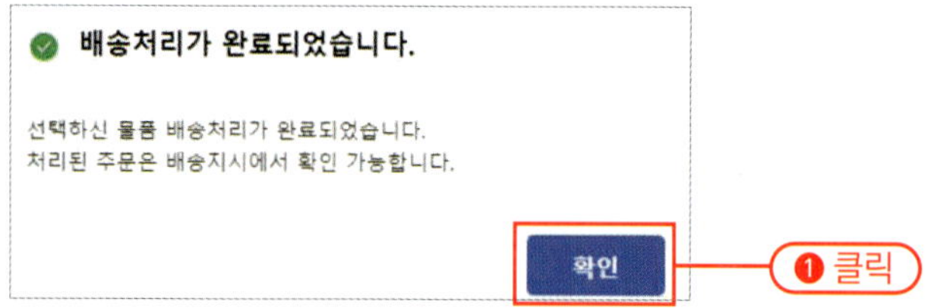

쿠팡 채널 광고하기

온라인 마케팅에는 다양한 방법이 있습니다. 인스타그램에 궁금증을 유발하는 사진을 올려서 쿠팡 또는 스마트스토어로 유입하는 방법도 있고, 블로그에 글을 써서 쇼핑몰로 유입을 유도하는 방법 등 다양합니다. 다양한 마케팅 채널을 모두 익히기에 앞서 꼭 해야 될 것이 있습니다. 바로 채널 마케팅입니다. 쿠팡에 상품을 등록했다면 쿠팡 채널 마케팅을 해야 합니다. 쿠팡으로 유입된 고객을 나의 고객으로 만들기 위한 첫 번째 단계입니다.

광고를 집행하기 전에 등록한 상품의 수정 사항이 있는지 미리 살펴보세요. 도매매를 통해 자동으로 전송하다 보니 상품 제목에 상품에 맞지 않는 내용이 들어가 있거나, 상세페이지가 미흡할 수 있는데, 수정 보완할 수 있습니다. 그리고 쿠팡에서는 얼마의 광고비를 지출할 것인지 예산 설정을 미리 해 봅니다. 쿠팡은 하루 최소 1만 원부터 최대 10억까지 입력 가능합니다. 1만 원부터 가능하지만 쿠팡에서는 3만 원 이상의 광고비를 권장하고 있습니다.

따라해 보세요!

01 광고 설정을 하기 위해 쿠팡윙(https://wing.coupang.com)에 접속합니다. 로그인 화면에서 아이디와 비밀번호를 입력하고 [로그인]을 클릭합니다.

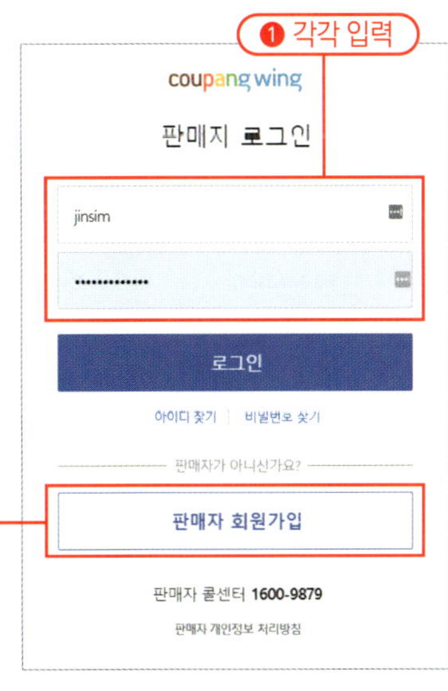

02 쿠팡윙 관리자 페이지에서 [광고 관리]-[광고 운영] 메뉴를 클릭하여 광고 관리 페이지로 이동합니다. 광고 페이지에서 [광고 시작하기]를 클릭합니다.

03 쿠팡 광고에는 크게 상품별 광고와 브랜드별 광고가 있습니다. 상품별 광고는 단일 상품만 광고하는 방식이고, 브랜드별 광고는 해당 브랜드를 모아서 광고하는 방식입니다. 옆의 상품별 광고와 브랜드별 광고 예시를 보면 쉽게 이해할 수 있습니다. 도매매를 활용한 위탁상품 판매의 경우는 브랜드로 모아서 광고하기보다는 개별 상품으로 광고할 확률이 높습니다. 여기에서는 [각 상품들을 광고할래요]를 선택합니다.

 돈이 들어오는 무재고 위탁판매 쇼핑몰

[상품별 광고 예시]

[브랜드별 광고 예시]

04 광고 목표를 정하는 항목이 나옵니다. 광고 목표에는 수익률을 고려한 매출 성장, 상세한 키워드 및 입찰가 관리, 쿠팡에 처음 소개되는 상품의 매출 활성화로 나눠집니다. 일반적으로는 수익률을 고려한 매출 성장 항목으로 광고하게 됩니다.

NOTE

마케팅 상황별 추천

- 수익률을 고려한 매출 성장 : 좀 더 안정적으로 매출을 높이고 싶을 때, 적정 광고 수익률을 유지하고 싶을 때, 효율이 높은 키워느에 자동으로 광고하고 싶을 때 추천힙니다.
- 상세한 키워드 및 입찰가 관리 : 원하는 키워드만 선택해서 광고하고 싶을 때, 키워드와 입찰가를 상세하게 조절하고 싶을 때, 상품/시기별로 광고를 다르게 운영하고 싶을 때 추천합니다.
- 쿠팡에 처음 소개되는 상품의 매출 활성화 : 첫 입점 상품을 2주 동안 집중적으로 노출해 매출이 더 잘 일어날 수 있게 하고 싶을 때 추천합니다.

<u>**05**</u> 광고 설정 페이지의 하단에 있는 [광고 만들기]를 클릭하여 캠페인 설정 화면으로 이동합니다.

<u>**06**</u> 캠페인 설정 화면에서 캠페인 이름과 하루 예산을 설정하는 부분에 예산을 입력합니다. 탄력 일예산은 설정한 예산이 광고비로 다 써지지 않을 경우, 미사용된 금액을 예산이 부족한 날에 쓸 수 있도록 일 예산의 범위가 탄력적으로 조정됩니다.

캠페인 이름 : 신상품광고
예산 : 10,000원

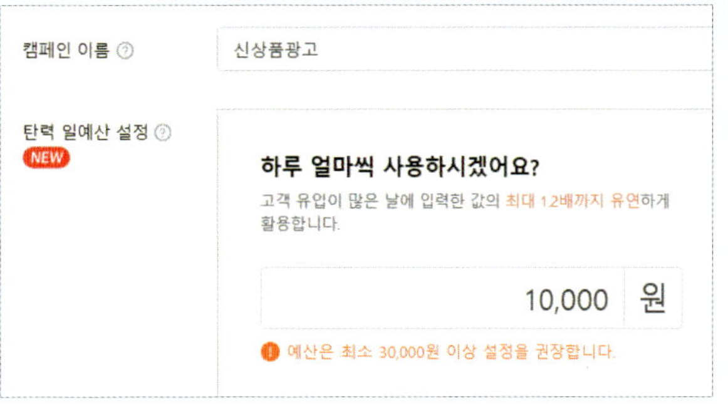

예산을 높게 잡을수록 더 좋은 결과를 얻을 수 있나요?

매출 최적화 광고의 알고리즘은 입력한 목표 광고 수익률을 달성하기 위해 정한 예산을 효율적으로 사용하여 상품, 키워드, 노출, 입찰가까지 최적의 조건을 만들어 냅니다. 예산이 너무 빠듯한 경우, 광고가 중단되거나 쿠팡 피크타임 노출을 놓칠 수 있어 매출 상승과 최적화에 제한이 될 수 있습니다. 따라서 최적화를 제한하지 않도록 충분한 금액의 일예산을 설정하는 것이 좋습니다(최소 3만 원 권장).

07 기간 설정 화면이 나옵니다. 캠페인에 속한 상품들의 광고 노출 기간을 선택합니다. 종료일 없음을 선택하면 예산이 모두 소진되거나 수동으로 중지할 때까지 광고를 진행합니다.

08 광고 상품 설정 화면에서 광고 그룹 이름을 입력하고 원하는 상품을 직접 선택하여 광고하는 [수동 상품 설정]을 선택합니다.

광고 상품 설정 차이점

- 자동으로 상품을 선택하고 바꿔 주는 스마트 상품 관리 : 최근에 새롭게 생긴 광고 방법입니다. 높은 효율이 예상되는 상품을 골라 한 번에 광고 등록을 하고, 재고 상황과 광고 효율에 따라 자동으로 광고 상품을 변경해 줍니다. 광고 중인 상품 현황은 매일 업데이트 및 최적화됩니다.
- 원하는 상품을 직접 선택하여 광고하는 수동 상품 설정 : 상품은 최대 1만 개까지 표시되며 그중에서 광고하기를 원하는 상품을 판매자가 직접 선정하여 광고를 실행하는 방식입니다.

09 광고하고 싶은 상품을 왼쪽에서 선택하면 오른쪽 화면에 추가가 됩니다. 지금은 나무와 새 모양 무소음 벽시계/침실/사무실 상품을 광고하기 위해 클릭했습니다. 클릭한 상품이 오른쪽으로 이동된 것을 볼 수 있습니다. 스크롤바를 아래로 내리면 목표 광고 수익률 입력하기 화면이 나옵니다.

10 목표 광고 수익률은 최소 100%에서 최대 10,000%까지 입력할 수 있습니다.

무조건 높은 광고 수익률을 입력하면 되지 않냐고 생각할 수 있습니다, 하지만 높은 광고 수익률(A)이 꼭 높은 매출 달성(B)을 의미하지는 않습니다.

예시A

광고비	10만 원		광고 수익률	광고 이익
광고 매출	100만 원		1,000%	90만원

예시B

광고비	80만 원		광고 수익률	광고 이익
광고 매출	400만 원		500%	320만원

광고 이익을 고려한 적정 광고 수익률을 유지하면서 전체 매출량을 늘리는 것이 지속적인 매출 성장에 도움이 됩니다. 오히려 목표 광고 수익률을 너무 높게 입력할 경우, 목표를 맞추기 위해 키워드 입찰가가 자동으로 낮아져 광고 노출이 적어질 수 있습니다.

11 기본적은 설정은 앞에서 살펴본 내용을 기준으로 입력하면 됩니다. 이 외에 캠페인 중지기능 추가 및 키워드 제외 항목을 선택적으로 설정할 수 있습니다. 모든 설정이 완료된 후에 [완료]를 클릭합니다.

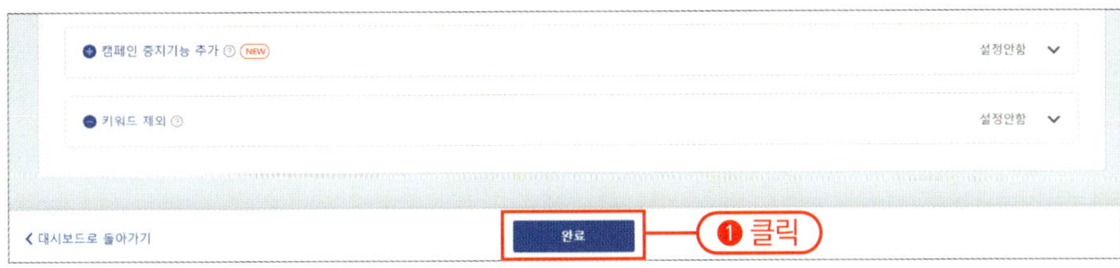

- **캠페인 중지기능 추가** : 설정한 최소 광고 수익률에 도달하지 않을 경우 자동으로 캠페인을 중지시켜 보다 안전하게 광고 운영을 할 수 있습니다. 지난 7일 동안의 합산 광고 수익률(지난 7일 간, 총 광고비 대비 광고 전환 매출)을 기준으로 입력값보다 작을 경우 광고가 자동으로 중지됩니다.

- **키워드 제외** : 스마트 타깃팅에 매칭되는 키워드 중 노출을 원하지 않는 키워드를 추가합니다(광고 관리/수정 단계에서도 설정 가능). 스마트 타깃팅 광고 집행 후, 보고서를 통해 광고 성과를 확인하고, 불필요한 키워드를 선별하여 키워드 제외로 설정할 수 있습니다.

12   앞에서 설정한 광고 목표와 유형, 캠페인, 광고 그룹 상품, 상세 설정의 내용이 표시되는 것
을 볼 수 있습니다. 최종 확인한 후에 [완료]를 클릭합니다.

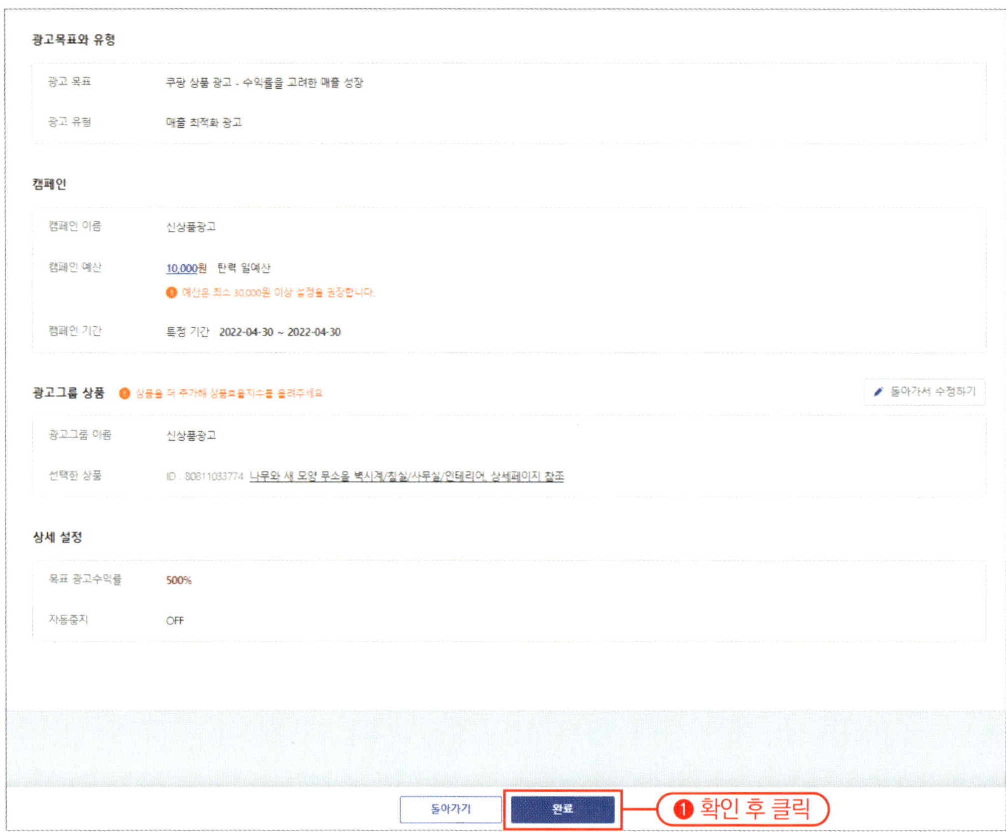

13   캠페인 등록이 완료된 것을 볼 수 있습니다. 광고 시작은 20분 뒤부터 진행됩니다.

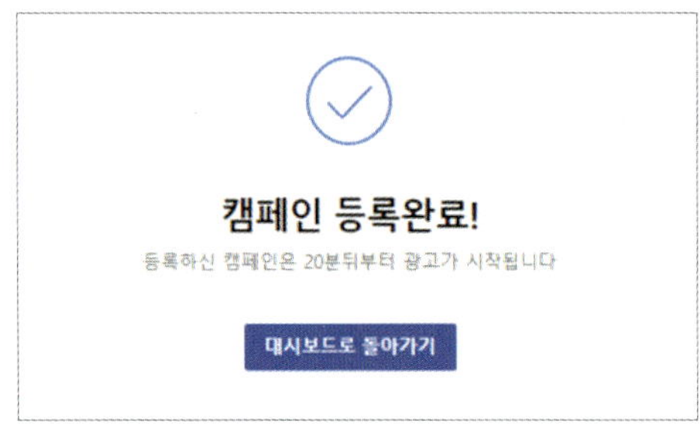

설정한 광고는 쿠팡에서 자동으로 다양한 곳에 노출이 됩니다.

노출 지면		
특정 키워드 검색 시	검색 결과 페이지	검색 결과 중간
		검색 결과 상단 배너
		검색 결과 중간 배너
		검색 결과 '같이 보면 좋은 상품'
		검색 창 추천 상품
특정 페이지 방문 시	메인 페이지	오늘의 스마트한 쇼핑
		요즘 뜨는 상품
		카테고리별 추천 광고 상품
		라인 배너
	상품 페이지	상단 배너
		중단 배너
		하단 배너
		함께 비교하면 좋을 상품
		하단 연관 추천 상품
	카테고리 페이지	이런 상품 어때요?
		카테고리 중간
	장바구니 페이지	같이 보면 좋은 상품
	주문 완료 페이지	이런 상품 어때요?

쿠팡은 노출되는 곳을 임의로 선택할 수 없고 구매 가능성이 높은 곳에 자동으로 노출되는 시스템입니다. 광고 집행 이후 광고 보고서를 통해 검색/비검색 영역으로 구분하여 광고 성과를 확인할 수 있습니다. 쿠팡은 무료로 광고 컨설팅을 받을 수 있습니다. 컨설팅을 받으면 광고비 5만 원을 충전해 줍니다. 아래의 인터넷 주소를 입력한 후에 접속하여 신청할 수 있습니다.

https://ads.coupang.com/Cap.html

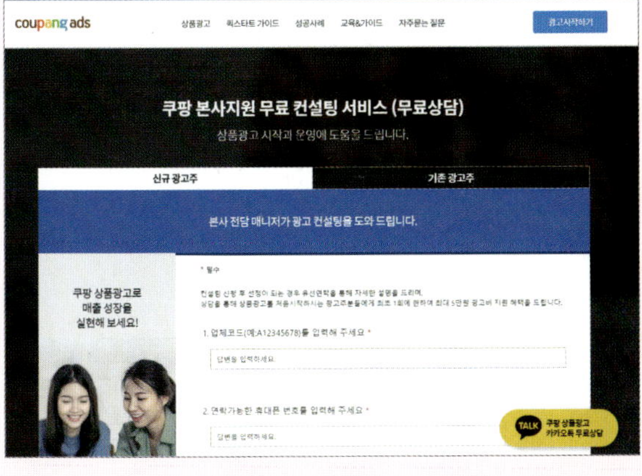

광고 관련 많이 질문하는 내용

❶ 어떤 상품이든 광고 노출이 가능한가요?

불필요한 광고비 지출을 막기 위해 재고가 있는 상품, 그리고 동일 상품의 경우 아이템위너만 광고에 노출됩니다. 아이템위너란, 같은 제품을 판매하는 페이지에서 가격과 고객 후기 등을 참고하여 가장 뛰어난 제품을 대표 상품으로 노출해 주는 기능입니다(동일한 점수를 받은 경우 랜덤으로 노출이 됩니다).

품절 및 아이템위너 미선정으로 인해 광고에 노출되지 않을 경우, 광고 관리 페이지의 캠페인 목록 항목에서 이유와 광고 상태를 바로 확인할 수 있습니다. 이 경우, 광고가 진행되지 않았기 때문에 광고비는 과금되지 않습니다.

❷ 광고 예산이 다 소진되면 어떻게 되나요?

광고 캠페인에 설정한 예산이 모두 소진되면, 해당 캠페인 광고는 중단되고 더 이상 광고비가 지출되지 않습니다. 끊김 없는 광고 노출을 위해서는 충분한 예산을 설정하는 것이 좋습니다.

❸ 목표 광고 수익률이 보장되나요?

입력한 목표 광고 수익률은 보장하지 않으며, 쿠팡 시스템에서 자동 입찰가를 정할 때, 판매자가 입력한 목표 광고 수익률을 참고로 하여 최대한 달성하기 위해 입찰가를 자동으로 조절합니다.

❹ 실제 광고 수익률이 목표 광고 수익률을 초과하면 광고가 중단되나요?

아닙니다. 실제 광고 수익률이 캠페인 설정 시 입력한 목표 광고 수익률보다 높은 경우에도 광고는 중단되지 않습니다.

온라인 셀러 성장 로드맵, 위탁판매에서 브랜딩까지

온라인 위탁판매 관문 통과를 축하드립니다.

지금까지 온라인 종합 도매사이트인 도매매를 통해 위탁판매의 기본을 익히셨습니다. 스토어 개설부터 상품 등록, 주문 처리, 운송장 관리, 그리고 CS까지 온라인 유통의 전체 사이클을 경험하셨다면, 이제 진짜 온라인 셀러로서의 여정이 시작됩니다.

많은 초보 셀러들이 이 단계에서 멈춥니다. 편안한 위탁판매 시스템에 안주하며 낮은 마진에 만족하죠. 하지만 여러분은 다릅니다. 이 글을 읽고 계신다는 것은 더 높은 곳을 바라보고 계신다는 뜻이니까요. 지금부터 제가 안내할 로드맵은 단순한 판매자에서 진정한 온라인 비즈니스 오너로 성장하는 구체적인 길입니다.

❶ 나만의 전문 도매 사이트를 발굴하세요.

온라인 유통의 기본 사이클을 익혔다면 이제 가장 중요한 미션이 시작됩니다. 바로 나만의 전문 도매 사이트를 발굴하는 것입니다. 도매매와 같은 종합 도매 사이트는 시작하기엔 좋지만, 모든 셀러가 같은 상품을 같은 가격에 판매합니다. 진정한 경쟁력은 남들이 쉽게 접근할 수 없는 소싱 채널을 확보하는 데서 나옵니다.

가장 먼저 해야 할 일은 내가 판매할 주력 카테고리를 명확히 정하는 것입니다. 문구류를 예로 들어 보겠습니다. 문구류를 판매하기로 결정했다면 해당 카테고리에서 월 매출 비중이 50% 이상이 되도록 집중해야 합니다. 이렇게 카테고리를 특화하면 전문성이 생기고, 고객들도 여러분을 해당 분야의 전문 쇼핑몰로 인식하게 됩니다.

전문 도매 사이트를 찾는 방법은 크게 온라인과 오프라인으로 나뉩니다. 온라인에서는 네이버와 구글에서 문구류 도매, 문구류 B2B, 문구류 제조사와 같은 키워드로 검색을 시작하세요. 관련 업종 카페나 커뮤니티에서도 귀중한 정보를 얻을 수 있습니다. 경쟁 셀러들의 상품 상세페이지를 유심히 살펴보는 것도 좋은 방법입니다. 종종 제조사나 브랜드 정보가 노출되어 있는 경우가 있거든요.

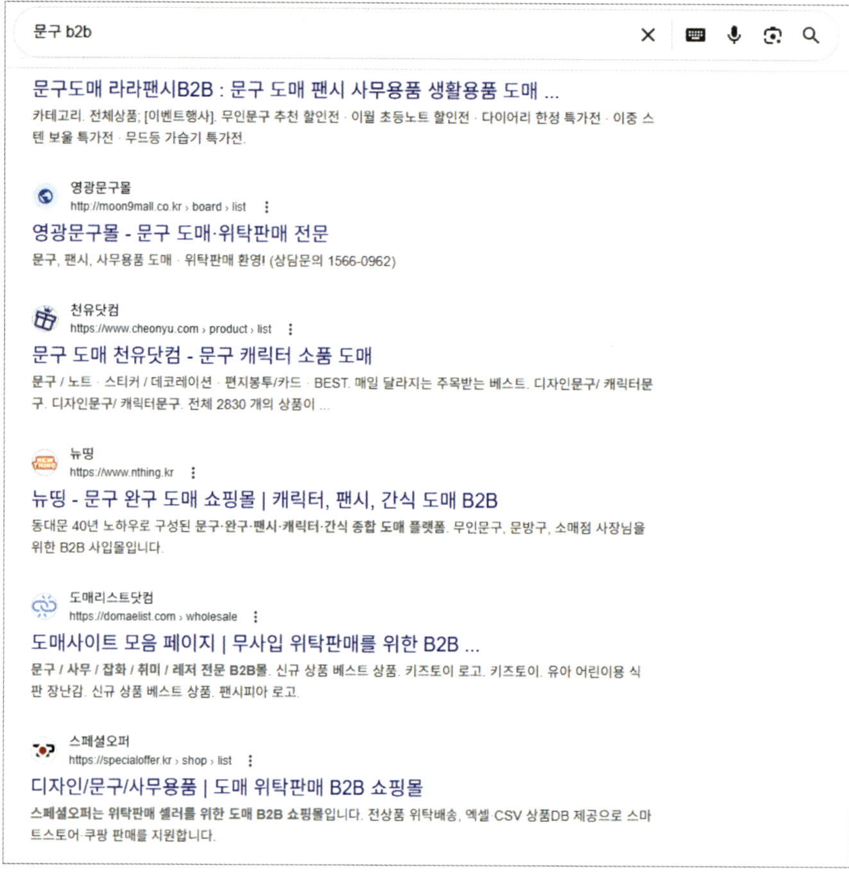

[문구b2b 검색 결과]

하지만 진짜 기회는 오프라인에 있습니다. 동대문, 남대문, 또는 지역의 도매상가를 직접
방문해 보세요. 문구류라면 동대문 문구 도매상가가 유명합니다. 하루 시간을 내서 직접
방문해 여러 업체를 돌아다니며 명함을 받아 오세요. 대부분의 도매상은 B2B 사이트를 운
영하거나 직거래 연락처를 가지고 있습니다. 도매상 사장님과 얼굴을 익히고 신뢰 관계를
구축하는 것은 장기적으로 큰 자산이 됩니다. 정기적으로 방문하고, 가능하면 현금으로 거
래하면 더 좋은 조건을 얻을 수 있습니다.

실전 예시를 하나 들어 보겠습니다.

어떤 문구류 셀러가 있다고 가정해 봅시다. 그는 먼저 도매매에서 판매하며 어떤 문구

     돈이 들어오는 무재고 위탁판매 쇼핑몰

아이템이 인기 있는지 파악했습니다. 그 다음 해당 아이템의 제조사와 수입사를 검색했고, 동대문 문구 도매상가를 직접 방문해 5개 업체의 명함을 수집했습니다. 각 업체의 B2B 사이트에 가입해 가격을 비교한 후, 최저가를 제시하는 업체와 정기 거래를 시작했습니다. 그 결과 기존 도매매 대비 15-20% 낮은 원가로 상품을 소싱할 수 있게 되었습니다.

여기서 한 단계 더 나아가야 합니다. 산지 직거래 루트를 개척하는 것입니다. 제조 공장이 밀집된 지역을 조사하세요. 문구는 동대문, 주방용품은 남대문처럼 카테고리마다 제조 산지가 있습니다. 제조사 홈페이지를 찾아 B2B 문의를 직접 진행하세요. 처음에는 최소 주문 수량이 부담스러울 수 있지만, 소량으로 시작해 관계를 구축하며 점차 늘려가면 됩니다.

❷ 차별화 전략으로 프리미엄을 만드세요.

단순히 싸게 떼오는 것만으로는 부족합니다. 여러분이 개발해야 할 것은 차별화 전략입니다. 가장 효과적인 방법 중 하나는 세트 구성 전략입니다. 산지에서 낱개로 구매한 상품들을 나만의 방식으로 세트화하는 것입니다. 예를 들어 학생 문구 10종 세트나 신학기 필수템 패키지를 만들 수 있습니다. 이렇게 하면 원가는 낮추면서도 판매가는 높일 수 있습니다. 고객 입장에서는 편리함이라는 가치를 얻게 되고, 여러분은 더 높은 마진을 얻게 됩니다.

[신학기 문구 필스템 세트 검색 결과]

특히 중요한 것은 지금 판매하는 가격보다 비싼 제품을 판매하는 전략을 만들어야 한다는 점입니다. 프리미엄 라인에 진입하는 것이죠. 기존 판매가보다 30-50% 높은 가격대의 제품군을 추가하세요. 고객층을 세분화하여 가성비를 중시하는 고객과 프리미엄을 원하는 고객 모두를 만족시킬 수 있습니다. 놀라운 사실은 프리미엄 제품의 마진율이 일반 제품보다 2-3배 높다는 것입니다.

제조사와 긴밀한 관계를 구축하면 더 큰 기회가 열립니다. 온라인 독점 판매 계약을 체결할 수도 있습니다. 처음에는 소량이라도 꾸준히 매입하며 신뢰를 쌓으세요. 6개월에서 1년 정도 지나면 단독 공급을 제안할 수 있는 관계가 됩니다. 또한 제조사와 가까워지면 신상품 정보를 다른 셀러들보다 2-4주 먼저 입수할 수 있습니다. 트렌드 상품을 선점하는 것은 엄청난 경쟁 우위입니다. 필자의 경우도 산지 직송 상품을 독점으로 판매할 수 있는 기회를 얻게 되어 더 많은 매출을 낼 수 있었습니다.

장기적으로는 OEM과 ODM을 준비해야 합니다. 제조사에 소량 주문생산이 가능한지 타진하고, 내 브랜드 로고를 새긴 상품을 기획하기 시작하세요. 이것이 바로 단순 판매자에서 브랜드 오너로 가는 첫걸음입니다.

❸ 기존 고객을 충성 고객으로 만드는 전략이 필요합니다.

필자가 가장 크게 느낌 점입니다. 새로운 고객을 유치하는 비용은 기존 고객을 유지하는 비용의 5배입니다. 이미 구매한 고객을 놓치지 마세요. 이들을 충성 고객으로 만드는 것이 안정적인 매출의 핵심입니다.

가장 먼저 해야 할 일은 고객 데이터를 분석하는 것입니다. 여러분의 월별 재구매율은 얼마인가요? 목표는 20% 이상입니다. 고객들의 평균 구매 주기는 30일인가요, 60일인가요, 아니면 90일인가요? 객단가 상위 10%의 고객은 누구이며, 리뷰를 남긴 고객은 전체의 몇 퍼센트인가요? 이런 데이터를 파악하지 않고서는 효과적인 전략을 세울 수 없습니다.

회원 등급제를 운영하는 것을 강력히 추천합니다. 앞에 책에 내용에서 만들었던 것처럼 여러분에 맞게 회원 등급을 만들고 운영해야 합니다. 첫 구매 고객으로 다음 구매 시 5% 쿠폰을 제공합니다. 실버는 2회 이상 구매한 고객으로 10% 쿠폰과 무료배송 혜택을 줍니다. 골드는 5회 이상 구매하거나 누적 30만원 이상 구매한 고객으로 15% 쿠폰, 사은품, 그리고 신상품 우선 공지를 받습니다. VIP는 누적 100만원 이상 구매한 고객으로 20% 쿠폰, 전담 CS, 그리고 특별 기획전 초대 등의 혜택을 제공합니다.

재구매를 유도하는 시스템을 구축하세요. 고객이 구매한 직후에는 진심 어린 감사 메시지와 함께 리뷰 이벤트를 안내합니다. 3일 후에는 배송이 잘 되었는지 확인하고 상품 사용 팁을 제공합니다. 7일 후에는 리뷰 작성을 요청하며 포인트를 제공합니다. 그리고 고객의 구매 주기를 파악했다면, 그 주기보다 7일 전에 재구매 쿠폰을 발송하세요. 만약 구매 주기가 지나 14일이 더 지났다면 고객이 관심 가질 만한 신상품을 추천하며 이탈을 방지합니다.

커뮤니티를 구축하는 것도 매우 효과적입니다. 카카오톡 채널이나 네이버 카페를 운영하며 주 1-2회 유용한 정보를 제공하세요. 상품 사용법이나 업계 트렌드 같은 콘텐츠가 좋습니다. 회원 전용 할인 코드를 정기적으로 발급하고, 고객의 의견을 적극 반영하세요. 그리고 여러분의 요청으로 이 상품을 입고했어요! 라는 마케팅 메시지를 보내면 고객들은 자신이 특별하다고 느낍니다.

❹ 판매를 고도화해야 합니다.

이제 운영 전략을 전체적으로 고도화할 차례입니다. 신규 상품 발굴, 객단가 높이기, 충성 고객 만들기 등 모든 것을 시스템화해야 합니다.

객단가를 높이는 전략은 매우 중요합니다. 가장 기본적인 것이 업셀링입니다. 고객이 선택한 상품보다 더 좋은 버전을 제안하는 것이죠. '지금 2,000원만 추가하시면 프리미엄 버전을 구매하실 수 있어요' 라는 메시지 하나로 객단가가 올라갑니다. 크로스셀링도 효과적입니다. 연관 상품을 함께 추천하는 것인데, 이 상품을 구매한 고객의 87%가 함께 구매했어요 라는 메시지와 함께 상품 상세페이지 하단에 관련 상품을 배치하세요.

묶음 할인 전략도 놓치지 마세요. 2+1이나 3+1 구성을 만들고, 세트로 구매하시면 15% 할인이라고 홍보하세요. 재미있는 점은 실제로는 낱개 판매보다 마진을 더 높게 설정할 수 있다는 것입니다. 고객은 할인받는다고 생각하고 만족하지만, 여러분은 더 많은 수익을 얻습니다. 배송비 프리 구간을 전략적으로 설정하는 것도 좋습니다. 예를 들어 3만원 이상 무료 배송으로 설정하면, 장바구니에 2만 5천원어치를 담은 고객은 무료 배송을 받기 위해 5천원어치를 더 담게 됩니다.

신규 상품 발굴은 지속적으로 해야 하는 작업입니다. 매달 이번 달 베스트셀러 상위 10개를 분석하고, 경쟁사의 신상품을 3개 이상 벤치마킹하세요. 도매 사이트에서 신상품을 20개 이상 검토하고, 고객의 요청이나 문의 사항을 꼼꼼히 살펴보세요. 고객들이 무엇을 찾고 있는지 단서가 숨어 있습니다. 시즌 상품은 3개월 전에 기획해야 합니다. 9월에는 이미 크리스마스 상품을 준비하고 있어야 한다는 뜻입니다. 최소 주 1회는 신상품을 등록하여 스토어의 신선함을 유지하세요.

상품 포트폴리오 관리도 중요합니다. 전체 상품의 40%는 스테디셀러로 꾸준히 팔리는 효자 상품이어야 합니다. 30%는 지금 핫한 트렌드 상품, 20%는 고마진 프리미엄 상품, 그리고 10%는 실험 상품으로 구성하세요. 실험 상품은 새로운 시도를 위한 것으로 실패해도 괜찮습니다. 이렇게 포트폴리오를 다각화하면 안정적이면서도 성장 가능한 구조가 만들어집니다.

시장을 확장하는 것도 고려해야 합니다. 네이버 스마트스토어가 안정화되었다면 쿠팡이나 11번가에도 입점하세요. 그 다음에는 카페24나 메이크샵으로 자사몰을 구축하고, 인스타그램과 유튜브로 콘텐츠 마케팅을 시작합니다. 충분히 성장했다면 아마존이나 알리익스프레스 같은 해외 플랫폼 진출도 도전해 볼 만합니다.

해외 소싱도 시도해 보세요. 알리바바나 1688.com 같은 중국 도매 사이트를 활용하면 국내에서 구할 수 없는 상품이나 훨씬 저렴한 가격의 상품을 찾을 수 있습니다. 배송 기간이 문제가 될 수 있으니 초기에는 소량 재고를 확보한 후 테스트하세요. 관세와 통관 프로세스를 학습하는 것이 필수이며, 수익성이 높은 품목부터 시작하는 것이 좋습니다. 전자기기 액세서리나 신기한 아이디어 상품 같은 것들이 좋은 출발점입니다.

틈새 시장을 공략하는 전략도 효과적입니다. 문구 전체를 다루는 것은 너무 넓습니다.

대신 수험생 전용 문구로 특화하거나, 왼손잡이용 문구처럼 극세분화하거나, 디자이너를 위한 고급 문구로 프리미엄화하세요. 대중 시장에서 벗어나 틈새를 공략하면 경쟁은 줄어들고 마진은 높아집니다. 결국은 다양한 시도 끝에 융합된 나의 지식이 큰 성장의 길로 안내한다는 것을 알게 되었습니다.

❺ 브랜딩으로 가는 마지막 관문

마지막 단계는 단순히 남의 상품을 파는 것이 아니라 나만의 브랜드를 만드는 것입니다. 이것이 지속 가능한 온라인 비즈니스를 만드는 핵심입니다.

브랜딩은 단계적으로 접근해야 합니다. 처음 6개월은 스토어 브랜딩에 집중하세요.

스토어 이름을 기억하기 쉽고 카테고리를 연상시키는 것으로 정하고, 로고, 색상, 서체를 통일하여 일관된 디자인을 유지하세요. 스토어 소개 페이지에 왜 이 일을 시작했는지 스토리텔링을 담으세요. 블로그나 콘텐츠를 통해 전문성을 강조하고, 고객 후기를 적극적으로 수집하여 최소 100개 이상을 확보하세요. 이런 것들이 쌓이면 고객들은 여러분의 스토어를 단순한 쇼핑몰이 아닌 신뢰할 수 있는 브랜드로 인식하기 시작합니다.

6개월에서 24개월 사이에는 자체 브랜드 상품 개발을 시작하세요. OEM으로 시작하는 것이 가장 쉽습니다. 기존에 잘 팔리는 상품에 내 로고나 패키지를 적용하는 것이죠. 제조사와 최소 주문 수량을 협상하여 100-500개 정도부터 시작할 수 있습니다. 품질 검수는 철저히 해야 합니다. 내 브랜드 이름이 붙은 상품이니까요.

구체적인 예시를 들어 보겠습니다. 어떤 문구 셀러가 베스트셀러인 노트 상품을 선정했습니다. 그 노트의 제조사에 연락해 자신의 브랜드 로고를 표지에 인쇄하는 OEM을 제안했습니다. 최소 수량 300개에 개당 추가 비용 500원으로 계약했습니다. 일반 노트는 2,000원에 판매했지만, 자신의 브랜드가 붙은 노트는 3,500원에 판매했습니다. 제조 원가는 500원만 올랐지만 판매가는 1,500원 올린 것입니다. 고객들은 이 브랜드만의 특별한 제품이라고 생각하며 기꺼이 구매했습니다.

더 나아가면 ODM에 도전할 수 있습니다. 내가 직접 기획한 디자인과 기능으로 제품을 제작하는 것입니다. 제조사와 샘플을 반복해서 만들며 완성도를 높이고, 시장에 없던 새로운 가치를 제공하세요. 이 단계에서는 특허청에 브랜드명 상표를 출원하는 것도 고려하세요. 비용은 약 60-100만원 정도 들지만, 장기적으로 브랜드를 보호하는 중요한 투자입니다. 디자인 특허도 함께 고려하면 더욱 좋습니다.

12개월 이후부터는 본격적인 브랜드 성장 단계입니다. 유튜브나 블로그로 콘텐츠 마케팅을 하여 해당 분야의 전문가로 인정받으세요. 소규모 인플루언서와 제품 협찬을 통해 노출을 늘리고, 언론 보도자료를 배포하거나 크라우드펀딩에 도전하여 PR을 확대하세요. 고객들을 단순한 구매자가 아닌 브랜드 팬으로 만들기 위해 커뮤니티를 강화하고, 필요하다면 브랜드 스토리를 더욱 강화하고 패키지를 업그레이드하는 리브랜딩도 진행하세요.

성공 지표를 지속적으로 모니터링하는 것도 잊지 마세요. 매달 월 매출액과 전월 대비 성장률, 순수익률, 재구매율, 평균 객단가, 신규 상품 등록 개수, 고객 리뷰 수, 거래하는 도매처 수, 그리고 자체 브랜드 상품의 매출 비중을 체크하세요. 목표를 세우고 달성 여부를 확인하며 전략을 조정해나가야 합니다. 순수익률은 20% 이상, 재구매율도 20% 이상을 목표로 하세요.

여러분의 성공을 진심으로 응원합니다.

여기까지 읽으셨다면 여러분은 이미 다른 셀러들과 다릅니다. 대부분의 사람들은 로드맵이 있어도 실행하지 않습니다. 하지만 여러분은 이 긴 글을 끝까지 읽으며 성장에 대한 열망을 확인하셨습니다.

온라인 판매는 마라톤입니다. 단거리 달리기가 아닙니다. 첫 6개월은 기반을 다지는 시기입니다. 매출이 크게 오르지 않더라도 낙담하지 마세요. 꾸준히 위에서 말씀드린 전략들을 하나씩 실행하다 보면 어느 순간 갑자기 모든 것이 연결되며 매출이 폭발적으로 성장하는 순간이 옵니다.

제가 드린 로드맵의 핵심은 네 가지입니다.

첫째, 전문 도매 사이트를 발굴하여 원가 경쟁력을 확보하는 것입니다.

둘째, 고객 충성도를 관리하여 안정적인 매출 기반을 만드는 것입니다.

셋째, 판매를 고도화하여 수익성을 극대화하는 것입니다.

넷째, 브랜딩을 통해 지속 가능한 비즈니스를 구축하는 것입니다.

이 네 가지를 순서대로, 그리고 동시에 진행하세요. 한 단계를 완벽하게 끝내야 다음 단계로 가는 것이 아닙니다. 70% 정도 진행되면 다음 단계를 시작하세요. 완벽을 추구하다가 기회를 놓치지 마세요.

실패를 두려워하지 마세요. 새로운 도매처를 발굴하다 계약이 안될 수도 있습니다. 신상품을 등록했는데 하나도 안 팔릴 수도 있습니다. OEM 제품을 만들었는데 고객 반응이 냉담할 수도 있습니다. 괜찮습니다. 그 모든 것이 경험이고 자산입니다. 성공한 모든 셀러들은 수많은 실패를 거쳐 지금의 자리에 왔습니다.

매일 한 가지씩이라도 실행하세요. 모든 것을 기록하세요. 매출도, 새로운 아이디어도, 실패도, 성공도 모두 기록하세요. 동료 셀러들과 네트워킹하며 정보를 교환하고, 무엇보다 고객의 목소리에 귀 기울이세요. 그리고 절대 포기하지 마세요.

포기했다가 다시 시작했다를 반복하고, 절망하며 힘들어하다가도 다시 힘을 냈던 지난 시간들이 이 글을 쓰며 스쳐 지나갑니다. 저는 지금도 자다가 깜짝 놀라며 혼잣말을 하곤 합니다.

"온라인 비즈니스에 도전하길 정말 잘 했다. 그때 포기했다가 다시 시작하길 정말 잘 했다."

투잡, 쓰리잡을 하며 생계를 이어가던 그 어렵고 지치던 시절에도, 온라인이라는 끈만큼은 절대 놓지 않았습니다. 반드시 나만의 사업을 해내겠다는 마음 하나로 버티고 또 버텼습니다. 지금 돌아보면 그 시간들이 결코 헛되지 않았고, 포기하지 않았다는 사실이 지금도 가장 다행스럽고 소중하게 느껴집니다.

여러분은 할 수 있습니다. 지금 이 순간에도 여러분과 똑같은 출발선에서 시작한 누군가는 성공을 향해 한 걸음 한 걸음 나아가고 있습니다. 그 사람이 특별한 게 아닙니다. 그저 포기하지 않고 꾸준히 했을 뿐입니다. 여러분도 마찬가지입니다. 지금 당장은 힘들고 막막할 수 있지만, 이 로드맵을 따라 한 걸음씩 나아가다 보면 어느새 여러분이 목표했던 곳에 서 있을 것입니다.

여러분의 온라인 비즈니스가 성공하기를, 그리고 언젠가 여러분만의 브랜드를 시장에서 만나게 되기를 진심으로 기원합니다. 어려울 때마다 이 글로 돌아와 다시 읽어 보세요. 분명 새로운 영감과 동기를 얻으실 수 있을 것입니다. 당신의 성공을 진심으로 응원합니다.

 돈이 들어오는 무재고 위탁판매 쇼핑몰